तीन तलाक की मीमांसा

तीन तलाक की मीमांसा

अनूप बरनवाल

लोकभारती प्रकाशन

लोकभारती प्रकाशन
पहली मंजिल, दरबारी बिल्डिंग, महात्मा गाँधी मार्ग
इलाहाबाद-211 001

वेबसाइट : www.lokbhartiprakashan.com
ईमेल : info@lokbhartiprakashan.com

शाखाएँ : 1-बी, नेताजी सुभाष मार्ग, दरियागंज
नयी दिल्ली-110 002
अशोक राजपथ, साइंस कॉलेज के सामने
पटना-800 006
36-ए, शेक्सपियर सरणी
कोलकाता-700 017

प्रथम संस्करण : 2018

आस्था पेपर कन्वर्टर
इलाहाबाद द्वारा मुद्रित

TEEN TALAQ KI MIMANSHA
by Anoop Baranwal

ISBN : 978-93-88211-01-7

मूल्य : ₹ 400

भारत शिरोमणि

देशबन्धु चित्तरंजन दास

को

समर्पित

'यदि मुझे ऐसा जान पड़े कि स्वराज प्राप्त करने के लिये कांग्रेस अथवा भारत की किसी भी दूसरी संस्था का विरोध करना आवश्यक है तो मैं अवश्य उसके प्रति विरोध करूँगा। मैं आपको विश्वास दिलाता हूँ कि कांग्रेस से अधिक पवित्र एक और चीज है और वह है – भारतीय जनता के लिये स्वराज।'

– देशबन्धु चित्तरंजन दास

'यदि हमें ऐसा जान पड़े कि सुराज प्राप्त करने हेतु तलाक जैसे सिविल विषयों के सम्बन्ध में धर्म–आधारित विसंगतियों को समाप्त करने एवं यूनिफॉर्म सिविल संहिता बनाने के लिये किसी राजनीतिक एवं धार्मिक संस्था का विरोध करना आवश्यक है तो हमें अवश्य ही इनके प्रति विरोध करना होगा। हमें यह समझना होगा कि इन संस्थाओं के धार्मिक दुराग्रह एवं आसक्तता से अधिक पवित्र एक और चीज है और वह है – भारतीय जनता के लिये सुराज और भारत देश की एकता एवं अखण्डता।'

– लोक सर्वोदय फाउण्डेशन

श्री के. एम. मुन्शी
की
स्मृति में

श्री के. एम. मुन्शी
(30.12.1887 - 08.02.1971)

'हम धर्म को व्यक्तिगत कानूनों से या उत्तराधिकार या विरासत से सम्बन्धित पक्षकारों के अधिकारों से अलग करना चाहते हैं। इन सब चीजों का धर्म से क्या सम्बन्ध है। ... हम सब एक प्रगतिशील समाज हैं। हम सब इस दौर में हैं, जहाँ धार्मिक क्रियाकलापों में हस्तक्षेप किये बिना हमें देश को अवश्य ही एकीकृत करना चाहिए।

'मैं जानता हूँ कि बहुत-से हिन्दू भी यूनिफॉर्म सिविल संहिता को नहीं पसन्द करते हैं क्योंकि वे भी उसी तरह का विचार रखते हैं, जैसा कि पूर्व में बोलने वाले माननीय मुस्लिम सदस्यों ने व्यक्त किया है। वे भी मानते हैं कि विरासत, उत्तराधिकार का कानून उनके धर्म का भाग है। यदि ऐसा है तो आप कभी भी महिलाओं को समानता का अधिकार नहीं दे सकते हैं। ... हिन्दू कानून को देखते हैं। आप महिलाओं के विरुद्ध बहुत से भेदभाव पायेंगे और यदि यह हिन्दू धर्म या हिन्दू धार्मिक क्रियाकलाप का भाग है, तो आप एक ऐसा कानून नहीं पारित कर सकते हैं, जो हिन्दू महिलाओं की स्थिति को पुरुषों के बराबरी पर लाये।

'मैं अपने मुस्लिम मित्रों को अहसास कराना चाहता हूँ कि जितना ही जल्दी हम जीवन के पृथक्करणीय दृष्टिकोण को भूल जायेंगे, देश के लिए उतना ही अच्छा होगा। धर्म उस परिधि तक सीमित होना चाहिए जो नियमत: धर्म की तरह दिखता है और बाकी जीवन अवश्य ही इस तरह से विनियमित, एकीकृत और संशोधित होना चाहिए कि हम जितनी जल्दी सम्भव हो, एक मजबूत एवं एकीकृत राष्ट्र के रूप में निखर सकें। देश में राष्ट्रीय एकता को मजबूत करना हमारी पहली समस्या और सबसे महत्त्वपूर्ण समस्या है।

'हम सोचते हैं कि हमने राष्ट्रीय एकता पा लिया है। किन्तु बहुत से ऐसे कारक हैं— महत्त्वपूर्ण कारक हैं, जो अभी भी हमारे राष्ट्रीय एकीकरण के लिए गम्भीर खतरा बने हुए हैं और यह बहुत आवश्यक है कि हमारे सम्पूर्ण जीवन, जो धर्म-निरपेक्षता के दायरे में आते हैं को अवश्य ही, जितना जल्दी हो सके, एकीकृत किया जाय ताकि हम पूरे क्षमता के साथ कह सकें कि हम केवल कहने के लिए एक राष्ट्र नहीं हैं।'

– श्री के. एम. मुन्शी
(अनुच्छेद 44 पर संविधान सभा में बहस के दौरान)

प्रेरणास्रोत

न्यायमूर्ति वाई. वी. चन्द्रचूड़
(12.07.1920 - 14.07.2008)

'निःसन्देह, एक मुस्लिम पति, जब भी चाहे, अच्छे, बुरे या अपक्षपाती कारणों से या बिना किसी कारण के अपनी पत्नी को छोड़ देने की सुविधा का भोग करता है। लेकिन क्या इद्दत अवधि के दौरान पारिश्रमिक का अल्पांश इस सुविधा का मूल्य है? और क्या कानून असमानता को लेकर इतना निर्दयी हो सकता है कि वह इसका ध्यान ही न दे कि पति अपनी तलाकशुदा पत्नी को इद्दत अवधि के दौरान कितना भरण-पोषण देता है।...

'यह भी दुःख का विषय है कि हमारे संविधान का अनुच्छेद 44 मृत अक्षर बनकर रह गया है।...कॉमन सिविल संहिता को बनाने के लिए राज्य स्तर पर प्रयास किये जाने का कोई साक्ष्य नहीं है। लगता है कि ऐसा विश्वास कर लिया गया है कि यह मुस्लिम समुदाय के लिए है कि वह अपने व्यक्तिगत कानूनों में सुधार के लिए आगे बढ़ें। कॉमन सिविल संहिता विरोधाभासी विचारों वाले कानूनों के प्रति पृथक्करणीय भक्तिभाव को समाप्त कर राष्ट्रीय अखण्डता के लक्ष्य को प्राप्त करने में सहयोग करेगा।'

- न्यायमूर्ति वाई. वी. चन्द्रचूड़, मुख्य न्यायाधीश
(शाहबानो बेगम के मामले में)

न्यायमूर्ति वी. खालिद
(01.07.1922 - 15.11.2017)

'क्या मुस्लिम महिला को हर पल ऐसी निर्दयता से पीड़ित होते रहने दिया जाना चाहिए? क्या उनके व्यक्तिगत कानून को इन दुर्भाग्यशाली पत्नियों के प्रति इतना निर्दयी होना चाहिए? क्या इनकी पीड़ा को समाप्त करने के लिए इनमें आवश्यक संशोधन नहीं किया जाना चाहिए? मेरी न्यायिक चेतना इस भयंकरता से क्षुब्ध है। सवाल है कि क्या समुदाय के जनमानस के नेताओं के अन्तःकरण भी क्षुब्ध होंगे।'

- न्यायमूर्ति वी. खालिद
(तीन तलाक के खिलाफ मोहम्मद पाथुमल बीबी के मामले (1972) में की गयी टिप्पणी)

प्रयास करेगा।' कॉमन सिविल संहिता को बनाने के लिए राज्य स्तर पर प्रयास किये जाने का कोई साक्ष्य नहीं है। लगता है कि ऐसा विश्वास कर लिया गया है कि यह मुस्लिम समुदाय के लिए है कि वह अपने व्यक्तिगत कानूनों में सुधार के लिए आगे बढ़ें। कॉमन सिविल संहिता विरोधाभासी विचारों वाले कानूनों के प्रति पृथक्करणीय भक्तिभाव को समाप्त कर राष्ट्रीय अखण्डता के लक्ष्य को प्राप्त करने में सहयोग करेगा।'

– न्यायमूर्ति वाई. वी. चन्द्रचूड़, तत्कालीन मुख्य न्यायाधीश
(शाहबानो बेगम के मामले में)

अनुक्रम

1. शरीयत और तीन तलाक 23

कुरान के अन्तर्गत मान्य तलाक 24

तीन तलाक का उद्भव 27

मुस्लिम कानून में विवाह-विच्छेद के अन्य तरीके 30

2. मुस्लिम देशों में तीन तलाक 31

3. भारत में तीन तलाक 39

शरीयत के बचाव की वास्तविकता 42

तलाक और विवाह की प्रकृति : संस्कार या संविदा 45

तलाक के लिए तार्किक आधार की आवश्यकता का सवाल 50

तीन तलाक के अन्य बचावों की वास्तविकता 52

तीन तलाक विधेयक और धार्मिक तुष्टीकरण 53

4. तीन तलाक और हलाला 55

हलाला के पक्षकारों की मानसिक स्थिति 57

5. तीन तलाक और बहुविवाह 60

असंयमित बहुविवाह बनाम अवैध बहुविवाह 61

एक पति-एक पत्नी का सिद्धान्त और संयमित बहुविवाह 63

6. तीन तलाक एवं भरण-पोषण पाने का अधिकार 67

भरण-पोषण का अधिकार और शाहबानो बेगम का मामला 69

1986 का कानून और तलाकशुदा मुस्लिम महिलाओं के भरण-पोषण का अधिकार 72

तलाकोपरान्त भरण-भोषण कानून, 1986 की विसंगतियाँ 74

7. तीन तलाक और सम्पत्ति का अधिकार 86

तीन तलाक और मेहर 87

तीन तलाक और उत्तराधिकार 90

सापेक्षिक सहभागिता-आधारित समानता का सिद्धान्त 93

8. तीन तलाक के सम्बन्ध में न्यायिक निर्णय 100

9. तीन तलाक और धार्मिक आस्था 113

धार्मिक आस्था : धर्म लक्षित कसौटी बनाम राज्य लक्षित कसौटी 113

व्यक्ति लक्षित कसौटी ज्यादा श्रेयस्कर 116

धार्मिक आस्था बनाम व्यक्तिगत कानून 119

10. तीन तलाक और व्यक्तिगत कानून का अधिकार 123

व्यक्तिगत कानून पर हमारे संविधान-सभा के विचार 125

संविधान सभा के विचार का महत्त्व 137

11. तीन तलाक कानून की निराशाजनक स्थिति 140

तीन तलाक और विधि आयोग की भूमिका 149

12. तीन तलाक का समाधान और भारतीय सिविल संहिता की प्रासंगिकता 153

'सिविल संहिता प्रारूप समिति' के गठन की आवश्यकता 157

13. उपसंहार 163

• परिशिष्ट - 1 : 'भारतीय सिविल संहिता' के लिए ब्लूप्रिण्ट 173

आभार

हिन्दी साहित्य के उत्थान के लिये अनवरत कार्य करते रहने वाले श्री रमेश ग्रोवर जी को जब यह पता चला कि मैंने समान नागरिक संहिता पर शोध पुस्तक 'भारतीय सिविल संहिता के सिद्धान्त : अनुच्छेद 44 के क्रियान्वयन के अनुक्रम में' लिखा है, तो उन्होंने मुझसे तीन तलाक पर पुस्तक लिखने का आग्रह किया। श्री ग्रोवर के आग्रह को स्वीकार करना मेरे लिये चुनौती के समान था। उनके आग्रह से प्राप्त सम्बल का परिणाम है कि मैं यह पुस्तक 'तीन तलाक की मीमांसा' लिख सका। पुस्तक को लिखने की प्रेरणा देने के लिए मैं श्री रमेश ग्रोवर के प्रति आभार व्यक्त करता हूँ।

तीन तलाक का विषय समान नागरिक संहिता (भारतीय सिविल संहिता) से जुड़ा विषय है। इस विषय से सम्बन्धित पुस्तक 'भारतीय सिविल संहिता के सिद्धान्त : अनुच्छेद 44 के क्रियान्वयन के अनुक्रम में' पर शोध के दौरान किया गया अध्ययन इस पुस्तक को लिखने में काफी सहायक साबित हुआ।

उत्तर प्रदेश के राज्यपाल श्री राम नाईक द्वारा उक्त पुस्तक का प्राक्कथन लिखने और 19 सितम्बर, 2017 को इलाहाबाद हाईकोर्ट के वरिष्ठ न्यायाधीश न्यायमूर्ति अरूण टण्डन के कर कमलों से एवं वरिष्ठ अधिवक्ता श्री धर्मपाल सिंह की अध्यक्षता में हुये विमोचन के साथ शुरू हुआ 'मिशन आर्टिकिल 44 : एक राष्ट्र, एक सिविल कानून' का कारँवा बीच-बीच में कई पड़ावों से होकर गुजरा। इस दौरान एक महत्त्वपूर्ण पड़ाव संस्था 'लोक सर्वोदय फाउण्डेशन' द्वारा 23 नवम्बर, 2017 को मनाये गये 'यूनिफॉर्म सिविल संहिता दिवस' था, जिसकी मुख्य अतिथि न्यायमूर्ति विजय लक्ष्मी, कार्यक्रम-अध्यक्ष इलाहाबाद राज्य विश्वविद्यालय के कुलपति प्रो. राजेन्द्र प्रसाद, मुख्य वक्ता इलाहाबाद विश्वविद्यालय विधिसंकायाध्यक्ष प्रो. सिद्धनाथ, विशिष्ट वक्ता श्री अशोक मेहता, श्रीमती सुभाष राठी एवं श्री सैयद फरमान नकवी थे। इसी तरह 24 मई, 2018 को विषय 'संविधान-सभा के विचार और यूनिफॉर्म सिविल संहिता की प्रासंगिकता' पर बौद्धिक सेमिनार आयोजित की गयी, जिसके मुख्य अतिथि न्यायमूर्ति रामसूरत राम मौर्या, मुख्य वक्ता बी.एच.यू. के पूर्व कुलपति प्रो. जी. सी. त्रिपाठी, विशिष्ट वक्ता श्री दिलीप कुमार एवं कार्यक्रम-अध्यक्ष हाईकोर्ट बार एसोसिएशन के पूर्व अध्यक्ष श्री आर.के. ओझा थे। ऐसे कार्यक्रमों के माध्यम से

मिले अनुभव एवं आप सभी गणमान्यों से प्राप्त आत्मबल के कारण मैं यह पुस्तक लिख सका। मैं आप सबके प्रति आभार व्यक्त करता हूँ।

एक अन्य महत्त्वपूर्ण पड़ाव 9 जनवरी, 2018 को राष्ट्रीय विधि आयोग के साथ 'मिशन आर्टिकिल 44' के सात-सदस्यीय प्रतिनिधिमण्डल की बैठक थी। यह बैठक राष्ट्रीय विधि आयोग के अध्यक्ष जस्टिस बी.एस. चौहान के उस बयान के परिप्रेक्ष्य में था, जिसमें कहा गया था कि व्यक्तिगत कानून अनुच्छेद 25 के अन्तर्गत मूल अधिकार है, इसलिए यूनिफॉर्म सिविल संहिता का बनना सम्भव नहीं है। इस बैठक में राष्ट्रीय विधि आयोग को बताया गया कि व्यक्तिगत कानून को कभी भी संवैधानिक संरक्षण नहीं प्राप्त रहा है और उन बिन्दुओं पर भी चर्चा की गयी, जिसके आधार पर इस देश के लिए यूनिफॉर्म सिविल संहिता का निर्माण किया जाना सम्भव है। राष्ट्रीय विधि आयोग के साथ इस बैठक में तीन तलाक विषय पर हुई चर्चा ने भी इस पुस्तक को लिखने के लिए प्रेरणा का काम किया।

इस दौरान प्रो. हरबंश दीक्षित, श्री जगदीश जोशी, श्री पी.के. जैन, श्री डी.आर. चौधरी, श्री आई.के. चतुर्वेदी, श्री धर्मेन्द्र सिंहल, डॉ. डी.के. तिवारी, श्री एन.सी. त्रिपाठी, श्री प्रदीप वर्मा, श्री ए.के. सिंह, श्री कामेश्वर सहाय गुप्त, श्री एल.एम. सिंह सहित तमाम महानुभावों से प्राप्त नैतिक सम्बल एवं बड़े भाई ज्ञानेन्द्र श्रीवास्तव, नित्य प्रकाश तिवारी, मनोज कुमार सिंह, रमेश चन्द्र द्विवेदी, सैयद एस. अब्बास, दिलीप तिवारी, तेन सिंह, दिनेश चन्द्र मिश्र, सतीश सिंह, रामकृष्ण मिश्र, कुलदीप कठेरिया, उमेश चन्द्र बरनवाल, पवन कुमार चंचल, ममता सिंह, पंकज बरनवाल, अशोक गुप्त, रमेश कुशवाहा, विशाल सिंह, आनन्द स्वरूप गौतम, अरविन्द कुमार पाण्डेय सहित सभी लोक सर्वोदय फाउण्डेशन एवं 'मिशन आर्टिकिल 44' के साथी सदस्यों के साथ कार्य करने के दौरान मिले अनुभवों ने भी इस पुस्तक को लिखने में सहयोग प्रदान किया है। मैं आप सभी के प्रति आभार व्यक्त करता हूँ।

व्यक्तिगत तौर पर सम्बल प्रदान करने के लिए बड़े भाई श्री पी. एल. बरनवाल, श्री अनूप कुमार 'मुन्ना' एवं मित्र बृजविहारी प्रजापति का भी मैं दिल से आभारी हूँ।

इस पुस्तक का प्रकाशन करने के लिए लोकभारती प्रकाशन के मुख्य कार्याधिकारी श्री आमोद महेश्वरी का विशेष आभारी हूँ। इस पुस्तक का प्रुफ-रीडिंग करने वाले श्री रमेश उपाध्याय, कम्पोजिंग करने वाले श्री संगम लाल एवं लोकभारती प्रकाशन के समस्त प्रकाशन-सहयोगियों के प्रति भी आभार व्यक्त करता हूँ।

दिनांक: २८ मई, २०१८ **– अनूप बरनवाल**

भूमिका

तत्काल तीन तलाक को गैर-जमानतीय एवं संज्ञेय अपराध घोषित करने व इसके खिलाफ तीन वर्ष तक की सजा देने के लिए केन्द्र सरकार द्वारा लाये गये विधेयक के विरोध में अभी कुछ दिन पहले 27 फरवरी, 2018 को राजस्थान के झुन्झनु नगर में कुछ मुस्लिम महिलाओं द्वारा जुलूस निकाला गया। यह सब स्थिति सुप्रीम कोर्ट के उस आदेश दिनांक 22 अगस्त, 2017 के बाद पैदा हुई, जिसके द्वारा तीन तलाक को असंवैधानिक एवं मनमाना घोषित किया गया है। सुप्रीम कोर्ट का यह आदेश शायरा बानो, आफरिन रहमान, गुलशन परवीन, इसरत जहाँ, आतिया साबरी जैसी मुस्लिम महिलाओं द्वारा दाखिल याचिकाओं पर आया है और इसी आदेश के अनुक्रम में केन्द्र सरकार द्वारा तीन तलाक के खिलाफ विधेयक लाया गया। यह विधेयक लोकसभा से पारित होकर राज्यसभा के समक्ष विचाराधीन है। इस तरह कानूनी प्लेटफार्म से निकलने के बाद तत्काल तीन तलाक यानी 'तलाक-उल-बिद्दत' का विषय अब राजनीतिक एवं सामाजिक प्लेटफार्म का विषय बन गया है।

तत्काल तीन तलाक अर्थात विवाह-विच्छेद करने का एक मौखिक तरीका, जिसे अपनाकर एक मुस्लिम पति अपनी पत्नी के साथ वैवाहिक सम्बन्ध को तुरन्त समाप्त कर सकता है। इसका समर्थन करनेवाले लोग इसे शरीयत का मामला बताते हैं, तो इसका विरोध करनेवाले लोग इसे संविधान के आईने से देखे जाने का मामला समझते हैं। शरीयत का हवाला देनेवाले यह भी दावा करते हैं कि उनके शरीयत को भारतीय संविधान से सुरक्षा प्राप्त है जबकि दूसरा पक्ष यह मानता है कि धर्मनिरपेक्ष घोषित होने के बाद इस देश में कोई भी नियम या प्रथा, भले ही यह धर्म-आधारित हो, कानून के रूप में तभी स्वीकरणीय हो सकता है, जब तक ये संविधान संरक्षित मूल अधिकार के खिलाफ न हो। इस तरह तीन तलाक का सवाल 'संविधान बनाम शरीयत' और 'धर्मनिरपेक्ष राज्य बनाम धर्मशासित राज्य' से जुड़ा एक गम्भीर सवाल का रूप ले लिया है।

एक दृष्टिकोण और भी है। तीन तलाक की पहल करने का हक सिर्फ पति के पास रहता है और अन्तिम मुहर लगाने का हक भी सिर्फ पति को रहता है। इस पूरी

व्यवस्था में पत्नी की कोई भी निर्णायक भूमिका नहीं होती है। वह सिर्फ एक प्रतीक जैसी बनी रहती है। तीन तलाक जैसी प्रथाएँ समाज में पुरुषप्रधानत्व के भाव को बनाये रखने के लिए एक माध्यम का कार्य करतीं हैं। भले ही यह किसी एक धर्म में प्रचलित हों, किन्तु इसके समानान्तर दूसरे धर्मों में भी किसी-न-किसी रूप में कोई-न-कोई ऐसी प्रथा प्रचलित रहती है, जो पुरुषप्रधानत्व के भाव को बनाये रखने में सहायक होतीं हैं। पुरुषप्रधानत्व के सन्दर्भ में ये धर्म एक-दूसरे के लिए सुरक्षा कवंच का कार्य करते हैं। तीन तलाक जैसी प्रथाओं के माध्यम से ये धर्म एक तरह से समाज में पुरुषप्रधानत्व को बनाये रखने की कवायद में लगे रहते हैं। यहीं से 'राज्य' की भूमिका शुरू हो जाती है, जो इस विचारधारा से प्रभावित होकर काम करता है कि जीवन के सभी क्षेत्रों को मानवता-आधारित व्यवस्था से संचालित होना चाहिए। इसलिए तीन तलाक के मूल में 'धर्म बनाम राज्य' और 'पुरुषप्रधानता बनाम मानवता' का भी सवाल छिपा है।

1937 में शरीयत अनुप्रयोग कानून के कारण उपजे धार्मिक दुराग्रहवाली सोच का संविधान लागू होने के बाद भी जिन्दा रहने का सबसे अधिक दंश महिलाओं को सहना पड़ा है। यह सही है कि तीन तलाक का प्रचलन केवल इस्लाम धर्म के एक वर्ग में प्रचलित है, किन्तु ऐसी प्रथा के पीछे की मूल सोच औरतों की सम्पत्ति में अधिकार की चिन्ताजनक कानूनी एवं सामाजिक स्थिति का नाजायज फायदा उठाना रहता है। यदि एक पति को पता हो कि उसकी पत्नी अपने माता-पिता की सम्पत्ति में बराबर का हक अपने पास रखती है या विवाहोपरान्त दाम्पत्य के दौरान जो भी सम्पत्ति अर्जित की गयी है, उसमें उसकी पत्नी का भी बराबर का हक है, तो वह तीन तलाक का दुरुपयोग करने के पहले हजार बार सोचेगा। फिर भी यदि पति किसी कारण से नहीं सोच पाने की स्थिति में हो तो भी एक महिला को पैतृक सम्पत्ति एवं दाम्पत्य सम्पत्ति में बराबर हक के कारण मिलनेवाला संबल तीन तलाक के बाद उसे कम-से-कम बेचारगी की स्थिति में तो नहीं ही लायेगा। किन्तु ऐसा नहीं रहता है। भारत में लगभग सभी धर्म, कुछ कम या कुछ ज्यादा, इस कसौटी पर असफल साबित होते प्रतीत होते हैं। थोड़ा कम या ज्यादा सभी धर्मों ने सम्पत्ति के अधिकार को लेकर महिलाओं के साथ दोहरा रवैया अपनाया है। भारतीय कानून भी इस दोहरे रवैये को लेकर खामोश रहता है। खामोश क्या, कमोबेश धर्मों द्वारा अपनाये गये इस तरह के रवैये को सुरक्षित करने का काम करता है। इसलिए तीन तलाक यानी पुरुष को मौखिक तरीके से विवाह-विच्छेद करने का अधिकार देने के सवाल को महिलाओं की सम्पत्ति में बराबरी के हक से भी जोड़कर देखे जाने का भी सवाल है।

शरीयत अनुप्रयोग कानून, 1937 के माध्यम से ब्रिटिश हुकूमत द्वारा इस देश में जिस धार्मिक दुराग्रह का जहर घोलने का प्रयास किया गया था, उससे निजात दिलाने के लिए ही हमारे संविधान-निर्माताओं ने 1950 में हम सभी देशवासियों को धर्मनिरपेक्ष

राष्ट्र बनाने और इस धर्मनिरपेक्षता के आईने से देश के लिए एक यूनिफार्म सिविल संहिता बनाने का संकल्प दिया। हम सब संकल्प लेकर आगे तो बढ़े, किन्तु महज पाँच वर्ष बाद ही 1955 में व्यक्तिगत कानून में सुधार के नाम पर हिन्दू कानून पर आकर अटक गये। जिस संकल्प के साथ इस देश को और इस देश की शासन-व्यवस्था को धर्मनिरपेक्ष घोषित किया गया था, वह महज पाँच वर्ष में ही चकनाचूर होता दिखा। इसके लिए डॉ. अंबेडकर को राजनीतिक कुर्बानी भी देनी पड़ी। उन्हें विश्वास था कि हिन्दू कानूनों में सुधार दूसरे धार्मिक समुदायों के लिए आदर्श साबित होगा और यूनिफार्म सिविल संहिता के मार्ग को आसान बनायेगा। किन्तु जिस तरह हिन्दू समाज के अन्दर से ही हिन्दू संहिता विधेयक के माध्यम से किये जा रहे हिन्दू क़ानून में सुधार का विरोध किया गया, उसने कानूनी सुधार के खिलाफ दूसरे अन्य धार्मिक समुदायों का हौसला बढ़ाने का काम किया।

उस समय डॉ. श्यामा प्रसाद मुखर्जी द्वारा व्यक्त की गयी सैद्धान्तिक असहमति कि केवल हिन्दुओं से सम्बन्धित सिविल कानून के सन्दर्भ में ही नहीं, बल्कि धर्मनिरपेक्ष राज्य के नजरिये से सभी भारतीयों के लिए एक यूनिफॉर्म सिविल संहिता बननी चाहिए, आज भी धार्मिक दुराग्रहवाली राजनीति के आगे बेबस सा नजर आता है। जिस भारत को एक धर्मनिरपेक्ष देश बनाने की कल्पना की गयी थी, उस देश के पास सिविल विषय के सम्बन्ध में एक समग्र धर्मनिरपेक्ष कानून बनाने का साहस एवं आत्मविश्वास क्यों नहीं है, इस सवाल का जवाब देने के लिए दायित्वाधीन हमारे नीति-निर्माताओं के धार्मिक दुराग्रह भयभीत करने के लिए काफी हैं। वोटबैंक की चाशनी वाले ये धार्मिक दुराग्रह भले ही 36 वर्ष बाद भरण-पोषण कानून—'मुस्लिम महिला (तलाक उपरान्त अधिकार का संरक्षण) अधिनियम, 1986'—के माध्यम से मुस्लिम पुरुषों का या पुन: 67 वर्ष बाद तीन तलाक कानून—'मुस्लिम महिला (विवाह अधिकार संरक्षण) विधेयक, 2017'—के माध्यम से मुस्लिम महिलाओं का तुष्टीकरण करने के लिए हमारे नीति-निर्माताओं को ललचाते हों, किन्तु किसी भी रूप में होनेवाले इस तरह के धार्मिक तुष्टीकरण देश के धर्मनिरपेक्ष स्वरूप को और बदरंग करते हैं और हर बार इस देश को धर्मनिरपेक्षता की कसौटी पर परीक्षित होने के लिए मजबूर करते हैं। राजनीतिक सत्ता की चकाचौंध पाने के लिए काम करनेवाले इन नीति-निर्माताओं की सेहत पर भले ही कोई प्रभाव न पड़े, भले इन नीति-निर्माताओं की राजनीतिक पार्टियों को ये धर्म-आधारित कानून चुनावी संजीवनी प्रदान करते हों, किन्तु अन्तत: ऐसे तमाम अलग-अलग धर्म-आधारित कानूनों के कारण यह देश और इस देश का धर्मनिरपेक्ष ढाँचा अन्दर-ही-अन्दर खोखला होता रहता है। इसलिए तीन तलाक का सवाल 'धर्म-आधारित व्यक्तिगत कानून' बनाम 'धर्मनिरपेक्ष यूनिफॉर्म सिविल संहिता' से जुड़ा एक वृहद सवाल भी है।

1972 मामले की पाथुमल बीवी हो या 1981 मामले की अनवर बेगम या रूकिया खातून या 1986 मामले की शाहबानो बेगम या 2002 मामले की शमीम आरा या

2017 मामले की शायरा बानो, इन 68 वर्षों के दौरान पैदा हुई ऐसी अनगिनत मुस्लिम महिलाओं की सिसकियाँ न तो केन्द्र की सरकारों के इस आत्मविश्वास को बढ़ा पाता है कि वह सभी तरह के मौखिक तलाक-प्रक्रिया का संहिताकरण करने के लिए एक समग्र धर्मनिरपेक्ष कानून बनाये और न ही देश के संसद् के उच्च सदन यानी राज्यसभा की संवेदनशीलता को जगा पाता है कि वह ऐसे विधेयक पर—भले ही यह आधा-अधूरा हो और मुस्लिम कानून में प्रचलित दूसरे अन्य मौखिक तलाक जैसे 'तलाक-ए-अहसन' या 'तलाक-ए-हसन' पर मौन हो; भले ही यह विधेयक इन मौखिक तलाक के व्यवहार पर तार्किक सीमा लगाने में असफल रहनेवाला हो; भले ही यह विधेयक तार्किक सीमाओं के साथ मौखिक तलाक की व्यवस्था को धर्मनिरपेक्ष रूप से लागू कराने में असफल रहनेवाला हो; भले ही इस विधेयक के कारण कानून-निर्माण-प्रक्रिया को धर्म के चश्मे से देखने के प्रवृत्ति की पुनरावृत्ति हुई हो—खुद को महिलाओं की संवेदना के साथ जोड़ सके। तीन तलाक विधेयक की साँसें जब लोकसभा से निकलकर राज्यसभा में आकर थमने लगतीं हैं, तो वैश्विक परिदृश्य में भारत की कानून-निर्माण-प्रक्रिया के धर्मनिरपेक्ष भाव का तार-तार ही होता है और लिंग-निरपेक्षता को लेकर हमारी मानवीय संवदेनाएँ भी तमाशबीन होतीं हैं।

एक एकीकृत अखण्ड भारत के निर्माण के लिए हमारे संविधान-निर्माताओं द्वारा नीति-निर्माताओं के समक्ष एक धर्मनिरपेक्ष यूनिफार्म सिविल संहिता के निर्माण का लक्ष्य दिया गया है, किन्तु क्या हम इस कसौटी पर खरा उतर पाये; क्या हम देश को वास्तविक स्वरूप में एक धर्मनिरपेक्ष देश बना पाये; इसको जानने के लिए तीन तलाक को व्यापक सन्दर्भ में देखने की आवश्यकता है। भले ही तीन तलाक मुस्लिम कानून में एक कुप्रथा के रूप में प्रचलित रही है, लेकिन इससे इनकार नहीं किया जा सकता है कि यह कुप्रथा इसी भारतीय शासन-व्यवस्था में फलती-फूलती भी रही है। चाहे 1955 में हिन्दू कानूनों को बनाने का दौर रहा हो या 31 साल बाद 1986 में शाहबानो मामले के बाद मुस्लिम महिलाओं को भरण-पोषण का समान अधिकार देने का सवाल रहा हो या अब पुन: 31 साल बाद 2017 में तीन तलाक के खिलाफ कानून बनाने का विषय रहा हो, प्रत्येक बार किसी-न-किसी रूप में इस देश की धर्मनिरपेक्षता को सवालों के घेरे में आना पड़ा है। सवाल पैदा होता है कि आखिर कब तक इस देश के नीति-निर्माता कानून-निर्माण-प्रक्रिया को अलग-अलग धार्मिक चश्में से देखते रहेंगे।

यदि सुप्रीम कोर्ट द्वारा तीन तलाक के व्यवहार को असंवैधानिक घोषित नहीं किया गया होता तो शायद ही हमारी मुस्लिम बहनें इस देश के नीति-निर्माताओं के भरोसे इस अमानवीय व्यवहार से मुक्ति पा पातीं। दुर्भाग्य यह कि मुस्लिम बहनें इसके बावजूद इस अमानवीय व्यवहार से मुक्ति नहीं पा पातीं कि हमारे संविधान-निर्माताओं ने अनुच्छेद 13 के माध्यम से मूल अधिकारों से असंगत सभी प्रथाओं को शून्य घोषित

कर रखा है। इसलिए इस देश के नीति-निर्माताओं से यह सवाल पूछा ही जाना चाहिए कि वे ऐसे संवदेनशील मामलों के सन्दर्भ में अपने स्वयं की उस इच्छाशक्ति का प्रदर्शन कब करेंगे, जिसे वे इस देश के करोड़ों-करोड़ जनमानस से प्राप्त करते हैं। आखिर कब तक वे इस तरह के हर एक संवेदनशील मामलों के सन्दर्भ में न्यायपालिका के पिछलग्गू बने रहेंगे।

केन्द्र सरकार से यह अपेक्षा की जा सकती थी कि वह तत्काल तीन तलाक यानी 'तलाक-उल-बिद्दत' पर ही नहीं, बल्कि तलाक के विषय को व्यापक स्वरूप में स्वीकार कर एक समग्र धर्मनिरपेक्ष व लिंग-निरपेक्ष नीति के साथ विधेयक लेकर आयेगा। किन्तु दुर्भाग्य से 2017 के तीन तलाक विधेयक में ऐसे किसी नीति का अभाव दिखा। विवाह-विच्छेद के दूसरे मौखिक स्वरूप यानी तलाक-ए-अहसन और तलाक-ए-हसन पर यह विधेयक मौन है। न्यूज चैनल 'आज-तक' के स्टिंग आपरेशन में यह बात सामने आया है कि तलाक-उल-बिद्दत को सुप्रीम कोर्ट द्वारा अवैध करार किये जाने के बाद इसकी काट के लिए कुछ मुफ्तियों द्वारा एक नये किस्म के तलाक — 'तलाक-ए-बाइन' का इजाद कर लिया गया है। इस नये किस्म के तलाक के अन्तर्गत केवल एक या दो बार तलाक कहने की आवश्यकता होता है। दोनों में अन्तर यह बताया जाता है कि तीन तलाक के बाद यदि शौहर तलाकशुदा बीवी को दोबारा अपनाना चाहता है तो उस बीवी को हलाला से गुजरना होता है। जबकि तलाक-ए-बाइन में हलाला की आवश्यकता नहीं है अर्थात् ऐसे तलाक के बाद शौहर तलाकशुदा बीबी को बिना हलाला के अपनी जिन्दगी में वापस ला सकता है। सवाल पैदा होता है कि तीन तलाक विधेयक बनाते समय हमारे नीति-निर्माताओं की सोच इस नये किस्म के तलाक तक क्यों नहीं पहुँच पायी, खासतौर से तब जबकि इसका इजाद विधेयक के पहले ही किया जा चुका था।

तीन तलाक विधेयक प्रस्तुत करते हुए कानून मन्त्री श्री रविशंकर प्रसाद द्वारा संसद् के समक्ष लैंगिक न्याय और लैंगिक समानता को जोर-शोर से उठाया गया। जहाँ तक तलाक पीड़ित महिलाओं के पक्ष की बात है, निश्चित ही यह विधेयक, 1986 के भरण-पोषण कानून से कोसों कदम आगे है। इस विधेयक की मन्शा पर शायद ही कोई शंका हो। किन्तु यह आधे-अधूरे मन से किया गया प्रयास लगता है। खासतौर से जब किसी संवेदनशील विषय पर ऐतिहासिक कदम उठाने की बात की जा रही है, तो आधा-अधूरा इच्छाशक्ति नहीं, बल्कि पूर्ण व समर्पित इच्छाशक्ति दिखाना पड़ता है। यदि पूरे मन से लैंगिक न्याय एवं लैंगिक समानता की बात उठाया गया होता तो देश का सम्पूर्ण जनमानस इसके पीछे खड़ा मिलता। किन्तु जब आप भी कानून-निर्माण-प्रक्रिया के सन्दर्भ में स्वयं को धार्मिक दुराग्रहों से मुक्त नहीं रख पाते हैं और ऐसे विषय पर कानून बनाते समय धर्म के आधार पर खण्ड-खण्ड पूर्वाग्रही नजरिये का परित्याग नहीं कर पाते हैं, तो इच्छाशक्ति पर सवाल उठना अस्वाभाविक नहीं है। यदि आप भी शरीयत व ऐसे अन्य सभी धर्म-आधारित कानूनों को पूर्णतया अस्वीकार कर

ईमानदारी से धर्मनिरपेक्ष कानून/संहिता, भले ही यह किसी सीमित विषय के सम्बन्ध में हो, बनाने की दिशा में आगे नहीं बढ़ पाते हैं, तो आप भी उन्हीं सरकारों की कतार में खड़े दिखने लगते हैं, जो इसके पूर्व धार्मिक तुष्टीकरण करने के लिए इस देश के धर्मनिरपेक्ष स्वरूप को तार-तार करते रहे हैं। जब आप भी केवल श्रेय लेने और वोटबैंक हेतु मुस्लिम महिलाओं की सहानुभूति प्राप्त करने के लिए कानून बनायेंगे, तो इच्छाशक्ति के साथ-साथ मन्शा पर भी सवाल उठना अस्वाभाविक नहीं होगा।

शायरा बानो के जिस निर्णय का हवाला देकर मोदी सरकार द्वारा तीन तलाक कानून लाया गया है, उस निर्णय में स्वयं **न्यायमूर्ति जगदीश सिंह खेहर** (तत्कालीन प्रधान न्यायाधीश) एवं **न्यायमूर्ति एस. अब्दुल नजीर** द्वारा कहा गया है कि 'हम आशा एवं अपेक्षा करते हैं कि आनेवाला यह विधान व्यक्तिगत कानून—'शरीयत' में हुए सुधारों, जैसा कि वैश्विक पटल पर, यहाँ तक कि इस्लामिक धर्म-आधारित देशों में भी कानूनों के माध्यम से किया गया है, पर भी विचार करेगा। जब भारत में ब्रिटिश सरकार द्वारा कानून के माध्यम से मुस्लिम के परेशानी में सहयोग किया गया है और जब मुस्लिम समुदाय द्वारा उपचारात्मक उपाय अपनाया गया है तो स्वतन्त्र भारत में पीछे रह जाने का हम कोई कारण नहीं पाते हैं।'

यदि तीन तलाक पर कानून बनाते समय कुवैत, जार्डन, लेबनान, सूडान, सीरिया, यमन के कानून का अध्ययन किया गया होता तो इस विधेयक में यह व्यवस्था बनायी जा सकती थी कि नशे की हालत में या दबाव में या मानसिक अस्थिरता की स्थिति में या क्रोध में या उकसावे में किये गये मौखिक तलाक मान्य नहीं होंगे; या यदि इराक, मोरक्को, पाकिस्तान, बाँग्लादेश के कानून का अध्ययन किया गया होता तो यह भी व्यवस्था बनायी जा सकती थी कि यदि कोई व्यक्ति तलाक के माध्यम से वैवाहिक सम्बन्ध समाप्त करना चाहता है तो उसे न्यायालय में इसे लागू कराने के लिए दावा दाखिल करना होगा; या यदि जार्डन, सूडान, कुवैत, सीरिया, यमन के कानून का अध्ययन किया गया होता तो यह भी व्यवस्था लायी जा सकती थी कि एक ही बैठक में लगातार बोलकर किया गया तलाक प्रभावी नहीं होगा; यदि हमारे नीति-निर्माताओं द्वारा सीरिया, ट्यूनिशिया, यमन, मलेशिया के कानून का अध्ययन किया गया होता तो यह भी व्यवस्था लायी जा सकती थी कि तलाक के खिलाफ मुआवजे के सम्बन्ध में न्यायालय को उचित आदेश पारित करने का अधिकार होगा; यदि मोरक्को, सीरिया, ट्यूनिशिया, इण्डोनेशिया, मलेशिया, पाकिस्तान, बाँग्लादेश के कानून का अध्ययन किया गया होता तो शायद यह भी व्यवस्था बनायी जा सकती थी कि न्यायालय अपनी देख-रेख में मध्यस्थता का प्रयास सुनिश्चित करेगा; इसी तरह यदि मलेशिया के कानून का अध्ययन किया गया होता तो निश्चित तौर पर यह भी व्यवस्था लायी जा सकती थी कि मध्यस्थता के प्रयास विफल होने पर भरणपोषण एवं सम्पत्तियों के बँटवारे

के सम्बन्ध में न्यायालय उचित निर्णय कर सकेगा। इसलिए सवाल पैदा होता है कि क्या केन्द्र सरकार द्वारा तीन तलाक पर कोई कानून बनाते समय सुप्रीम कोर्ट द्वारा व्यक्त विचार का ईमानदारी से पालन किया गया है?

आज जब मोदी सरकार द्वारा लाये गये तीन तलाक विधेयक का विरोध आल इण्डिया मुस्लिम पर्सनल लॉ बोर्ड के बैनर तले कुछ मुस्लिम महिलाओं द्वारा प्रायोजित तरीके से किया जा रहा है, सवाल ऐसे मुस्लिम संगठनों की मन्शा पर भी उठता है। जिस भारत देश को धर्मनिरपेक्ष देश बनाने के लिए यहाँ के अतिबहुसंख्यक हिन्दू समाज द्वारा त्याग किया गया और उन सब बातों को स्वीकार किया गया, जिसकी उम्मीद स्वयं मुस्लिम समुदाय द्वारा नहीं की गयी रही होगी और वह भी तब जबकि बड़े ही विषम हालात में इस देश के एक टुकड़े को मुस्लिम धर्मान्धिता के नाम पर अलग कर दिया गया था, उस शेष देश में रुके रहनेवाले मुस्लिम समाज से यह देश यह अपेक्षा कर सकता है कि वह हिन्दू समाज द्वारा किये गये त्याग से अनुप्राणित होकर देश के सिविल कानून को धर्मनिरपेक्ष स्वरूप प्रदान करने के लिए कन्धे-से-कन्धा मिलाकर काम करे। किन्तु जब-जब देश की धर्मनिरपेक्षता को और मजबूत व स्थायी बनाने के लिए एक समग्र धर्मनिरपेक्ष, लिंग-निरपेक्ष सिविल संहिता—'भारतीय सिविल संहिता' बनाने की बात आती है और इसे बनने देने में जब स्वयं कुछ मुस्लिम संगठनों पर बाधा पैदा करने का आरोप लगता है तो यह सवाल उठना स्वाभाविक है कि क्या बँटवारे के समय कहीं कुछ गलती तो नहीं हो गयी? इस देश के धर्मनिरपेक्ष स्वरूप का सबसे अधिक लाभ इस देश के अल्पसंख्यक समुदाय को मिलता है। इसलिए सवाल यह भी पैदा होना स्वाभाविक है कि तथाकथित धर्म-आधारित अल्पसंख्यक समुदाय द्वारा अपनी सुविधानुसार धर्मनिरपेक्षता का उपयोग करने की छूट लेना मात्र ही क्या इस देश के धर्मनिरपेक्ष स्वरूप की विडम्बना है?

किसी देश के सिविल व्यवहार और सिविल कानूनों का धर्म से क्या ताल्लुक? मूलभूत धार्मिक अधिकारों को सुरक्षित रखते हुए सिविल कानूनों को धर्मनिरपेक्ष स्वरूप दिया जाना यदि देश की एकता व अखण्डता के लिए आवश्यक और एकीकृत न्यायिक प्रशासन के लिए महत्त्वपूर्ण है तो क्या यह देश इस बात की उम्मीद नहीं कर सकता है कि भारतीय मुस्लिम समाज स्वयं आगे बढ़कर इस देश से बिलकुल अलग भौगोलिक परिस्थितियों में बनाये गये शरीयत जैसी व्यवस्था को भारतीय परिवेश एवं आधुनिक हालातों के अनुकूल व व्यावहारिक बनाते हुए तथा दूसरे धर्म-आधारित व्यक्तिगत कानूनों के साथ तालमेल बैठाते हुए संविधान-लक्षित यूनिफॉर्म 'भारतीय सिविल संहिता' के निर्माण में दिल से सहयोग करे और देश की एकता एवं अखण्डता को मजबूत बनाने में सहभागी बने?

तीन तलाक तो एक प्रतीकात्मक विषय है। व्यापक विषय यह है तीन तलाक को या मौखिक स्वरूप वाले तलाक के दूसरे अन्य तरीकों को बनाये रखकर या ऐसे अन्य

सिविल व्यवहारों के सन्दर्भ में धर्म के आधार पर विशेष व अलग सुविधाओं का उपभोग करने की छूट लेते रहने का दावा करके क्या हम इस देश के धर्मनिरपेक्ष स्वरूप का और इसके साथ इसकी एकता व अखण्डता का कहीं तीन तलाक तो नहीं करते जा रहे हैं? तीन तलाक के विषय को इस व्यापक परिप्रेक्ष्य में जानना-समझना इस पुस्तक का मूल विषय है।

●

1

शरीयत और तीन तलाक

अरबी प्रायद्वीप में विकसीत शरीयत मूलतः कुरान, हदीस या सुन्ना, इज्मा एवं कयास का सम्मिलित स्वरूप है। यह मान्यता है कि 609 ई० से 632 ई० के दौरान अल्लाह ने पैगम्बर मुहम्मद साहब के माध्यम से दैवी सन्देश (आसमानी) भिजवाये। मुहम्मद साहब की मृत्यु के बाद उनके अनुयायियों द्वारा इन दैवी सन्देशों का संकलन कर पुस्तक का स्वरूप दिया गय। इसी पुस्तक को पवित्र 'कुरान' कहा जाता है। अलग-अलग विषय के अनुसार इसमें कुल 114 अध्याय (सुरा) हैं और इन 114 अध्यायों में कुल 6237 पद्यांश (आयत) हैं। कुरान को मुस्लिम कानून का प्रथम स्रोत माना जाता है।

मुस्लिम कानून का दूसरा स्रोत हदीस या सुन्ना है। मुहम्मद साहब द्वारा स्वयं कही गयी बाते (सुन्नत-उल-कौल) या उनके व्यवहार (सुन्नत-उल-फैल) और उनके द्वारा मौन समर्थित घटनाएँ (सुन्नत-उल-तकरीर) मिलकर सुन्ना कहलाती हैं। इन्हें बातिन यानी अप्रत्यक्ष दैवी सन्देश माना गया है। कुरान या हदीस में कोई नियम न होने पर पैगम्बर मुहम्मद के निकटतम सहयोगियों या मुजतहिदों (विधिशास्त्रियों) द्वारा जो मतैक्य निर्णय दिये गये, वे इज्मा कहलाते हैं। जबकि कयास, कुरान या सुन्ना या इज्मा के मूलपाठ के भावों के सादृश्य अनुमान हैं, जो मुजतहिद द्वारा नयी समस्या के निदान करने के लिए स्थापित किये गये।

शीआ समुदाय केवल उन्हीं सुन्ना को कानून के स्रोत के रूप में स्वीकार करते हैं, जो मोहम्मद साहब के किसी कुटुम्ब द्वारा कहे गयें हों और केवल उन्हीं इज्मा को मानते हैं, जो इमाम द्वारा पुष्ट किया गया हो। इनके द्वारा कयास को कानून का स्रोत नहीं माना जाता है।

शरीयत मूलतः एक धर्म-आधारित कानून हैं, जो इस्लाम में विश्वास करनेवाले लोगों के व्यवहार, चाहे सिविल किस्म के व्यवहार हों या अपराध से जुड़े व्यवहार हों, को संचालित करता है। यह आम अवधारणा है कि अरबी प्रायद्वीप में पैदा होनेवाले

इस्लाम धर्म के अनुयायी विश्व में जहाँ-जहाँ भी गये या जाते हैं या विश्व के दूसरे देशों में जहाँ भी लोग इस्लाम धर्म के अनुयायी बने, वे अपने को इन शरीयत से आबद्ध हुआ मानते हैं। मुसलमानों में आबद्धता की इस प्रवृत्ति के कारण अक्सर शरीयत का सम्बन्धित देशों में स्थापित 'राज्य' एवं राज्य द्वारा बनाये गये कानून के साथ द्वन्द्व देखने को मिलता है। इस द्वन्द्व की दशा-दिशा इस बात पर निर्भर तो करता ही है कि उस देश में रह रहे इस्लाम धर्म के अनुयायी कितने प्रगतिशील हैं या कितने रूढ़िवादी है, इसके साथ इस बात पर भी निर्भर करता है कि उस देश का राज्यतन्त्र इस द्वन्द्व से कितनी सक्षमता के साथ निपट पाता है। ये दोनों पहलू इन देशों में शरीयत की प्रासंगिकता को तय करते हैं।

कुरान के अन्तर्गत मान्य तलाक

तलाक एक अरबी शब्द है, जिसका अर्थ है मुक्त करना या मुक्त होना। मुस्लिम कानून के अन्तर्गत तलाक के माध्यम से वैवाहिक सम्बन्ध को समाप्त किया जाता है यानी विवाह-विच्छेद किया जाता है। यह एक ऐसा तरीका है, जिसे एक मुस्लिम पति अपने मुँह से बोलकर अपने वैवाहिक सम्बन्ध को तुरन्त या कुछ अवधि के बाद समाप्त कर सकता है।

कुरान के दूसरे सुरा—सूरेह बक्राह और और चौथे सुरा — सुरेह निसा के अन्तर्गत तलाक के सम्बन्ध में व्यवस्था प्रदान की गयी है। सुरेह निसा की आयत संख्या 34 एवं 35 तथा सूरेह बक्राह की आयत संख्या 223, 226, 227, 228, 229, 230, 231 एवं 232 का यहाँ उल्लेख करना प्रासंगिक है।

कुरान के सुरेह निसा के आयत संख्या 34 एवं 35 कहते हैं—

> पति पत्नियों के संरक्षक और निगराँ है क्योंकि अल्लाह ने उनमें से कुछ को कुछ के मुकाबले में आगे रखा है और इसलिए भी कि पतियों ने अपने माल खर्च किये हैं, तो नेक पत्नियाँ तो आज्ञा पालन करनेवाली होती हैं और गुप्त बातों की रक्षा करती हैं, क्योंकि अल्लाह ने उनकी रक्षा की है और जो पत्नियाँ ऐसी हों, जिनकी सरकशी का तुम्हें भय हो, उन्हें समझाओ और बिस्तरों में उन्हें अकेली छोड़ दो और अति आवश्यक हो तो उन्हें मारो भी। फिर यदि वे तुम्हारी बात मानने लगें, तो उनके विरुद्ध कोई रास्ता न ढूँढ़ो। अल्लाह सबसे उच्च, सबसे बड़ा है। (सूरेह निसा - 34)
>
> और यदि तुम्हें पति-पत्नी के बीच बिगाड़ का भय हो, तो एक फैसला करनेवाला पुरुष के लोगों में से और एक फैसला करनेवाला स्त्री के लोगों में से नियुक्त करो, यदि वे दोनों सुधार चाहेंगे, तो अल्लाह उनके बीच अनुकूलता पैदा कर देगा। निस्सन्देह, अल्लाह सब कुछ जाननेवाला, खबर रखनेवाला है। (सूरेह निसा - 35)

कुरान के सूरेह बक्राह के आयत संख्या 223, 226, 227, 228, 229, 230, 231 एवं 232 के अनुसार—

'तुम्हारी स्त्रियाँ तुम्हारी खेती हैं। अतः जब और जिस प्रकार चाहो तुम अपनी खेती में आओ, पर अपनी आत्मा के लिए हाथ लगाने के पहले कुछ नेक काम करो। अल्लाह से डरते रहो, भलीभाँति जान लो कि तुम्हें उससे मिलना है और ईमान लानेवालों को शुभ सूचना दे दो।' (सूरेह बक्राह- 223)

'जो लोग अपनी स्त्रियों से अलग रहने की कसम खा बैठें, उनके लिए चार महीने की प्रतीक्षा है। फिर यदि वे पलट जायें, तो अल्लाह अत्यन्त क्षमाशील, दयावान् है।' (सूरेह बक्राह- 226)

'और यदि वे तलाक ही की ठान लें, तो अल्लाह भी सुननेवाला है, भलीभाँति जाननेवाला है।' (सूरेह बक्राह- 227)

'और तलाक पायी हुई स्त्रियाँ तीन हैज (मासिक धर्म) गुजरने तक अपने-अपने को रोके रखें और यदि वे अल्लाह और अन्तिम दीन पर ईमान रखती हैं तो उनके लिए वैध न होगा कि अल्लाह ने उनके गर्भाशियों में जो कुछ पैदा किया हो उसे छिपायें। इस बीच उनके पति यदि सम्बन्धों को ठीक कर लेने का इरादा रखते हों, तो वे उन्हें लौटा लेने के ज्यादा हकदार हैं। और उन पत्नियों के भी सामान्य नियम के अनुसार वैसे ही अधिकार हैं, जैसी उन पर जिम्मेदारियाँ डाली गयी हैं। और पतियों को उन पर एक दर्जा प्राप्त है। अल्लाह अत्यन्त प्रभुत्वशाली, तत्त्वदर्शी है।' (सूरेह बक्राह- 228)

'तलाक दो बार मान्य है। उसके बाद या तो दोनों पक्ष समान शर्तों के साथ एक-दूसरे के साथ रहें या भले तरीके से विदा कर दो। और तुम्हारे लिये वैध नहीं है कि जो कुछ तुम उन्हें दे चुके हो, उनमें से कुछ ले लो, सिवाय इस स्थिति के कि दोनों को डर हो कि अल्लाह की निर्धारित सीमाओं पर कायम न रह सकेंगे तो यदि तुमको यह डर हो कि वे अल्लाह की सीमाओं पर कायम न रहेंगे तो स्त्री जो कुछ देकर छुटकारा प्राप्त करना चाहे उसमें दोनों के लिए कोई गुनाह नहीं। ये अल्लाह की सीमाएँ हैं। अतः इनका उल्लंघन न करो। और जो कोई अल्लाह की सीमाओं का उल्लंघन करे तो ऐसे लोग अत्याचारी हैं।' (सूरेह बक्राह- 229)

'फिर यदि वह उसे तलाक (दो तलाकों के बाद) दे दे, तो इसके बाद वह उसके लिए वैध न होगी, जब तक कि वह उसके अतिरिक्त किसी दूसरे पति से निकाह न कर ले। अतः यदि वह उसे तलाक दे दे तो फिर उन दोनों के लिए पुनः एक-दूसरे के साथ आने में कोई गुनाह न होगा, यदि वे समझते हों कि अल्लाह की सीमाओं पर कायम रह सकते है। और ये अल्लाह की निर्धारित की हुई सीमाएँ है, जिन्हें वह उन लोगों के लिए बयान कर रहा है जो जानना चाहते हों।' (सूरेह बक्राह- 230)

'और यदि जब तुम स्त्रियों को तलाक दे दो और वे अपनी निश्चित अवधि (इद्दत) को पहुँच जायें, तो समान शर्तों के साथ उन्हें रोक लो या समान शर्तों के साथ उन्हें विदा कर दो। और तुम उन्हें नुकसान पहुँचाने के ध्येय से न रोको कि ज्यादती करो। और जो ऐसा करेगा तो उसने स्वयं अपने ही ऊपर जुल्म किया। और अल्लाह की आयतों को परिहास का विषय न बनाओ और अल्लाह की कृपा जो तुम पर हुई है, उसे याद रखो और उस किताब और तत्त्वदर्शिता को याद रखो जो उसने तुम पर उतारी है, जिसके द्वारा वह तुम्हें नसीहत करता है। और उल्लाह का डर रखो और भलीभाँति जान लो कि अल्लाह हर चीज को जाननेवाला है। (सूरेह बक्राह- 231)

'और जब तुम स्त्रियों को तलाक दे दो और वे अपनी निर्धारित अवधि (इद्दत) को पहुँच जायें, तो उन्हें अपने होनेवाले दूसरे पतियों से विवाह करने से न रोको, जबकि वे सामान्य नियम के अनुसार परस्पर रजामन्दी से मामला तय करें। यह नसीहत तुममें से उसको दी जा रही है जो अल्लाह और अन्तिम दीन पर ईमान रखता है। यही तुम्हारे लिये ज्यादा बरकतवाला और सुथरा तरीका है और अल्लाह जानता है, तुम नहीं जानते। (सूरेह बक्राह- 232)

अरब प्रायद्वीप में सातवीं शताब्दी के दौरान बनायी गयी तलाक की उक्त व्यवस्था का सबसे महत्त्वपूर्ण पक्ष यह है कि उस समय पुरुष-पति के पास एक साथ अनगिनत महिलाओं से शादी करने की आजादी थी। इन बीवियों में से जिनको भी पति नहीं पसन्द करता था, उन्हें वह बन्धक की तरह बनाये रखता था। इस कारण ये महिलाएँ सेक्स सहित कई अधिकारों से पूरी तरह वंचित हो जाती थीं। ऐसी महिलाओं की दुखद स्थिति में सुधार लाने के लिए नयी व्यवस्था बनायी गयी, जिसमें यह तय किया गया कि एक पति एक बार अधिकतम चार बीवियों से ही विवाह कर सकता है और किन्हीं परिस्थिति में यदि किसी बीवी से निभ नहीं पा रहा है और उसे बीवी होने का अधिकार नहीं दे पा रहा है, तो वह उसे बजाय बन्धक बनाये रखने के, तलाक देकर सम्मानजनक तरीके से उसे मुक्त कर दे ताकि वह महिला भी सेक्स सहित अन्य अधिकारों को प्राप्त कर सके। उस समय के हालात में अरबी प्रायद्वीप में यह बहुत बड़ा सुधार था।

कुरान के अन्तर्गत बहुत विषम परिस्थिति में ही तलाक देना उचित माना गया है। यदि बीवी और शौहर में किसी तरह का विवाद होने का भय हो तो उन्हें पहले सुलह का प्रयास करना होगा और इसके लिए पति और पत्नी दोनों की तरफ के एक-एक लोगों की नियुक्ति की जायेगी। उसके बाद भी यदि रजामन्दी न हो पाये, तो दो जिम्मेदार गवाहों की उपस्थिति में पति पत्नी को तलाक कह सकेगा। इस तरह दिये गये तलाक के बाद तीन महीने तक पत्नी पति के साथ रहेगी। एक साथ होने का लाभ यह होता है कि दोनो के मध्य निकटता की एवं सुलह की सम्भावना बढ़ जाती है। और यदि दोनों के बीच सुलह हो जाय तो उन्हें गवाहों को बता देना होगा कि उन्होंने तलाक

का अपना फैसला बदल लिया है। इस प्रक्रिया को 'रुजू' कहते हैं। सूरेह बक़्राह की आयत 229 के अनुसार रुजू दो बार की जा सकती है। किन्तु यदि तीन महीने या तीन इद्दत की अवधि बीत जाय और रुजू न हो पाये तो पति और पत्नी को अलग होना पड़ेगा।

पहली तलाक के बाद भी पति और पत्नी दोबारा निकाह कर सकते हैं। दूसरी बार की गयी निकाह के बाद यदि दोबारा तलाक की नौबत आ जाय तो पुनः तलाक की सभी प्रक्रिया अपनानी होती है। दूसरे तलाक के बाद भी तीसरी बार निकाह किया जा सकता है। किन्तु इसके बाद यदि पति-पत्नी के बीच तीसरी बार तलाक हो जाय, तो चौथी बार इन दोनों के बीच निकाह नहीं हो सकता है। इसके बाद यदि तलाकशुदा पत्नी अपनी इच्छा से किसी दूसरे मर्द के साथ परिवार बसाने की नीयत व मकसद से निकाह कर ले और संयोग से उससे भी न निभ सके और दूसरा पति उसे सभी प्रक्रिया का पालन करते हुए तलाक दे दे तो वह पहले पति से विवाह करने के लिए स्वतन्त्र हो जाती है।

तीन तलाक का उद्भव

मुहम्मद साहब द्वारा मान्य तलाक-प्रक्रिया सुधार की दिशा में अपनायी गयी व्यवस्था थी। किन्तु समय के साथ इस प्रक्रिया में और सुधार होने के बजाय गिरावट होती गयी। कुछ ही समय बाद तलाक के मूल स्वरूप के साथ एक स्वरूप और जुड़ गया। इस दूसरे स्वरूप में अब पति द्वारा एक-एक महीने के अन्तराल पर तीन बार 'तलाक' कहा जाने लगा। इस तरह अब दो स्वरूपों — 'तलाक-ए-अहसन' और 'तलाक-ए-हसन' — में तलाक करना मान्य हो गया। कालान्तर में इसके साथ एक और ज्यादा वीभत्स स्वरूपवाला तलाक — 'तलाक-उल-बिद्दत' भी जुड़ गया। इस तलाक का ईजाद होने के बाद पहले दो किस्म के तलाक अब 'तलाक-उल-सुन्नत' की श्रेणी में आ गये। ये तीनों तरीके के तलाक विवाह-विच्छेद के मौखिक तरीके हैं। तलाक के इन तीनों स्वरूपों के क्या नियम एवं शर्त हैं, इसको अलग-अलग समझने की आवश्यकता है।

तलाक के पहले स्वरूप **'तलाक-ए-अहसन'** के लिए तीन शर्त पूरी करनी होती है। पहला यह कि पति द्वारा तलाक का उच्चारण एक बार में किया गया हो। दूसरा यह कि उच्चारण पत्नी की तुहर अवस्था यानी जब वह मासिक धर्म में न हो, में रहने के दौरान किया गया हो। तीसरा यह कि तलाक के बाद इद्दत की अवधि यानी तीन महीने या तीन मासिक धर्म आने तक पत्नी के साथ शारीरिक सम्बन्ध न बनाया गया हो। इस तरह के तलाक का खण्डन स्वयं पति द्वारा इद्दत के पहले किया जा सकता है। किन्तु इद्दत के बाद यह तलाक अखण्डनीय हो जाता है। 'तलाक-ए-अहसन' को मुस्लिम कानून में तलाक का सबसे अच्छा तरीका माना गया है।

तलाक के दूसरे स्वरूप **'तलाक-ए-हसन'** के लिए दो शर्त पूरी करनी होती है।

पहला यह कि पत्नी के क्रमशः पहले, दूसरे और तीसरे तुहर के दौरान अलग-अलग तीन बार पति द्वारा तलाक बोला गया हो और दूसरा यह कि इस दौरान पत्नी के साथ शारीरिक सम्बन्ध न बनाया गया हो। तीसरे तुहर के दौरान तलाक बोलने के बाद यह तलाक अखण्डनीय हो जाता है।

तलाक का तीसरा स्वरूप **'तलाक-उल-बिद्दत'** है, जिसमें पति द्वारा एक साथ तीन बार तलाक यानी 'तलाक-तलाक-तलाक' बोलने पर विवाह-विच्छेद हो जाता है।

मुस्लिम कानून के अन्तर्गत पति तलाक कहने के अपने अधिकार का प्रयोग स्वयं न करके किसी तीसरे व्यक्ति को प्रतिनिहित भी कर सकता है। अर्थात् एक मुस्लिम पति चाहे तो तलाक खुद न देकर किसी अन्य व्यक्ति को उसकी पत्नी को तलाक देने का अधिकार सौंप सकता है। इस अधिकार के तहत किसी अन्य व्यक्ति द्वारा दिया गया तलाक **'तलाक-ए-तफवीज'** कहलाता है।

तलाक-उल-बिद्दत को सुप्रीम कोर्ट द्वारा अवैध करार किये जाने के बाद इसकी काट के लिये कुछ मुफ्तियों द्वारा एक नये किस्म के तलाक — **'तलाक-ए-बाइन'** का इजाद कर लिया गया है। इस नये किस्म के तलाक के अन्तर्गत केवल एक या दो बार तलाक कहने की आवश्यकता होती है। दोनों में अन्तर यह बताया जाता है कि तीन तलाक के बाद यदि शौहर तलाकशुदा बीवी को दोबारा अपनाना चाहता है तो उस बीवी को हलाला से गुजरना होता है। जबकि तलाक-ए-बाइन में हलाला की आवश्यकता नहीं है अर्थात ऐसे तलाक के बाद शौहर तलाकशुदा बीवी को बिना हलाला के अपनी जिन्दगी में वापस ला सकता है। न्यूज चैनल 'आज-तक' के स्टिंग आपरेशन में यह बात सामने आया है। न्यूज चैनल के अनुसार उत्तर प्रदेश के गाजियाबाद के मदरसे जीनत उल इस्लाम के मुफ्ती का दावा है कि तलाक-ए-बाइन के लिए आवश्यक नहीं है कि तलाक देनेवाली की बीवी उसके सामने हो। कोई भी आदमी कहीं भी और किसी भी समय अपनी बीवी को तलाक दे सकता है, चाहे वह बीवी सुने या न सुने। बस उस तक खबर पहुँच जानी चाहिए कि उसे उसके शौहर ने तलाक-ए-बाइन कह दिया है।

मुस्लिम कानून में तलाक के तीसरे तरीके यानी तलाक-उल-बिद्दत को विवाह-विच्छेद का सबसे निम्न तरीका माना गया है। इस किस्म के तलाक को मुस्लिम धर्म के कुछ ही मतों जैसे हनफी मत एवं सुन्नी मत द्वारा मान्य किया गया है। शीआ या मलिकी जैसे अन्य मतों में तीन तलाक की यह व्यवस्था पूरी तरह अमान्य है।

तीन तलाक के तीसरे स्वरूप यानी 'तलाक-उल-बिद्दत' की उत्पत्ति के सम्बन्ध में इस्लामिक विद्वान् अकील अहमद लिखते हैं—

> 'तीन तलाक यद्यपि मान्य है किन्तु विवाह-विच्छेद का यह अस्वीकृत तरीका है। इस्लामिक विधिशास्त्रियों द्वारा शरीयत की आड़ में इस नयी पद्धति को पैदा कर लिया गया है। इसे न तो पवित्र कुरान में और न ही पैगम्बर द्वारा प्रमाणित

किया गया है। प्रथम खलीफा अबु बकर के जीवनकाल में और द्वितीय खलीफा ऊमर के जीवनकाल के दौरान दो वर्ष तक तीन तलाक प्रचलन में नहीं था। बाद में एक विशेष परिस्थिति में हजरत ऊमर द्वारा इसकी इजाजत दी गयी थी। जब अरबियों द्वारा सीरिया, मिस्र, परसिया जैसे देशों को जीत लिया गया, तो उन्होंने वहाँ पर अरबियन महिलाओं की तुलना में ज्यादा सुन्दर महिलाओं को पाया और इसलिए वे उनसे विवाह के लिए आकृष्ट होने लगे। किन्तु मिस्र और सीरियन महिलाओं द्वारा यह कहा गया कि उनसे विवाह करने के लिए सर्वप्रथम उन्हें अपनी वर्तमान पत्नियों को एक ही बैठक में तीन बार तलाक बोलकर विवाह-विच्छेद करना होगा। इस शर्त को अरबियों द्वारा तुरन्त स्वीकार कर लिया गया क्योंकि उन्हें पता था कि इस्लाम में तलाक केवल तीन अलग-अलग अवधि में किया जाना स्वीकार है और एक बैठक में तलाक बोलना गैर-इस्लामिक है और अप्रभावशाली है। इस तरह वे न केवल सुन्दर महिलाओं से विवाह कर लिये, बल्कि अपनी पत्नियों को भी बनाये रखे। जब यह बात द्वितीय खलीफा हजरत ऊमर को बताया गया तो उन्होंने अनैतिक शौहरों से धर्म का दुरुपयोग होने से बचाने के लिए यह कह दिया कि एक बैठक में लगातार तीन बार तलाक-तलाक-तलाक कह देने से विवाह अखण्डित रूप से विघटित हो जायेगा। यह खलीफा ऊमर द्वारा एक आपातकालीन स्थिति से निपटने के लिए अस्थायी प्रशासनिक आदेश मात्र था न कि कोई स्थायी कानून बनाने के लिए किया गया था। लेकिन दुर्भाग्य से हनफी विधिशास्त्रियों द्वारा बाद में खलीफा ऊमर के उक्त प्रशासनिक आदेश के बल पर यह घोषित कर दिया गया कि विवाह-विच्छेद का यह तरीका वैध है और इसे धार्मिक आवरण भी पहना दिया गया।'

इस तरह तलाक-उल-बिद्दत की बुनियाद ही सुन्दर महिलाओं के प्रति पुरुषों के आकर्षण-भाव को सन्तुष्ट करना रहा है। धीरे-धीरे इस प्रथा का दुरुपयोग करने के नये-नये तरीके पैदा होते गये और जुड़ते गये। यदि एक पति की किसी दूसरी महिला से सम्बन्ध बनाने की इच्छा हो जाय और वह महिला पहली पत्नी/पत्नियों के साथ दूसरी पत्नी या तीसरी पत्नी या चौथी पत्नी के रूप में रहने से इनकार कर दे तो तीन तलाक; यदि पत्नी की कोख से बेटा न पैदा हो पाये, तो तीन तलाक; यदि पत्नी ठीक से खाना न पका पाये, तो तीन तलाक; यदि पत्नी के मायके से दहेज न मिल पाये, तो तीन तलाक; यदि पत्नी गुलाम की तरह न रहने को तैयार हो, तो तीन तलाक। शरीयत की आड़ में महिलाओं के विरुद्ध तीन तलाक के दुरुपयोग के अनगिनत हल्के आचरण देखने-सुनने को मिलते हैं। तीन तलाक को लेकर इस तरह के हलके किस्म के आचरण इसलिए भी लोग करने में सफल रहते हैं क्योंकि इनका राज्य निर्मित कानून एवं न्यायालय के प्रति कोई जवाबदेही नहीं है।

मुस्लिम कानून में विवाह-विच्छेद के अन्य तरीके

तलाक के उक्त तरीकों के अलावा एक मुस्लिम पति 'इला' या 'जिहार' द्वारा अपने वैवाहिक सम्बन्ध को समाप्त कर सकता है। **इला** के अन्तर्गत यदि पति शपथ ले ले कि वह अपनी पत्नी से सम्भोग नहीं करेगा और उसके बाद चार महीने तक पतिं एवं पत्नी के बीच सम्भोग नहीं होता है तो चार महीने पूर्ण होते ही विवाह-विच्छेद हो जाता है। इसी तरह **जिहार** के अन्तर्गत यदि पति अपने पत्नी की तुलना अपनी माँ या बहन से कर दे या ऐसी महिला से कर दे, जिससे उसका विवाह होना निषिद्ध है और उसके बाद चार महीने तक पति एवं पत्नी के बीच सम्भोग नहीं होता है तो चार महीने पूर्ण होते ही विवाह-विच्छेद हो जाता है।

एक तरफ जहाँ मुस्लिम कानून के अन्तर्गत एक पति को अपने वैवाहिक सम्बन्ध को समाप्त करने का असीमित अधिकार प्राप्त है, वहीं पत्नी के पास ऐसा कोई अधिकार नहीं है। वह या तो पति द्वारा अधिकार प्राप्त होने पर तलाक-ए-तफवीज कर सकती है या पति की सहमति से उसे (पति को) मुआवजा देकर पत्नी '**खुला**' के माध्यम से विवाह-विच्छेद कर सकती है। इसके अलावा पति और पत्नी आपसी सहमति से '**मुबारत**' के माध्यम से विवाह-विच्छेद कर सकते है।

2

मुस्लिम देशों में तीन तलाक

विवाह-विच्छेद ऐसा सिविल व्यवहार है, जिसके माध्यम से पति-पत्नी के मध्य वैवाहिक सम्बन्ध को समाप्त किया जाता है। एक सभ्य समाज में विवाह-विच्छेद या तो पति-पत्नी दोनों की आपसी सहमति से हो या फिर कोई-न-कोई तार्किक कारण होने और इस तार्किक कारण के न्यायालय में सिद्ध हो जाने पर एवं मध्यस्थता के सारे प्रयास विफल होने के बाद प्रभाव में लाया जाता है। आरम्भिक काल में यह व्यवहार भी अन्य सिविल व आपराधिक व्यवहारों की तरह धार्मिक कानूनों से ही संचालित होते थे। इनके संचालन के केन्द्र अलग-अलग धर्मों से जुड़े धार्मिक स्थल — चर्च, मस्जिद या मठ-मन्दिर एवं पंचायतें हुआ करती थीं। आरम्भ में यह स्थिति इसलिये भी आसान और व्यावहारिक रूप से सम्भव हो पाता था, क्योंकि एक देश या एक राज्य में रहनेवाले सभी लोग किसी-न-किसी एक धर्म के अनुयायी हुआ करते थे।

किन्तु सभ्यता में विकासक्रम के साथ धीरे-धीरे इस विचार को स्वीकृति मिलने लगी कि एक देश में रहनेवाले लोगों को कोई भी धर्म मानने की आजादी होनी चाहिए और इस तरह एक देश में कई धर्मों के अनुयायी एक साथ रह सकते हैं। राज्य की अवधारणा का उद्‌भव होने और 17वीं शताब्दी में महान् जर्मन विधिशास्त्री जॅस्टस हेनिंग बॉहमर द्वारा प्रतिपादित 'राज्याधिधर्मतन्त्र के सिद्धान्त (Doctrine of Caesaropapism)' को मान्यता मिलने के बाद धर्मों का प्रभाव-क्षेत्र संकुचित होता गया और राज्य का प्रभाव-क्षेत्र बढ़ता चला गया। और राज्य द्वारा सिविल एवं आपराधिक व्यवहार को अपने अधीन कर लिया गया। इस कारण वे सभी सिविल एवं आपराधिक व्यवहार, जो कभी धार्मिक-संस्थाओं से संचालित होते थे, उनको राज्य द्वारा संचालित किया जाना आवश्यक हो गया; जो धार्मिक कानूनों से विनियमित हुआ करते थे, उनको अब राज्य निर्मित धर्म निरपेक्ष कानूनों से विनियमित करना आवश्यक हो गया।

एक कारण और भी है। धीरे-धीरे धर्मों पर पुरुषप्रधान सोच एवं सामन्तवादी प्रवृत्ति का प्रभाव बढ़ता गया। और इस कारण इन धार्मिक नियम-कानूनों में तमाम

अमानवीय मान्यताओं एवं प्रथाओं ने स्थान पाना शुरू कर दिया। इसने भी 'राज्य' को इस बात के लिये मजबूर किया कि वह धर्मों के अधिकार क्षेत्र को मात्र धार्मिक एवं परलौकिक कार्यों तक सीमित करे और बाकी सभी सिविल एवं आपराधिक व्यवहारों को मानवता एवं तार्किकता आधारित राज्य निर्मित कानून से विनियमित करे। इस वैचारिक स्थापना के साथ राज्य द्वारा धर्म-संचालित सभी व्यवस्थाओं को मानवता की कसौटी पर परखना और राज्य-निर्मित-कानून से प्रतिस्थापित कर इनका संहिताकरण करना आवश्यक हो गया।

विश्व के लगभग सभी आधुनिक देश अपने-अपने तरीके से सिविल कानूनों का संहिताकरण किये हुए हैं। कम-से-कम जिन देशों ने स्वयं को धर्मनिरपेक्ष घोषित कर रखें हैं, उन्होंने सिविल कानूनों के भी धर्मनिरपेक्ष होने की शर्त को अपनाया है। वहाँ के सभी नागरिकों पर, चाहे जिस भी धर्म को माननेवाले हों, चाहे बहुसंख्यक हों या अल्पसंख्यक, समान रूप से एक सिविल कानून लागू होते हैं। किसी तरह का कोई भेदभाव नहीं होता है।

फ्रान्स, जर्मनी जैसे ईसाई बाहुल्य देश हों या टर्की, ट्यूनिशिया जैसे मुस्लिम बाहुल्य देश या जापान जैसे बौद्ध देश, विश्व के तमाम आधुनिक एवं सभ्य कहे जानेवाले देशों में 'राज्य' द्वारा पारिवारिक व्यवहार सहित सभी सिविल व्यवहारों एवं आपराधिक व्यवहार को धर्म से अलग करके मानवता-आधारित कानूनों के माध्यम से विनियमित किया गया है। ऐसा करना न केवल मानवीय पहलू से आवश्यक महसूस किया गया, बल्कि शासन-व्यवस्था एवं न्याय-प्रशासन को सुचारु रूप से संचालित करने और देश को एकीकृत व अखण्ड बनाये रखने की दृष्टि से भी अति आवश्यक होता है।

यहाँ तक कि वे मुस्लिम बाहुल्य देश भी, जिन्होंने इस्लाम को अपने यहाँ राजकीय धर्म के रूप में स्वीकार किये हुए हैं, सिविल व्यवहार के सम्बन्ध में एक स्पष्ट एवं लिखित कानून को लागू करते हैं, ताकि न्याय-प्रशासन को किसी तरह की दुविधा से बचाया जा सके। इराक हो, अल्जीरिया हो, कुवैत, लेबनान, जार्डन, मोरक्को, सूडान, सीरिया, ट्यूनिशिया, संयुक्त अरब अमीरात, टर्की, यमन, इण्डोनेशिया, मलेशिया, पाकिस्तान या बाँग्लादेश, ये सभी देश मुस्लिम बाहुल्य देश हैं — इनमें कुछ धर्मनिरपेक्ष देश हैं और कुछ इस्लाम घोषित देश हैं — किन्तु इन्होंने अपने कानून-निर्मात्री संस्था के माध्यम से एक स्पष्ट व लिखित सिविल कानून बना रखे हैं। मुस्लिम देश होने के बावजूद इन्होंने शरीयत को उसके मूल स्वरूप में नहीं स्वीकार किये हुए हैं। समय परिवर्तन के साथ इन्होंने अपने कानूनी व्यवस्था में सुधार किये हैं।

किन्तु इसके विपरीत भारत देश की स्थिति अलग बना दी गयी है। यह धर्मनिरपेक्ष देश तो घोषित है, किन्तु सिविल कानूनों के धर्मनिरपेक्ष होने की शर्त को स्वीकार नहीं करता है। यह धर्म-शासित देश नहीं है, फिर भी यहाँ 'धर्म-आधारित व्यक्तिगत

कानून' अलग-अलग धर्मों के अनुयायियों के सिविल व्यवहार को विनियमित करते हैं। इसमें भी सबसे खास बात यह है कि दूसरे सभी धर्मों यथा हिन्दू धर्म, ईसाई धर्म, पारसी धर्म के सिविल व्यवहार राज्य-निर्मित कानूनों से संचालित होते हैं, किन्तु मुस्लिम धर्म के साथ ऐसा नहीं है। उनका पारिवारिक व्यवहार किसी राज्य-निर्मित कानून से नहीं बल्कि ऐसे शरीयत कानून से विनियमित होते हैं, जिसे स्वयं कई मुस्लिम देश नहीं स्वीकार करते हैं। इस शरीयत कानून को बनाये रखने के लिए हमारे देश के कुछ मुसलमान इस तरह दबाव बनाते हैं, जैसे कि वे बाकी दुनिया के मुस्लिम धर्म के अनुयायियों से अलग हों। वे इस तरह से शरीयत की वकालत करते हैं, जैसे कि दुनिया के वे मुल्क, जहाँ शरीयत कानून लागू नहीं है, वहाँ पर रहनेवाले मुसलमान सच्चे मुसलमान नहीं होते हैं। ये लोग इस तरह शरीयत को इस्लाम के साथ जोड़कर प्रचारित करते हैं जैसे मुसलमान शरीयत कानून के अलावा दूसरे अन्य व्यवस्था से संचालित ही नहीं हो सकता।

भारत में एक मुस्लिम पति द्वारा तीन तलाक के अधिकार का प्रयोग व्यक्तिगत कानून—शरीयत की आड़ में एकपक्षीय तरीके से कभी भी किसी समय किया जा सकता है। उसे न तो कुछ लिखकर देने की आवश्यकता होती है; न कोई तार्किक कारण बताने की आवश्यकता होती है; न मध्यस्थता का प्रयास करने की कोई बाध्यता होती है और न इन सबके लिए उसकी कानून के प्रति कोई जिम्मेदारी एवं न्यायपालिका के प्रति जवाबदेही ही होती है। आज जब हमारा देश 68 वर्ष का संसदीय जीवन बिताने जा रहा है, यह सवाल उठना बहुत स्वाभाविक-सा है कि ऐसे कौन-से कारण हैं जो इस देश को तीन तलाक या अन्य मौखिक तरीके की एकपक्षीय विवाह-विच्छेद करने की व्यवस्था को स्वीकार करने के लिए मजबूर करता है, जिन्हें स्वयं तमाम मुस्लिम देशों द्वारा अस्वीकार किया जा चुका है। इस अध्याय में हम विश्व के तमाम मुस्लिम बाहुल्य देशों, चाहे वे धर्मनिरपेक्ष देश हों या धर्म-शासित देश हों, द्वारा तीन तलाक के सम्बन्ध में अपनाये गये कानूनी प्रावधानों को जानने का प्रयास करते हैं—

इराक - एक धर्मशासित देश, जहाँ इस्लाम को राजकीय धर्म के रूप में स्वीकार किया गया है। शीआ समुदाय की बहुलतावाले इस देश में 1959 में बना 'पर्सनल स्टेटस संहिता' लागू है। इस संहिता का अनुच्छेद 35 कहता है कि नशे की स्थिति में या मानसिक अस्थिरता या क्रोध में या वृद्धावस्था में या बीमारी की स्थिति में दिया गया तलाक प्रभावी नहीं होगा। अनुच्छेद 39 कहता है कि यदि कोई व्यक्ति अपनी पत्नी से वैवाहिक सम्बन्ध समाप्त करने का आशय रखता है तो उसे पर्सनल स्टेटस न्यायालय में दावा इस प्रार्थना के साथ दाखिल करना होगा कि इसे लागू किया जाय और इसके लिए आदेश निर्गत किया जाय। इस अनुच्छेद का उपधारा 2 कहता है कि जब तक न्यायालय द्वारा रद्द न कर दिया जाय, विवाह का प्रमाण-पत्र वैध बना रहेगा।

कुवैत – इस्लाम धर्म को राजकीय धर्म के रूप में स्वीकार करनेवाले देश कुवैत में 'पर्सनल स्टेटस संहिता, 1984' लागू है। इसका अनुच्छेद 102 कहता है कि स्वतन्त्र सहमति से वयस्क एवं स्वस्थचित्त पुरुष द्वारा दिया गया तलाक मान्य होगा। मानसिक रूप से अस्वस्थ होने की स्थिति में या दबाव में या भूल से या नशे की स्थिति में या भय के कारण या क्रोध में पति द्वारा दिया गया तलाक मान्य नहीं होगा। अनुच्छेद 109 कहता है कि संख्या दो, तीन की गणना में शब्दों से या इशारा से या लिखित में कहा गया तलाक एक ही तलाक के रूप में प्रभावी होगा।

लेबनान – लगभग 55 प्रतिशत मुस्लिम आबादीवाला यह देश एक धर्मनिरपेक्ष देश है। 1962 में बनाया गया 'पारिवारिक अधिकार कानून' सभी नागरिकों पर समान रूप से लागू होता है। इसका अनुच्छेद 104 एवं 105 कहता है कि नशे की हालत में या दबाव के कारण दिये गये तलाक का कोई प्रभाव नहीं होगा।

लीबिया – एक धर्मशासित देश, जहाँ इस्लाम को राजकीय धर्म के रूप में स्वीकार किया गया है। सुन्नी समुदाय के बहुलतावाले इस देश में 1984 में बना 'पारिवारिक कानून' लागू है। इस कानून का अनुच्छेद 28 कहता है कि सक्षम न्यायालय के डिग्री के अलावा किसी भी स्थिति में कोई तलाक प्रभावी नहीं होगा। इसका एक अपवाद अनुच्छेद 30 में उल्लिखित है। अनुच्छेद 30 कहता है कि तीसरी बार किया गया तलाक, एक सम्बन्ध बनने के पूर्व और एक विचारण के बाद किया जाय, के अलावा सभी तरह के तलाक खण्डनीय होगा। अनुच्छेद 47 कहता है कि तलाक न्यायालय द्वारा घोषित होना चाहिए और मध्यस्थता के सभी प्रयासों के विफल होने के बाद न्यायालय तलाक को लागू करेगा।

जार्डन – एक धर्मनिरपेक्ष देश, जहाँ इस्लाम धर्म के सुन्नी वर्ग की बहुलता है। यहाँ नागरिकों के सिविल व्यवहार को विनियमित करने के लिए 'पर्सनल स्टेटस संहिता, 1976' लागू होता है। इस संहिता का अनुच्छेद 88 कहता है कि नशे की हालत में या दबाव में या मानसिक अस्थिरता की स्थिति में या क्रोध में या उकसावे में किये गये तलाक प्रभावी नहीं होंगे। अनुच्छेद 90 कहता है कि एक ही बैठक में लगातार बोलकर किया गया तलाक प्रभावी नहीं होगा। अनुच्छेद 94 कहता है कि तीसरे अन्तिम तलाक, जो सम्बन्ध बनने के पूर्व हो और विचारण करने बाद किया गया हो, के अतिरिक्त अन्य तलाक खण्डनीय होगा। अनुच्छेद 98 कहता है कि जहाँ अखण्डनीय तलाक एक या दो बार दिया गया हो, वहाँ पक्षकारों की सहमति से विवाह का नवीनीकरण कराने पर रोक नहीं होगा।

अल्जीरिया –सुन्नी बाहुल्य इस मुस्लिम देश में 'पारिवारिक विधि संहिता, 1984' लागू है। इस संहिता का अनुच्छेद 49 कहता है कि बिना न्यायालय के निर्णय के विवाह–विच्छेद नहीं किया जा सकता है। किन्तु ऐसे निर्णय के पूर्व

कम-से-कम तीन महीने की अवधि के लिए समझौता का प्रयास किया जाना आवश्यक है।

सूडान - एक धर्मशासित देश, जहाँ इस्लाम को राजकीय धर्म के रूप में स्वीकार किया गया है। सुन्नी समुदाय की बहुलतावाले इस देश में 1935 में बना 'तलाक का कानून' लागू है। इस कानून का अनुच्छेद 1 कहता है कि नशे की हालत में या मानसिक अस्वस्थ होने की स्थिति में किया जानेवाला तलाक अवैध व अप्रभावशाली होगा। अनुच्छेद 3 कहता है कि गणना के साथ प्रत्यक्ष या परोक्ष रूप से किये जानेवाले तलाक का प्रभाव एक ही तलाक का होगा।

मोरक्को - एक धर्मशासित देश, जहाँ इस्लाम को राजकीय धर्म के रूप में स्वीकार किया गया है। सुन्नी समुदाय की बहुलतावाले इस देश में 2004 में बना 'पर्सनल स्टेटस संहिता' लागू है। इस संहिता का अनुच्छेद 79 कहता है कि जो भी तलाक द्वारा अपनी पत्नी से विवाह-विच्छेद करना चाहता है, उसे इस बाबत न्यायालय से अनुमति लेने के लिए पंजीकरण कराना आवश्यक है। अनुच्छेद 81 के अन्तर्गत न्यायालय समन जारी करके दोनों पक्षकारों के मध्यः मध्यस्थता का प्रयास करता है। अनुच्छेद 82 के अन्तर्गत न्यायालय दोनों पक्षकारों एवं उनके गवाहों को कैमरे में सुनेगा और मध्यस्थता के लिए सभी सम्भव प्रयांस करेगा। यदि दोनों के मध्य कोई बच्चा है तो यह प्रयास 30 दिन में पूरा करेगा। इस संहिता का अनुच्छेद 83 कहता है कि यदि समझौते का प्रयास असफल हो जाय तो न्यायालय एक निश्चित धनराशि तय करके पति को जमा करने का आदेश करेगा। यह धनराशि पत्नी एवं बच्चों को प्रदान किया जायेगा।

सीरिया - एक धर्मनिरपेक्ष देश, जहाँ इस्लाम धर्म के सुन्नी वर्ग की बहुलता है। यहाँ नागरिकों के सिविल व्यवहार को विनियमित करने के लिए 'पर्सनल स्टेटस संहिता, 1953' लागू होता है। इस कानून का अनुच्छेद 89 कहता है कि नशे की हालत में या मानसिक अस्वस्थ होने की स्थिति में किसी आदमी द्वारा विवाह-विच्छेद नहीं किया जा सकेगा। अनुच्छेद 92 कहता है कि यदि विवाह-विच्छेद गणना के साथ, प्रत्यक्ष या परोक्ष, किया गया है, तो यह एक से ज्यादा तलाक नहीं होगा। अनुच्छेद 94 कहता है कि तीसरी बार तलाक के अलावा अन्य सभी तलाक खण्डनीय है। सबसे महत्त्वपूर्ण प्रावधान अनुच्छेद 117 में उल्लिखित है, जो कहता है कि जहाँ एक व्यक्ति ने अपनी पत्नी को तलाक दे दिया है, तो न्यायालय, यदि सन्तुष्ट है कि उसने मनमाने तरीके से बिना किसी तार्किक कारण के ऐसा किया है और इस तरह से लिये गये तलाक के कारण पत्नी को अपूरणनीय क्षति होगी और वह बेसहारा हो जायेगी, पति की आर्थिक स्थिति एवं पत्नी को हुए क्षति को देखते हुए उचित मुआवजा देने के लिए निर्णय देगा।

ट्यूनिशिया - एक धर्मशासित देश, जहाँ इस्लाम को राजकीय धर्म के रूप में स्वीकार किया गया है। सुन्नी समुदाय की बहुलतावाले इस देश में 1956 में बना 'पर्सनल स्टेटस संहिता' लागू है। इस संहिता के अन्तर्गत विवाह-विच्छेद केवल न्यायालय की डिक्री के माध्यम से किया जा सकता है। अनुच्छेद 31 कहता है कि विवाह-विच्छेद की डिक्री (i) पक्षकारों की आपसी सहमति से या (ii) किसी एक पक्षकार की पहल पर क्षति होने के आधार पर या (iii) पति द्वारा हठ किये जाने पर या पत्नी द्वारा माँग किये जाने पर, पारित किया जायेगा। पैरा (ii) व (iii) के अन्तर्गत दिये गये विवाह-विच्छेद के कारण पीड़ित पक्ष को होनेवाले मानसिक या आर्थिक क्षति की भरपाई, ऐसा करनेवाले पक्षकार से करवाया जायेगा। अनुच्छेद 32 कहता है कि न्यायालय विवाद के कारणों की जाँच और मध्यस्थता के प्रयास विफल होने के बाद ही विवाह-विच्छेद की डिक्री पारित कर सकेगा।

संयुक्त अरब अमीरात - एक धर्मशासित देश, जहाँ इस्लाम को राजकीय धर्म के रूप में स्वीकार किया गया है। शीआ समुदाय की बहुलतावाले इस देश में 2005 में बना 'पर्सनल स्टेटस कानून' लागू है। इस कानून के अनुच्छेद 140 का उपधारा (1) कहता है कि यदि कोई पति वैध विवाहोपरान्त सम्बन्ध बनाने के बाद एकपक्षीय तरीके से और बिना पत्नी की तरफ से विवाह-विच्छेद की पहल होने के, विवाह-विच्छेद करता है तो पत्नी इद्दत दौरान भरण-पोषण पाने के अलावा मुआवजा पाने की हकदार होगी।

यमन - एक धर्मशासित देश, जहाँ इस्लाम को राजकीय धर्म के रूप में स्वीकार किया गया है। सुन्नी समुदाय की बहुलतावाले इस देश में 1992 में बना 'डिक्री आन पर्सनल स्टेटस' लागू है। इसका अनुच्छेद 61 कहता है कि एक आदमी द्वारा नशे की स्थिति में या समझदारी खो देने की स्थिति में कहा गया तलाक प्रभावी नहीं होगा। अनुच्छेद 64 पुनः कहता है कि संख्या में कहा गया तलाक, चाहे वह कितना भी हो, का प्रभाव केवल एक खण्डनीय तलाक का होगा। अनुच्छेद 71 के अन्तर्गत न्यायालय को किसी व्यक्ति द्वारा बिना किसी तार्किक कारण के अपनी पत्नी को मनमाना तलाक देने की स्थिति में पति के खिलाफ क्षतिपूर्ति का आदेश देने का अधिकार प्राप्त है।

पाकिस्तान - एक धर्मशासित देश, जहाँ इस्लाम को राजकीय धर्म के रूप में स्वीकार किया गया है। सुन्नी समुदाय की बहुलतावाले इस देश में 1961 में बना 'मुस्लिम पारिवारिक कानून अध्यादेश' लागू है। इसका धारा 7 कहता है कि एक आदमी, जो पत्नी से विवाह-विच्छेद करने की इच्छा रखता है, तलाक कहने के तुरन्त बाद वह चेयरमैन को लिखित में इस बात की नोटिस देगा और इसकी एक प्रति पत्नी को भी भेजेगा। इस प्रावधान का उल्लंघन करनेवाले को एक वर्ष तक की सजा या

पाँच हजार रुपये का जुर्माना या दोनों दिया जा सकता है। इस तरह नोटिस देने के बाद 90 दिन तक, यदि पूर्व में खण्डन न कर लिया गया हो, तलाक प्रभावी नहीं होगा। नोटिस मिलने के 30 दिन के अन्दर चेयरमैन समझौता कराने के उद्देश्य से एक मध्यस्थता-परिषद् का गठन करेगा, जो मध्यस्थता के सभी सम्भव प्रयास करेगा।

बाँग्लादेश - एक धर्मशासित देश, जहाँ इस्लाम को राजकीय धर्म के रूप में स्वीकार किया गया है। सुन्नी समुदाय की बहुलतावाले इस देश में 1985 में स्वीकार किया गया 'मुस्लिम पारिवारिक कानून अध्यादेश' लागू है। इसका धारा 7 कहता है कि एक आदमी, जो पत्नी से विवाह-विच्छेद करने की इच्छा रखता है, तलाक कहने के तुरन्त बाद वह चेयरमैन को लिखित में इस बात की नोटिस देगा और इसकी एक प्रति पत्नी को भी भेजेगा। इस प्रावधान का उल्लंघन करनेवाले को एक वर्ष तक की सजा या दस हजार टका का जुर्माना या दोनों दिया जा सकता है। इस तरह नोटिस देने के बाद 90 दिन तक, यदि पूर्व में खण्डन न कर लिया गया हो, तलाक प्रभावी नहीं होगा। नोटिस मिलने के 30 दिन के अन्दर चेयरमैन समझौता कराने के उद्देश्य से एक मध्यस्थता परिषद् का गठन करेगा, जो मध्यस्थता के सभी सम्भव प्रयास करेगा।

इण्डोनेशिया - सुन्नी बाहुल्य देश, जहाँ सभी धर्म को मानने की आजादी प्रदान की गयी है। विवाह-विच्छेद के सन्दर्भ में यहाँ विवाह का कानून, 1974 लागू है। इस कानून का अनुच्छेद 138 कहता है कि केवल न्यायालय के माध्यम से ही विवाह-विच्छेद किया जायेगा और बिना मध्यस्थता का प्रयास किये न्यायालय विवाह-विच्छेद की अनुमति नहीं देगा। विवाह-विच्छेद केवल पर्याप्त कारणों के आधार पर किया जा सकेगा।

मलेशिया - इस देश में इस्लाम को राजकीय धर्म के रूप में स्वीकार किया गया है, किन्तु यहाँ पर अन्य सभी धर्मों को मानने की आजादी भी प्रदान की गयी है। सुन्नी समुदाय की बहुलतावाले इस देश में 1984 में बना 'इस्लामिक पारिवारिक कानून अधिनियम' लागू है। इसका अनुच्छेद 47 कहता है कि एक पति या पत्नी, जो विवाह-विच्छेद चाहते हैं, न्यायालय के समक्ष विवाह-विच्छेद के लिए प्रार्थना-पत्र दाखिल करेंगे। इस प्रार्थना-पत्र में विवाह-विच्छेद के कारण और मध्यस्थता के लिए किये गये प्रयासों के साथ-साथ पत्नी एवं बच्चों के भरण-पोषण के विषय में हुए समझौता और संयुक्त प्रयास से हासिल किये गये सम्पत्तियों के बँटवारा के बारे में भी बताना आवश्यक होता है। यदि दूसरा पक्ष विवाह-विच्छेद के लिए सहमति दे देता है तो न्यायालय तलाक की घोषणा करता है। यदि सहमति नहीं हासिल हो पाती है, तो न्यायालय मामले को मध्यस्थता समिति को भेज देता है। इस समिति में कोई एक धर्मगुरु अध्यक्ष होता है और दो अन्य व्यक्ति होंगे, जो पति और पत्नी, जहाँ तक सम्भव हो इनके निकट रिश्तेदार हों, का अलग-अलग प्रतिनिधित्व करेंगे।

टर्की - इस देश में रहनेवाले 95-97 प्रतिशत लोग इस्लाम धर्म के अनुयायी हैं। वर्ष 1926 तक दूसरे मुस्लिम देशों की तरह यह देश भी शरीयत कानून से संचालित हुआ करता था। बाद में कुछ सुधारों के साथ मुस्लिम और गैर-मुस्लिम के लिए अलग-अलग कानून लागू किये गये। किन्तु 29 अक्टूबर, 1923 को गणराज्य घोषित होने के बाद टर्की देश भी आधुनिक कानूनों को स्वीकार करने की दिशा में आगे बढ़ गया। इस दिशा में यहाँ के संसद् द्वारा एक समिति का गठन किया गया। इस समिति को आस्ट्रियन, फ्रान्स, स्विस, जर्मन सहित सभी आधुनिक सिविल संहिताओं का तुलनात्मक परीक्षण करके सुझाव प्रस्तुत करना था। आधुनिक विश्व के तमाम् सिविल संहिताओं का अध्ययन करने के उपरान्त इस समिति ने अन्ततः 25 दिसम्बर, 1925 को 'स्विस सिविल संहिता' को आधार बनाकर 'टर्की सिविल संहिता का प्रारूप' प्रस्तुत किया, जिसे 17 फरवरी, 1926 को कानूनी मान्यता भी प्रदान कर दिया गया। इस संहिता में भी व्यापक रूप से 'व्यक्ति', 'परिवार', 'सम्पत्ति' से सम्बन्धित कानूनों को स्थान दिया गया है। इस संहिता के माध्यम से टर्की देश में महिलाओं को पुरुषों की तरह सम्पत्ति और उत्तराधिकार में बराबरी का अधिकार प्रदान किया गया।

टर्की सिविल संहिता का अनुच्छेद 161 से 182 विवाह-विच्छेद से सम्बन्धित प्रावधानों का उल्लेख करता है। इस संहिता के अन्तर्गत केवल न्यायालय द्वारा विवाह-विच्छेद की डिक्री प्राप्त करके ही तलाक लिया जा सकता है। यह डिक्री या तो आपसी सहमति से प्राप्त किया जा सकता है या कुछ निश्चित किये गये आधारों जैसे व्यभिचार, अतार्किक व्यवहार, शारीरिक उत्पीड़न, मानसिक बीमारी, अभित्यजन के आधार पर किसी एक पक्ष द्वारा प्रार्थना-पत्र प्रस्तुत कर प्राप्त किया जा सकता है। विवाह-विच्छेद की डिक्री पारित करने के पूर्व न्यायालय दोनों पक्षकारों को आपस में मध्यस्थता का प्रयास करने के लिए एक से तीन वर्ष तक की अवधि प्रदान कर सकता है।

3

भारत में तीन तलाक

विश्व के सभी आधुनिक कानून न्यायालय की डिक्री के माध्यम से विवाह-विच्छेद को स्वीकृति प्रदान करते हैं, चाहे यह दोनों पक्षों की आपसी सहमति से हो या किसी तार्किक कारण होने पर एकपक्षीय पहल पर किया जानेवाला हो। ये आधुनिक कानून सम्बन्धित देशों के सभी नागरिकों पर बिना किसी भेदभाव के लागू होते हैं। भारत में थोड़ी अलग स्थिति है। यहाँ अलग-अलग धर्मों के लिए अलग-अलग व्यक्तिगत कानून लागू हैं। हिन्दू धर्म के अनुयायी के लिये अलग कानून, ईसाई के लिये अलग और मुस्लिम के लिये अलग। इस्लाम धर्म के अलावा दूसरे सभी धर्मों से सम्बन्धित व्यक्तिगत कानून थोड़ी बहुत विभिन्नता के साथ विवाह-विच्छेद के केवल लिखित स्वरूप को यानी न्यायालय के माध्यम से विवाह-विच्छेद को स्वीकार करते हैं। किन्तु इस्लाम धर्म के लिए ऐसा नहीं है। एक मुस्लिम पति या एक मुस्लिम पत्नी न्यायालय की डिक्री के माध्यम से विवाह-विच्छेद तो कर ही सकते हैं, इसके अलावा एक मुस्लिम पति अपने व्यक्तिगत कानून के अन्तर्गत तलाक कहकर मौखिक तरीके से भी विवाह-विच्छेद कर सकता है।

शरीयत में स्वीकृत तलाक के मौखिक तरीकों को भारत में भी बनाये रखने की वकालत करनेवाले लोग ब्रिटिश हुकूमत द्वारा निर्मित कानून — शरीयत अनुप्रयोग अधिनियम, 1937 की आड़ लेते हैं। 1937 का यह कानून भारत में रह रहे मुसलमानों को शरीयत से संचालित होने की मान्यता देता है। यह कानून यह नहीं बताता है कि शरीयत की परिभाषा क्या है या किसी एक विषय पर शरीयत के क्या-क्या नियम हैं। यह सिर्फ इतना प्राविधानित करता है कि कुछ विषयों जैसे विवाह, विवाह-विच्छेद, भरण-पोषण, मेहर, दान, संरक्षकत्त्व, उत्तराधिकार, ट्रस्ट इत्यादि के सम्बन्ध में मुसलमानों पर शरीयत लागू होगा। इस तरह भारतीय मुसलमानों के सन्दर्भ में तीन तलाक सहित कई सिविल व्यवहार के विषय भारतीय सन्दर्भ में अप्रासंगिक, अस्पष्ट एवं अपरिभाषित शरीयत से विनियमित होते हैं।

भारत में प्रचलित मुस्लिम व्यक्तिगत कानून के अन्तर्गत तलाक क्या है, इसका उल्लेख करते हुए डॉ. ताहिर महमूद अपनी पुस्तक 'द मुस्लिम लॉ ऑफ इण्डिया' में

लिखते हैं कि मुस्लिम कानून के सभी मतो के अन्तर्गत एक मुस्लिम पति एकपक्षीय तरीके से और बिना न्यायालय के हस्तक्षेप के अपनी पति को तलाक दे सकता है। डॉ. महमूद द्वारा ऐसे भी उदाहरण दिये गये हैं, जिसमें न्यायालयों द्वारा भरण-पोषण जैसे मुकदमों के दौरान पति द्वारा दिये गये बयान या प्लीडिंग में पति द्वारा कही गयी विवाह-विच्छेद की बात को तलाक मान लिया गया है।

प्रसिद्ध इस्लामिक विद्वान् मुल्ला अपनी पुस्तक 'प्रिन्सिपल आफ मोहम्मडन लॉ' (1990 संस्करण) के पैरा 310 में लिखते हैं कि तलाक लागू होने के लिए शब्दों का कोई विशेष तरीका नहीं है। यदि शब्द स्पष्ट है तो आशय को सिद्ध करने की कोई आवश्यकता नहीं है। किन्तु यदि शब्द अस्पष्ट है तो आशय का सिद्ध होना आवश्यक है। यह आवश्यक नहीं है कि तलाक पत्नी की उपस्थिति में कहा जाय या उसको सम्बोधित करते हुए कहा जाय।

वर्ष 1968 में कर्नाटक हाईकोर्ट के खण्डपीठ द्वारा पाथाई बनाम मोइद्दीन के मामले में कहा गया कि पति द्वारा तलाक लेने के लिए केवल शर्त यह है कि उसे बालिग और स्वस्थ मस्तिष्क का होना चाहिए। वह जब भी चाहे तलाक दे सकता है। यदि उसने अपनी पत्नी को दबाव में या हास-परिहास में या क्रोध में आकर तलाक कहा है, तो वह पूर्णतया वैध है। हनफी कानून के अन्तर्गत कोई विशेष तरीका मान्य नहीं है। पति अपनी पत्नी को यह सन्देश देकर कि उसने विवाह के बन्धन को तोड़ दिया है, तलाक को लागू कर सकता है। इसके लिए पत्नी को ही कहे जाने की कोई आवश्यकता नहीं है। ज्यों ही यह पत्नी के जानकारी में आता है, त्यों ही यह लागू हो जाता है।

घांसी बीबी बनाम गुलाम दस्तगीर के मामले (1968) में भी यह अभिनिर्धारित किया गया कि पत्नी की उपस्थिति में तलाक के उच्चारण से या जब भी पत्नी को ऐसे उच्चारण की जानकारी हो जाय तो विवाह खण्डित हो जाता है। इस तरह यदि एक आदमी अपनी पत्नी से कह दे कि उसने कल या उसके पहले कभी तलाक दिया है, तो इसे उन दोनों के बीच तलाक मान लिया जायेगा।

छठवीं/सातवीं शताब्दी के दौरान अरब देशों के हालातों एवं परिवेश के अनुरूप बनायी गयी कोई व्यवस्था भारत में भी प्रासंगिक होगा और आज भी उतना ही प्रासंगिक है, यह किसी भी विवेकशील व्यक्ति की समझ के बाहर होगा। कुरान-हदीस में कही गयी बातें कुछ हद तक स्वीकरणीय हो सकती हैं, क्योंकि कम-से-कम ये लिखित हैं, किन्तु मुस्लिम मुजतहिदों (विधिशास्त्रियों) द्वारा इज्मा के रूप में दिये गये मतैक्य निर्णय या कयास के रूप में किये गये सादृश्य अनुमान को कानूनी मान्यता देना किसी भी देश के आधुनिक व प्रगतिशील होने के दावे को खोखला करता है। भारत में तीन तलाक की समस्या इसी खोखलेपन को उजागर करता है।

भारत में मुस्लिम पति को मिली मौखिक स्वरूपवाले तीन तलाक की एकपक्षीय आजादी संविधान लागू होने के बाद भी निर्विघ्न होकर चलती चली आ रही है। जिस

प्रथा को संविधान में अनुच्छेद 13 का प्रावधान बनने के बाद एक झटके में समाप्त हो जाना चाहिए था, उसका बदस्तूर बने रहने के लिए कौन-से कारक जिम्मेदार हैं, यह विश्लेषण का विषय है।

तीन तलाक को सामान्यतः तलाक के तीसरे तरीके यानी 'तलाक-उल-बिद्दत' से ही जोड़कर देखा जाता है। सम्भवतः ऐसा इसलिए है क्योंकि जब भी विवाद की कोई स्थिति पैदा होती है, तो पति ज्यादातर मामलों में पहले उसे चुनता है जो ज्यादा सुविधाजनक और तत्काल प्रभाव रखनेवाला हो। चूँकि तीसरे तरीके के तलाक यानी 'तलाक-उल-बिद्दत' में पति को ज्यादा सहूलियत रहती है, इसलिए वह इसे ही प्राथमिकता देता है। तलाक के पहले दो मौखिक तरीकों यानी 'तलाक-ए-अहसन' या 'तलाक-ए-हसन' की नौबत ही नहीं आ पाती है। यही कारण है कि ये दोनों तरीके कभी विवाद के विषय नहीं बन पाते हैं।

वस्तुतः तलाक के तीनों ही तरीके तीन तलाक के अलग-अलग स्वरूप हैं। अन्तर सिर्फ इतना रहता है कि पहले दो तरीकों अर्थात 'तलाक-ए-अहसन' और 'तलाक-ए-हसन' में तीन महीने या तीन मासिक धर्म की अवधि का इन्तजार करना होता है, जबकि तीसरे तरीके अर्थात् 'तलाक-उल-बिद्दत' में तीन महीने का इन्तजार नहीं करना होता है और विवाह का खण्डन तुरन्त हो जाता है। जहाँ तक वैवाहिक सम्बन्ध खत्म करने में पति की स्वेच्छाचारिता से सम्बन्धित मूलभूत विषय है वह तलाक के तीनों तरह के तरीकों यानी 'तलाक-ए-अहसन', 'तलाक-ए-हसन' एवं 'तलाक-उल-बिद्दत' में एकसमान होते हैं। इस समानता को हम निम्न छह बिन्दुओं के माध्यम से समझने का प्रयास करते हैं—

1. इन तीनों तरह के तलाक के लिए पहल केवल पति द्वारा की जाती है;
2. इन्हें पति द्वारा मौखिक तरीके से दिया जाता है;
3. इन्हें पति द्वारा एकपक्षीय तरीके से दिया जाता है;
4. इनको पत्नी की अनुपस्थिति में भी दिया जा सकता है;
5. इनको देने के लिए पति को तार्किक कारण बताने की आवश्यकता नहीं होती है;
6. इन तीनों तरह के तलाक के लिए मुस्लिम पति की न्यायालय के प्रति कोई जवाबदेही नहीं होती है।

तलाक के माध्यम से मुस्लिम पति को प्राप्त मौखिक तरीके से विवाह विच्छेद करने के एकपक्षीय अधिकार को भारत जैसे देश में लागू किये जाने का जागरूक मुस्लिम महिलाओं एवं सुधारवादी दृष्टिकोण रखनेवाले मुस्लिम पुरुषों द्वारा हमेशा विरोध किया जाता रहा है। समय-समय पर इसे समाप्त करने की माँग भी किया जाता रहा है। किन्तु दो-चार प्रतिशत लोगों की दकियानूसी विचार के कारण महिला हितों के खिलाफ तलाक की विभेदकारी व्यवस्था—खासकर तलाक-उल-बिद्दत की अमानवीय व्यवस्था—

आज भी इस देश में मान्य है। तीन तलाक का समर्थन करनेवाले लोगों द्वारा इसके बचाव के लिए मुख्यत: निम्न पाँच आधार लिये जाते हैं—

1. भारत में मुस्लिम पति से तीन तलाक का हक छीनना उनके शरीयत में दखल है, जिसे 1937 के कानून द्वारा सुरक्षित किया गया है;
2. मुस्लिम कानून में विवाह एक संविदा है और कोई भी संविदा किसी एक पक्ष द्वारा ही तोड़ा जाता है, इसलिए एकपक्षीय तीन तलाक को भी मान्यता दिया जाना अनुचित नहीं है;
3. तलाक के लिए पति को आधार या कारण बताने की आवश्यकता इसलिए नहीं होती है, क्योंकि मुस्लिम कानून में विवाह एक संविदा है। इसे तोड़ने के बदले पति को मेहर का भुगतान करना पड़ता है, इसलिए उसका निर्णय लेना ही पर्याप्त होता है;
4. तलाक का आसान तरीका होने के कारण पक्षकारों को न्यायालयीय प्रक्रिया की परेशानियों का सामना नहीं करना पड़ता है; और
5. तलाक का आसान तरीका होने से घर में महिलाएँ पीड़ित होने से एवं जलाकर मारे जाने से बच जाती हैं।

तीन तलाक के बचाव में कहे जानेवाले उक्त पाँच बिन्दुओं का अलग-अलग विश्लेषण करना आवश्यक है।

1. शरीयत के बचाव की वास्तविकता

जहाँ तक पहले बचाव का सवाल है कि तीन तलाक की मौखिक विवाह-विच्छेदवाली व्यवस्था को समाप्त कर देने से शरीयत खतरे में पड़ जायेगा, ऐसे किसी विचार की सच्चाई को जानने के लिए हमें कुरान के अन्तर्गत तलाक के सम्बन्ध में प्रदान की गयी व्यवस्था को समझने की आवश्यकता है और उसके उपरान्त यह सवाल पूछने की जरूरत है कि तलाक-उल-बिद्दत की प्रथा को विकसित एवं व्यवहार में स्वीकार करके क्या कुछ मुसलमानों द्वारा पवित्र कुरान द्वारा स्वीकृत किये गये व्यवस्था के खिलाफ जाने का कार्य नहीं किया गया है।

कुरान में सूरेह बक्राह की आयत संख्या 223, 226, 227, 228, 229, 230, 231 एवं 232 तथा सुरेह निसा की आयत संख्या 34 एवं 35, जिसका विस्तार से उल्लेख इस पुस्तक के पहले अध्याय में किया गया है, के अन्तर्गत केवल तलाक के पहले स्वरूप यानी 'तलाक-ए-अहसन' को मान्यता दिया गया है।

यदि कुरान में तीन महीने के अन्तराल के बाद ही तलाक होने की व्यवस्था का वर्णन है तो इसके विरुद्ध तलाक-ए-हसन या तत्काल तीन तलाक यानी तलाक-उल-बिद्दत जैसी प्रथा का जन्म नहीं होना चाहिए था। किन्तु ऐसा नहीं हो सका और कुरान में दी गयी व्यवस्था के विरुद्ध तलाक से सम्बन्धित इन दोनों प्रथाओं ने जन्म लिया। ब्रिटिश हुकूमत द्वारा कानून बनाकर मुस्लिम पत्नी द्वारा विवाह-विच्छेद लेने के सन्दर्भ

में सुधार किये गये और ऐसे अन्य तार्किक कारणों को निर्धारित किया गया, जिसके आधार पर मुस्लिम महिलाएँ विवाह-विच्छेद की डिक्री प्राप्त कर सकतीं हैं। समय की आवश्यकताओं के अनुरूप प्रथाएँ एवं नियम-कानून बदलते रहे हैं, इसमें सुधार होते रहते हैं। आजाद भारत की कानूनी व्यवस्था इसका अपवाद नहीं हो सकती है।

किन्तु समस्या यह है कि इस देश के रूढ़िवादी मुस्लिम लोग सिर्फ अरबी संस्कृति के सन्दर्भ में किये गये या ब्रिटिश हुकुमत के कोड़ों से किये गये बदलावों को स्वीकार कर पाते हैं, चाहे ये बदलाव समाज में विकृति या विखराव पैदा करनेवाले हों या सुधार करनेवाले हों। यदि आजाद लोकतान्त्रिक भारत में यहाँ की परिस्थितियों के अनुकूल मानवता एवं तार्किकता पर आधारित सुधारात्मक बदलाव की बात की जाय तो यह इन्हें स्वीकार नहीं होता है और शरीयत के नाम पर हायतौबा मचाने लगते हैं। जिस तरह 'तीन तलाक' और 'बाध्यकारी हलाला' जैसी कुप्रथाएँ कुरान द्वारा मान्य 'तलाक' और 'स्वैच्छिक हलाला' का स्थान ले लिये हैं और इनका दुरुपयोग महिलाओं के हित के खिलाफ किया जाता रहा है, उसे देखते हुए भारत में तीन तलाक की हिमायत के लिए शरीयत की आड़ लेनेवालों को सोचना चाहिए कि वे पवित्र कुरान और पैगम्बर मोहम्मद साहब का कितना सम्मान करते हैं।

भारत में महिलाओं के हक के विरुद्ध पुरुषों द्वारा तीन तलाक का दुरुपयोग करने के अनगिनत मामले सामने आ चुके हैं। इन मामलों में सुप्रीम कोर्ट और राज्यों के हाईकोर्ट द्वारा समय-समय पर कड़ी प्रतिक्रिया भी व्यक्त की जाती रही है। अब तो तीन तलाक इस स्थिति में पहुँच गया है कि महिलाओं पर भी इसका दुरुपयोग करने का आरोप लगने लगा है। अभी कुछ दिन पहले ऐसा ही एक मामला प्रकाश में आया। इस मामले में उमर बी नाम की मुस्लिम महिला द्वारा यह दावा किया गया था कि उसके पति ने दुबई में रहते हुए फोन पर ही उसको तीन तलाक दे दिया है और इसके बाद उसने अपना दूसरा विवाह कर लिया। जब दुबई से पति वापस आया तो पत्नी द्वारा दूसरी शादी की बात सुनकर आश्चर्य हुआ। पति का दावा था कि उसने कभी भी फोन के माध्यम से या किसी भी माध्यम से तीन तलाक नहीं दिया है। सच्चाई जो भी हो, किन्तु यह मामला एक विवाद का विषय बनकर इलाहाबाद हाईकोर्ट तक पहुँच गया। इस मामले में न्यायाधीश न्यायमूर्ति सुनीत कुमार को यहाँ तक कहना पड़ा कि "यह उद्वेलित करनेवाला है कि एक स्त्री अपनी दूसरी शादी को सही ठहराने के लिए 'टेलीफोन पर तीन तलाक' का सहारा ले रही है।" किसी भी संवेदनशील समाज के लिए यह स्थिति चिन्ता की बात हो सकती है। किन्तु यह एक स्वाभाविक परिणाम है। इसमें कुछ भी आश्चर्य करने की बात नहीं है। तीन तलाक का दुरुपयोग पति करे या पत्नी, इससे ज्यादा विचारणीय विषय यह है कि क्या शरीयत की आड़ में तीन तलाक के विकृत स्वरूप को मान्य किया जाना चाहिए?

संस्था 'लोक सर्वोदय फाउण्डेशन' द्वारा चलाये जा रहे अभियान — 'मिशन अनुच्छेद 44 : एक राष्ट्र, एक सिविल कानून' के बैनर तले 23 नवम्बर, 2017 को

जब 'यूनिफार्म सिविल संहिता दिवस' आयोजित किया जा रहा था, उसी दौरान एक टी.बी. चैनल के जर्नलिस्ट और इस्लामिक मामलों के अच्छे जानकार जनाब मुश्ताक अमीर से मुलाकात हुआ। जनाब अमीर ने एक बहुत ही महत्त्वपूर्ण बात कही, जो मौखिक स्वरूपवाले तीन तलाक के सभी तरीकों के सन्दर्भ में प्रासंगिक है। जनाब मुश्ताक अमीर ने कहा कि विवाह-विच्छेद की मौखिक व्यवस्था उस समय की है, जब लिखना-पढ़ना बहुत कम प्रचलन में था। तब के लोग जुबान की कीमत भी समझते थे। लेकिन आज हालात बदल गये हैं और नैतिक मूल्यों में गिरावट आयी है। अपने निजी स्वार्थ के लिए लोग हर तरीके से नैतिक मूल्यों से समझौता करने को तैयार हो जाते हैं। अब जबकि सबकुछ लिखा-पढ़ी में हो रहा है, ऐसे बदले हालात में विवाह जैसे विषय को ऐसी व्यवस्था के अधीन रखना, जिसकी कानून के प्रति कोई जवाबदेही न हो, समझ के बाहर है।

ऐसा नहीं है कि शरीयत में बदलाव नहीं होता रहा है और इन बदलावों को मुस्लिम समुदाय द्वारा स्वीकार नहीं किया गया है। दुनिया के तमाम मुल्कों ने परिवर्तन को स्वीकार किया है और लागू भी किया है। सभ्यता के विकासक्रम में टर्की, इण्डोनेशिया, ट्यूनिशिया जैसे कई मुस्लिम देशों ने शरीयत के पुराने नियमों को एकदम से खारिज कर दिया है। स्वयं भारत देश में मुस्लिम शासकों द्वारा शरीयत व्यवस्था में समय-समय पर बदलाव किया जाता रहा है। भारत में मुस्लिम सल्तनत की स्थापना करनेवाले शासक **अलाउद्दीन खिलजी** ने राज्य के हित में बहुत-सारे ऐसे बदलाव किये, जो शरीयत के खिलाफ थे। जब खिलजी द्वारा किये गये सुधार का दिल्ली के काजियों द्वारा विरोध किया गया तो इसके जवाब में खिलजी द्वारा जो बात कही गयी, उसका यहाँ पर उल्लेख करना प्रासंगिक है। खिलजी ने अपने जवाब में कहा—

> 'मैं एक अज्ञानी आदमी हूँ और मैं इस देश में इसकी भलाई के लिए शासन कर रहा हूँ। मैं निश्चिन्त हूँ कि मेरी अज्ञानता और अच्छे आशय को देखते हुए अल्लाह मुझे माफ करेगा, जब वह पायेगा कि मैंने शरीयत के अनुसार कार्य नहीं किया है।'' (संविधान-सभा बहस के दौरान श्री के. एम. मुन्शी के भाषण का भाग)

इसलिए यह धारणा कि मुस्लिम कानून परिवर्तनीय नहीं है, निराधार व भ्रामक है। शरीयत के अन्तर्गत एक मुस्लिम पत्नी को सिर्फ चार आधार पर विवाह-विच्छेद करने का अधिकार प्राप्त है। पहला पति के नपुंसक होने के आधार पर; दूसरा 'लिएन के आधार' पर अर्थात् जब पति द्वारा पत्नी पर लगाया गया व्यभिचार का आरोप झूठा साबित हो जाय; तीसरा ख्यार-उल-बुलुग अर्थात् वयस्कता का विकल्प और चौथा जिहार अर्थात् जब पति अपने पत्नी की तुलना अपनी माँ से कर दे। किन्तु जब 1939 में ब्रिटिश हुकूमत द्वारा शरीयत के इस व्यवस्था से अलग 'मुस्लिम पत्नी विवाह-विच्छेद अधिनियम' नाम से कानून लाया गया और मुस्लिम महिलाओं को नौ अन्य

अलग-अलग आधारों पर विवाह-विच्छेद की डिक्री हासिल करने का अधिकार दिया गया, तो क्या उस समय शरीयत की बात करनेवाले लोग इस कानून का विरोध कर पाये थे?

किन्तु जब आजाद लोकतान्त्रिक भारत में मुस्लिम कानून के सन्दर्भ में सुधार की बात की जाती हे, खासतौर से संविधान की मन्शा के अनुरूप देश के लिए एक यूनिफार्म सिविल संहिता — 'भारतीय सिविल संहिता' — के निर्माण की बात की जाती है, तो कुछ लोगों द्वारा शरीयत में दखल होने का रोना रोया जाता है। जबकि खुद शरीयत के सभी अंगों — चाहे वे पवित्र कुरान के रूप में हों या हदीस या इज्मा या कियास के रूप में —का उद्भव भी परिवर्तन के कारण ही सम्भव हुआ है। ये अपने साथ कोई-न-कोई नयी व्यवस्था लेकर आयें और पुरानी व्यवस्था में सुधार कियें हैं। शरीयत में कई बाते ऐसी हो सकती हैं, जो कभी उचित रहा होगा। किन्तु समय के साथ इसमें परिवर्तन व सुधार भी होते रहे हैं और इन परिवर्तनों को स्वीकार भी किया जाता रहा है।

शरीयत में उल्लिखित विवाह-विच्छेद की मौखिक व्यवस्था (तलाक) के कई अच्छे पहलू हैं। इस प्रक्रिया में कई तत्त्व हैं, जैसे— पति एवं पत्नी के मध्य मतभेद होने पर दोनों तरफ के एक-एक संरक्षक की उपस्थिति में सुलह का प्रयास करना; मौखिक विवाह-विच्छेद (तलाक) के दौरान दो जिम्मेदार गवाहों की उपस्थिति की बाध्यता होना; तलाक कहने के बाद तीन महीने की प्रतीक्षा अवधि तक सोचने-समझने का मौका देना; हिंसा के खिलाफ सख्त नैतिक हिदायत देना इत्यादि-इत्यादि, जो आधुनिक कानून के लिए आदर्श हो सकते हैं। इसी तरह विश्व के दूसरे देशों में भी ऐसी आदर्श व्यवस्थाएँ हो सकती हैं, जो विवाह-विच्छेद से सम्बन्धित कानून बनाने के लिए अनुकरणीय हों। ये सभी व्यवस्थाएँ भारतीय परिपेक्ष में कानून या सिविल संहिता के निर्माण में बहुत मूल्यवान् हो सकते हैं। इनका अध्ययन कर विवाह-विच्छेद के सन्दर्भ में एक आदर्श व्यवस्था बनाकर धर्मनिरपेक्ष रूप से लागू किया जाना चाहिए। यही भारतीय संविधान के अनुच्छेद 44 की भी मन्शा है। इसमें कही भी शरीयत के विरोध का भाव नहीं है। भाव सिर्फ यह है कि ऐसी सभी तरह की व्यवस्थाओं को मानवीय एवं तार्किकता की कसौटी पर कसकर एवं भारतीय परिस्थितियों के अनुरूप बनाकर धर्मनिरपेक्ष रूप से लागू किया जाय।

2. तलाक और विवाह की प्रकृति : संस्कार या संविदा

इस विषय को लेकर कोई विवाद नहीं हो सकता है कि सभी व्यक्ति को अपने-अपने धार्मिक मतों एवं रीति-रिवाजों के अनुसार विवाह के तरीके एवं स्वरूप को तय करने की आजादी मिलनी चाहिए। किन्तु विवाह के बाद पैदा होनेवाले दायित्वों के नजरिये से इसकी प्रकृति का निर्धारण महत्त्वपूर्ण हो जाता है। विवाह-विच्छेद की भी स्वीकार्यता इस पर निर्भर करता है कि हम विवाह के किस स्वरूप को स्वीकार करते

हैं। जब हम विवाह को 'विशुद्ध संस्कार' मानते हैं तो यह धारणा बनती है कि पति-पत्नी के मध्य सम्बन्ध अटूट है और विवाह-विच्छेद नहीं हो सकता है। इसके विपरीत जब हम विवाह को 'पूर्ण संविदा' मानते हैं तो धारणा यह बनती है कि पति-पत्नी के मध्य सम्बन्ध आसानी से टूट सकता है। ये दोनों ही दृष्टिकोण अतिवाद की स्थिति हैं। आज समय-परिवर्तन के साथ 'विवाह' को एक 'संस्कारयुक्त संविदा' के रूप में स्वीकार किया जाना उचित है। इस स्वरूप में जब हम विवाह की प्रकृति को स्वीकार करते हैं, तो विवाह न तो वायुरोधक घुटनयुक्त बैरेल की तरह रहता है और न ही चलती-फिरती सवारी। इस कारण विवाह खण्डनीय तो है, किन्तु एक तार्किक आधार होने पर ही खण्डित किया जा सकता है।

विवाह की प्रकृति क्या है, इस सम्बन्ध में भारत में प्रचलित अलग-अलग धर्मों में भिन्न-भिन्न मान्यताएँ प्रचलित हैं। इन मान्यताओं के आधार पर विवाह की प्रकृति को लेकर दो दृष्टिकोण निकलकर आता है। पहला यह कि विवाह एक 'विशुद्ध संस्कार' है और दूसरा यह कि विवाह एक 'पूर्ण संविदा' है। इसके अलावा एक समूह ऐसा भी है, जो विवाह जैसी किसी संस्था या व्यवस्था को स्वीकार किये बिना 'लिव-इन रिलेशनशिप' में रहकर जीवनयापन को मान्यता देता है।

संख्या की दृष्टि से भारत के सबसे बड़े धर्म — हिन्दू धर्म में विवाह को 'विशुद्ध संस्कार' माना जाता है, जबकि इस्लाम धर्म में विवाह को 'पूर्ण संविदा' माना जाता है।

हिन्दू धर्म के अन्तर्गत यह धारणा रही है कि विवाह के बाद पत्नी की हैसियत पति की हैसियत के साथ विलीन हो जाती है यानी उसकी स्वतन्त्र हैसियत समाप्त हो जाती है; पति-पत्नी के मध्य सम्बन्ध अटूट होता है, जो मृत्यु के बाद भी सात जन्मों तक बना रहता है। किन्तु हिन्दू विवाह अधिनियम, 1955 लागू होने के बाद हिन्दू धर्म के 'विशुद्ध संस्कार' की अवधारणा में बदलाव आ गया। इस कानून के माध्यम से हिन्दू-विवाह में ऐसे तत्त्व शामिल किये गये हैं, जो विवाह के विशुद्ध संस्कार होने की अवधारणा को कमजोर करते हैं और इसे संविदा के निकट लाते हैं। जैसे हिन्दू विवाह अधिनियम के अन्तर्गत वैध विवाह के लिए वर और वधू की स्वतन्त्र सहमति आवश्यक है। हिन्दू धर्म की यह अवधारणा कि पति-पत्नी के मध्य सम्बन्ध जीवनभर के लिए अटूट होता है, भी हिन्दू विवाह अधिनियम के बाद कमजोर हुआ है। इस कानून के बाद विवाह के अटूट होने की अवधारणा के खिलाफ 'विवाह-विच्छेद' को सिर्फ कानूनी मान्यता ही नहीं मिली है बल्कि सामाजिक मान्यता भी मिली है। हिन्दू विवाह अधिनियम के अन्तर्गत विवाह का पंजीकरण करने की व्यवस्था को स्वीकार किया गया है। सीमा बनाम अश्वनी कुमार के मामले (2006) में सुप्रीम कोर्ट के ऐतिहासिक निर्णय कि किसी भी धर्म को माननेवाले सभी भारतीय नागरिकों के विवाह का पंजीकरण होना आवश्यक है, ने भी हिन्दू-विवाह को संविदा के अति निकट ला दिया है।

हिन्दू धर्म की मान्यता के विपरीत मुस्लिम धर्म के अन्तर्गत विवाह को सामान्य तौर पर एक सिविल संविदा माना जाता है। इस धर्म में यह अवधारणा है कि विवाह के बाद भी महिला का अपना स्वतन्त्र अस्तित्व बना रहता है। यहाँ तक कि मुस्लिम कानून के अन्तर्गत विवाह के बदले पति द्वारा पत्नी को मेहर के रूप में प्रतिफल देना पड़ता है। मेहर को ही आधार बनाकर अब्दुल कादीर मामले (1886) में न्यायमूर्ति महमूद द्वारा मुस्लिम-विवाह की तुलना एक सिविल संविदा से किया गया। सुब्रानिसा मामले (1934) में न्यायमूर्ति मितर ने यहाँ तक कहा है कि मुस्लिम कानून के अन्तर्गत विवाह की संविदा में पत्नी एक सम्पत्ति है और मेहर उसका मूल्य। मुस्लिम विवाह को बैनामा की तरह भी देखने का प्रयास किया गया है। किन्तु इसके विपरीत प्रसिद्ध इस्लामिक विद्वान् मौलवी समीउल्लाह ने तमाम प्रमाणों एवं मान्य पुस्तकों के अध्ययन के बाद सिद्ध किया कि इस्लाम में विवाह मात्र सिविल संविदा ही नहीं है, बल्कि धार्मिक संस्कार भी है। मौलवी समीउल्लाह द्वारा अध्ययनोपरान्त निकाले गये इस निष्कर्ष का पूर्व मुख्य न्यायाधीश न्यायमूर्ति शाह सुलेमान द्वारा समर्थन भी किया गया है। अनीस बेगम बनाम मोहम्मद इस्तफा के मामले (1933) में न्यायमूर्ति शाह सुलेमान ने अपने निर्णय में मौलवी समीउल्लाह के अध्ययन का विस्तार से उल्लेख किया है। प्रमुख इस्लामिक विद्वान् डॉ. एम. यू. एस. जंग अपनी पुस्तक 'डिसर्सन आन दि डेवलपमेन्ट आफ मुस्लिम लॉ इन ब्रिटिश इण्डिया' में लिखते हैं कि यद्यपि विवाह एक आवश्यक रूप से संविदा है, किन्तु यह एक धार्मिक कार्य भी है; इसका उद्‌देश्य आनन्द प्राप्ति व बच्चों का जनन करना है और समाजहित में सामाजिक जीवन को नियमित करना है।

मुस्लिम धर्म के संस्थापक पैगम्बर मुहम्मद साहब द्वारा विवाह को इबादत की श्रेणी में रखा गया है। मुहम्मद साहब ने स्वयं अपने पवित्र शब्दों में कहा है कि 'विवाह और आस्था, जो आदम के समय से चला आ रहा है और जन्नत तक चलता रहेगा, के अलावा और कुछ भी इबादत नहीं है।' इसलिए यह अवधारणा कि मुस्लिम कानून में विवाह का संस्कार से दूर-दूर तक कोई सम्बन्ध नहीं है और यह पूर्णतया एक सिविल संविदा मात्र है, खुद इस्लाम धर्म के मूल विचार से मेल नहीं खाता है।

उक्त तथ्यात्मक बिन्दुओं को ध्यान में रखा जाय तो इसमें कोई संदेह नहीं है कि सभी धर्मों में विवाह को धार्मिक महत्त्व का विषय माना गया है। यह भी सामान्य रूप से देखने को मिला है कि ये धार्मिक व्यवहार ज्यों-ज्यों कानून का स्वरूप लेने की ओर बढ़ते हैं, विवाह की प्रकृति भी संस्कार से संविदा की ओर बढ़ती है। सामाजिक व्यवहार में भी इस बात को लेकर आम स्वीकृति है कि प्रारम्भ में विवाह एक संविदा है किन्तु समय और प्रगाढ़ता बढ़ने के साथ यह 'संविदा' 'सम्बन्ध' में परिवर्तित होकर कुछ समय पश्चात् संस्कार का रूप ले लेता है। पुरुष और स्त्री के मध्य वैवाहिक संविदा का आत्मीय सम्बन्ध में परिवर्तन ही विवाह जैसी संस्था का वास्तविक लक्ष्य है। इसलिए मौलवी समीउल्लाह का यह निष्कर्ष कि विवाह मात्र सिविल संविदा ही

नहीं है बल्कि धार्मिक संस्कार भी है, केवल इस्लाम के सन्दर्भ में ही नहीं, बल्कि पूरे भारत के सांस्कृतिक विरासत एवं सामाजिक व्यवहार की सही तस्वीर प्रस्तुत करता है। व्यावहारिक तौर पर भारतीय समाज द्वारा भी विवाह को एक 'संस्कारयुक्त संविदा' के रूप में स्वीकार किया जा चुका है।

किन्तु विवाह की प्रकृति को 'संस्कारयुक्त संविदा' के रूप में व्यावहारिक स्वीकृति मिलने के बावजूद समाज के कुछ लोगों की सोच 'विशुद्ध संस्कार' या 'पूर्ण संविदा' के नकारात्मक प्रभाव से मुक्त नहीं हो सका है। 'विशुद्ध संस्कार' की अवधारणा के साथ चलनेवाला एक विचार यह भी है कि विवाह के बाद महिलाओं का अस्तित्व पति की हैसियत में विलीन हो जाता है और उसका स्वतन्त्र अस्तित्व नहीं रह जाता है। इसके ठीक विपरीत 'पूर्ण संविदा' की अवधारणा के अन्तर्गत सैद्धान्तिक रूप से तो विवाह के बाद पत्नी के स्वतन्त्र अस्तित्व को स्वीकार किया जाता है, लेकिन मेहर के रूप में प्रतिफल की घोषणामात्र से महिला को एक सम्पत्ति की श्रेणी में ला दिया जाता है और यह मान लिया जाता है कि औने-पौने मूल्य वाले मेहर के बदले पत्नी अपना पूरा जीवन पति के रहमोकरम पर आश्रित कर दे। इस प्रवृत्ति का परिणाम यह होता है कि कुछ लोगों की निगाह में औरत पत्नी के रूप में मात्र उपभोग की वस्तु और बच्चा जनने की मशीन बनकर रह जातीं हैं। मुस्लिम कानून में पति को तीन तलाक और चार पत्नियों से विवाह करने की स्वच्छन्द आजादी और बाध्यकारी हलाला जैसी अमानवीय प्रथा के कारण मुस्लिम महिला का स्वतन्त्र अस्तित्व ही उसके गले के लिए फन्दा साबित हो जाता है।

चाहे हिन्दू धर्म का विशुद्ध संस्कारवाला विचार, जिसके कारण विवाह के बाद महिलाओं को अपनी हैसियत को पति की हैसियत में विलीन कर देना पड़ता है, हो या फिर मुस्लिम कानून का पूर्ण संविदा वाला विचार, जिसके कारण एक महिला को विवाह के बाद अपने बुनियादी अधिकारों के बदले खुद के खिलाफ ही स्वतन्त्र अस्तित्व को स्वीकार करना पड़ता है, हो, ये दोनों ही विचार अतिरेक की स्थिति हैं और आधुनिक सभ्य समाज में स्वीकरणीय नहीं हैं। ये दोनों ही विचार महिलाओं को सिर्फ एक वस्तु की तरह बनाकर रखने का प्रयास करते हैं और पुरुषप्रधान सोच को पोषित-पल्लवित करते हैं। आधुनिक सभ्य समाज में इसे पीछे छोड़ आगे बढ़ने की और महिलाओं के खिलाफ इन दोनों अतिरेक विचारों में सुधार लाने की आवश्यकता है। हमें ऐसा सन्तुलित नजरिया रखने की आवश्यकता है ताकि विवाह के बाद महिला को न ही अपने अस्तित्व से वंचित होना पड़े और न ही उसे अपने बुनियादी अधिकारों के बदले अपने ही खिलाफ किसी स्वतन्त्र अस्तित्व को स्वीकार करने के लिए बाध्य होना पड़े।

विवाह के बाद पैदा होनेवाले दायित्वों को देखते हुए सन्तुलित नजरिया यही है कि विवाह को 'संस्कारयुक्त संविदा' माना जाय। विवाह की प्रकृति के 'शाब्दिक नाम' से ज्यादा महत्त्व इसके 'भाव' का है। महत्त्वपूर्ण यह है कि प्रत्येक स्थिति में विवाह के

बाद धर्मनिरपेक्ष संसदीय कानून की निगाह में भी महिलाओं को सम्मानजनक स्थान मिले और कानून में किसी विसंगति के कारण महिलाओं को अपनी समानता आधारित बुनियादी अधिकारों से वंचित न होना पड़े। इस शर्त के अधीन विवाह की प्रकृति को स्वीकार किया जाना उचित है।

इसलिए प्रथमतः यह विचार कि मुस्लिम कानून में विवाह एक पूर्ण संविदा है और इसमें किसी तरह का कोई धार्मिक भाव नहीं है, बिलकुल गलत धारणा पर आधारित विचार है। किन्तु यदि यह मान भी लिया जाय कि मुस्लिम कानून में विवाह एक संविदा है, तो फिर यह दलील तीन तलाक का बचाव करनेवालों के दोहरे चरित्र को दर्शाता है। क्योंकि यही लोग हैं जो यूनिफार्म सिविल संहिता का विरोध करने के लिए तीन तलाक और बहुविवाह जैसे विषय को धार्मिक आस्था का विषय बताते हैं। किन्तु जब तीन तलाक का बचाव करने की बात आती है, तो यही लोग तुरन्त पलट जाते हैं और कहने लगते हैं कि मुस्लिम कानून में विवाह मात्र एक संविदा है, इसलिए पति को एकपक्षीय तलाक देने का हक मिल जाता है। इन लोगों से पूछा जाना चाहिए कि क्या मुस्लिम कानून के अन्तर्गत विवाह के दौरान किसी काजी की उपस्थिति आवश्यक नहीं है। ये काजी धार्मिक गुरु ही होते हैं। निकाह के दौरान धार्मिक गुरु की उपस्थिति की अनिवार्यता सिद्ध करती है कि मुस्लिम कानून में भी विवाह 'पूर्ण संविदा' नहीं है। वह भी तब जब स्वयं पैगम्बर मोहम्मद साहब ने विवाह को एक इबादत माना है।

विवाह एक संविदा है और कोई भी संविदा किसी एक ही पक्ष द्वारा तोड़ा जाता है, इस तर्क के साथ तीन तलाक का बचाव करनेवालों को यह बात समझनी चाहिए कि एक पक्ष द्वारा किसी संविदा को तोड़ने के लिए की गयी पहल को अन्तिम नहीं माना जाता है, जब तक संविदा के समस्त शर्तों का पालन न कर दिया जाय और संविदा को एकपक्षीय व मनमाने तरीके से तोड़ने के कारण हुए नुकसान की भरपाई न कर दी जाय। इस तरह का कुतर्क देनेवालों से यह भी पूछा जाना चाहिए कि क्या निकाह के समय काजी एवं गवाह की उपस्थिति आवश्यक नहीं होती है? यदि निकाह के लिए दो गवाह एवं काजी की उपस्थिति आवश्यक है तो बिना कोई तर्कयुक्त आधार बताये एकपक्षीय तलाक क्यों और कैसे मान्य है? इन लोगों से यह भी सवाल पूछा जाना चाहिए कि क्या वास्तव में मुस्लिम धर्म में यह मान्यता है कि निकाह के बाद पति और पत्नी के मध्य विश्वास का कोई रिश्ता नहीं रहता है। इस तरह की व्याख्या क्या मुस्लिम धर्म के बारे में बहुत हलका सन्देश देने का प्रयास नहीं है? इस तरह का कुतर्क देनेवाले मुस्लिम धर्मगुरुओं को सोचना पड़ेगा कि उनके ऐसे कुतर्कों के कारण उन लोगों को प्रोत्साहन मिलता है, जो तरह-तरह के अनर्गल आरोप लगाकर अपनी पत्नियों को तलाक दे देते हैं। कभी बेटा नहीं पैदा कर सकने का आरोप लगाकर तलाक दिया जाता है तो कभी दहेज की माँग पूरा न होने के कारण।

यदि यह तर्क मान भी लिया जाय कि किसी संविदा को किसी एक ही पक्ष द्वारा तोड़ा जाता है, तो ऐसा करने का अधिकार पत्नियों को भी क्यों नहीं? यदि निकाह

दोनों पक्ष की सहमति से पूर्ण होता है, तो इसे तोड़ने का अधिकार केवल एक पक्ष यानी पति को ही क्यों, पत्नी को भी क्यों नहीं? तलाक के सम्बन्ध में ट्यूनिशिया जैसे मुस्लिम बाहुल्य देश द्वारा स्वीकार किये गये कानून आदर्श हो सकते हैं। ट्यूनिशिया के कानून — पर्सनल स्टेटस संहिता, 1956 के अन्तर्गत पति और पत्नी को समान अधिकार दिया गया है।

(उपर्युक्त शीर्षक 'शरीयत के बचाव की वास्तविकता' एवं 'तलाक एवं विवाह की प्रकृति — संस्कार या संविदा' लेखक अनूप बरनवाल की पुस्तक 'भारतीय सिविल संहिता के सिद्धान्त : अनुच्छेद 44 के क्रियान्वयन के अनुक्रम में' का अंश है।)

3. तलाक के लिए तार्किक आधार की आवश्यकता का सवाल

तलाक की सबसे बड़ी खामी यह है कि मुस्लिम पति को ऐसा करने के लिए कोई आधार या कारण बताने की आवश्यकता नहीं होती है। इसको उचित ठहराने के लिए यह तर्क दिया जाता है कि पति को आधार बताने की आवश्यकता इसलिए नहीं होती है, क्योंकि मुस्लिम कानून में विवाह एक संविदा है और इसको तोड़ने के बदले पति द्वारा पत्नी को मेहर का भुगतान करना पड़ता है, इसलिए उसका निर्णय लेना ही पर्याप्त होता है।

आधार बताने की बाध्यता न होने और इसको लेकर न्यायालय के प्रति कोई जवाबदेही न होने के सम्बन्ध में सभी तरह के तलाक चाहे तलाक-उल-बिद्दत हो, या तलाक-ए-अहसन या तलाक-ए-हसन, की स्थिति लगभग समान है। इसका सबसे बड़ा खामियाजा मुस्लिम महिलाओं को भुगतना होता है।

एक मुस्लिम पति या मुस्लिम पत्नी को न्यायालय की डिक्री के माध्यम से विवाह-विच्छेद के लिए कोई-न-कोई तार्किक आधार को सिद्ध करना पड़ता है। 1939 के पहले मुस्लिम कानून के अन्तर्गत पत्नी को सिर्फ चार आधार पर विवाह-विच्छेद करने का अधिकार प्राप्त था। पहला पति के नपुंसक होने के आधार पर; दूसरा 'लिएन का आधार' अर्थात् जब पति द्वारा पत्नी पर लगाया गया व्यभिचार का आरोप झूठा साबित हो जाय; तीसरा ख्यार-उल-बुलुग अर्थात् वयस्कता का विकल्प और चौथा जिहार अर्थात् जब पति पत्नी की तुलना अपनी माँ से कर दे। 'मुस्लिम पत्नी विवाह-विच्छेद अधिनियम, 1939' के बाद मुस्लिम महिलाओं को नौ अन्य आधारों पर विवाह-विच्छेद की डिक्री हासिल करने का अधिकार मिल गया। भारत में प्रचलित दूसरे अन्य व्यक्तिगत कानूनों—चाहे हिन्दू कानून हों या ईसाई कानून या पारसी कानून—में पति एवं पत्नी के लिए विवाह-विच्छेद हेतु तार्किक आधारों का उल्लेख किया गया है।

टर्की, ट्यूनिशिया, इण्डोनेशिया जैसे मुस्लिम बाहुल्य देशों के सिविल कानूनों में भी वहाँ के मुस्लिम-पुरुषों को विवाह-विच्छेद के लिए इस तरह की छूट नहीं प्रदान की

गयी है। टर्की में पति या पत्नी दोनों ही संहिता में उल्लिखित विशेष तार्किक आधारों पर सिविल कोर्ट के माध्यम से विवाह-विच्छेद की डिक्री हासिल करके विवाह तोड़ सकते हैं। यही स्थिति ट्यूनिशिया में लागू संहिता की धारा 30 में स्वीकार किया गया है।

इसके विपरीत भारत में एक मुस्लिम पति द्वारा मौखिक विवाह-विच्छेद यानी तलाक कहने के जो कुछ भी थोड़े-बहुत आधार हैं, वह स्वयंभू किस्म के होते हैं। जैसे बेटे का पैदा न हो पाना, दहेज न मिल पाना, किसी दूसरी महिला से निकाह करने की इच्छा होना, मारने-पीटने पर या किसी बात को लेकर पत्नी द्वारा जवाब दे देना, इत्यादि-इत्यादि। ज्यादातर तीन तलाक इन्हीं सब स्वयंभू आधारों पर दे दी जाती हैं और इसे बिलकुल ब्रह्मलिख मान लिया जाता है। ऐसा इसलिए है क्योंकि भारत में तलाक के लिए हो सकने वाले तार्किक आधारों को अभी तक लिपिबद्ध नहीं किया जा सका है। सबसे बड़ी बिडम्बना यह है कि 'विधि के शासन' के सिद्धान्त को माननेवाले भारत जैसा लोकतान्त्रिक देश भी इन तार्किक आधारों को लिपिबद्ध करने की हिम्मत नहीं जुटा सका है और प्रत्यक्ष या परोक्ष रूप से इन स्वंयभू किस्म के आधारों का समर्थन करता रहा है। विवाह-विच्छेद मौखिक तरीके से हो, इसे तो एक हद तक स्वीकार किया जा सकता है। किन्तु इसके लिए तार्किक आधार होने की बाध्यता को सुनिश्चित न करके हम ऐसे स्वयंभू आधारों के कारण होने वाले तलाक को प्रत्यक्ष या परोक्ष रूप से बढ़ावा ही देते हैं।

इस सम्बन्ध में सुप्रीम कोर्ट के एक महत्त्वपूर्ण मामले का उल्लेख किया जाना प्रासंगिक है। शमीम आरा (2002) के मामले में सुप्रीम कोर्ट ने गोवाहाटी हाईकोर्ट द्वारा दो मामलों — जियाउद्दीन अहमद बनाम अनवर बेगम (1981) और रूकिया खातून बनाम अब्दुल खालिक लश्कर (1981) में दिये गये निर्णय से सहमति व्यक्त किया। इन दो मामलों में न्यायाधीश बहारूल इस्लाम ने कुरान की तमाम आयतों का जिक्र करते हुए निर्णय दिया था कि तलाक का सही नियम, जैसा कि पवित्र कुरान में है, यह है कि (क) तलाक के लिए तार्किक आधार होना चाहिए; और (ख) इसके पूर्व पति व पत्नी के मध्य दो मध्यस्थों, एक पत्नी द्वारा अपने परिवार से और दूसरा पति द्वारा अपने परिवार से चुना गया हो, की उपस्थिति में समझौते का प्रयास किया गया होना चाहिए। यदि प्रयास असफल हो जाय तो तलाक लागू किया जा सकता है।

न्यायाधीश बहारूल इस्लाम (बाद में भारत के सुप्रीम कोर्ट के न्यायाधीश) ने ऐसी किसी व्याख्या को भी अस्वीकार कर दिया, जिसमें कहा जाता है कि 'पति द्वारा लिया गया मनमाना एवं अनियमित तलाक कानूनन अच्छा है, यद्यपि यह नैतिक रूप से बुरा है।' न्यायाधीश बहारूल इस्लाम ने आगे कहा कि इस तरह की व्याख्या इस सोच पर आधारित है कि महिलाएँ आदमी की जंगम वस्तु होती हैं, जिसे पवित्र कुरान स्वीकार नहीं करता है।

गोवाहाटी हाईकोर्ट के उक्त निर्णय के बाद यह देश विधि आयोग एवं संसद् से यह उम्मीद कर सकता था कि वे तलाक के लिए तार्किक आधारों को निर्धारित करने

के सम्बन्ध में उचित कानून बनाने के लिए प्रयास करता। किन्तु दुर्भाग्य से ये दोनों ही संस्थाएँ इस सन्दर्भ में हाथी के दाँत साबित हुई हैं। संसद् और हमारे नीति-निर्माताओं की अपनी राजनीतिक मजबूरी हो सकती हैं, किन्तु विधि आयोग जैसी संस्था, जिसकी जिम्मेदारी ही ऐसे निर्णयों की समीक्षा कर कानूनी विकास के लिए उचित संस्तुति करने की होती है, का भी हाथी का दाँत साबित होना इस देश के लिए दुर्भाग्यपूर्ण है।

तलाक के सन्दर्भ में गोवाहाटी हाईकोर्ट के उक्त निर्णय आने के 21 वर्ष बाद 2002 में शमीम आरा का मामला सुप्रीम कोर्ट के समक्ष आया था। इस मामले में भी पति द्वारा मनमाने तरीके से पत्नी को तलाक दे देने का दावा किया गया था। सुप्रीम कोर्ट ने निर्णय दिया कि पति द्वारा दिया गया तलाक अवैध है क्योंकि इसके लिए कोई तार्किक कारण नहीं मौजूद है। शमीम आरा के निर्णय में यद्यपि सुप्रीम कोर्ट ने तीन तलाक के लिए तार्किक आधार का होना तो आवश्यक बताया, किन्तु ये कौन से तार्किक आधार होंगे, इसपर सुप्रीम कोर्ट मौन है। यह मौन तब भी है जबकि 23 वर्ष पहले उसने खुद ही बाई ताहिरा (1979) के मामले में यह सिद्धान्त प्रतिपादित कर चुका था कि 'कानून गतिशील होता है और इसका अर्थ केवल पाण्डित्य-प्रदर्शन के लिए नहीं बल्कि उद्देश्यपरक होना चाहिये'। शमीम आरा के निर्णय में सुप्रीम कोर्ट द्वारा इस सिद्धान्त का उल्लेख तो किया गया, किन्तु इसे अपनाया नहीं जा सका। अन्यथा तलाक के लिए तार्किक आधारों को भी निर्धारित किया जा चुका होता। शायद यदि सुप्रीम कोर्ट तीन-तलाक के लिए अपेक्षित तार्किक आधारों का उल्लेख कर देती, तो यह हमारे नीति-निर्माताओं के लिए उसी तरह राहत की बात होती, जिस तरह तीन तलाक को सुप्रीम कोर्ट द्वारा अवैध घोषित किये जाने के बाद महसूस किया गया।

4. तीन तलाक के अन्य बचावों की वास्तविकता

तीन तलाक के पक्ष में अगला तर्क यह दिया जाता है कि विवाह-विच्छेद का तरीका आसान होने से घर में महिलाएँ पीड़ित होने से और जलाकर मारे जाने से बच जाती हैं। यानी मुस्लिम कानून के इन व्याख्याकारों के अनुसार किसी तरह की असहमति होने पर दो ही रास्ते हैं या तो पत्नियों के विरुद्ध मार-पीट व हिंसा करना या फिर तलाक दे देना। किसी व्यवस्था का बचाव करने के लिए इतना हलका एवं निम्न कुतर्क तीन तलाक के सन्दर्भ में ही दिया जा सकता है। ऐसा कुतर्क देनेवाले लोगों द्वारा अपनी बहन-बेटियों को इन तलाक पीड़ित महिलाओं के स्थान पर खड़ा करके इनकी स्थिति को महसूस करनी चाहिए। सवाल पैदा होता है कि मनमाने तरीके से किया गया तीन तलाक क्या पत्नी के विरुद्ध हिंसा नहीं है? क्या हिंसा करने लायक ऐसी स्थिति बनी थी, जिसके आधार पर यह कहा जा सके कि पति द्वारा तलाक दिया जाना जायज था? हिंसा करने लायक स्थिति बनी थी या नहीं, इसका पैमाना क्या है और यह कैसे तय किया जायेगा और कौन तय करेगा? इन सब बुनियादी सवालों पर तीन तलाक के पैरोकार मौन हो जाना ही उचित समझते हैं।

एक तर्क और दिया जाता है कि एकपक्षीय मौखिक तलाक के कारण दोनों पक्षकार न्यायालयी प्रक्रिया की परेशानियों से मुक्त हो जाते हैं। यह तर्क बहुत खतरनाक है। इस तरह के कई मामले होते हैं, जिसमें पक्षकार न्यायालयी प्रक्रिया नहीं चाहते हैं। तो क्या इसके लिए नैसर्गिक न्याय के सिद्धान्त को ठुकरा दिया जाय? यदि तीन तलाक के बचाव में दिये गये ऐसे कुतर्क को स्वीकार कर लिया जाय और इसे थोड़ा और आगे बढ़ाया जाय तो इसकी भी स्वीकृति मिलनी चाहिए कि यदि कोई आँख फोड़ दे तो अदालती प्रक्रिया से मुक्त होने के लिए अभियुक्त की भी आँख फोड़ देनी चाहिए या यदि कोई किसी की हत्या कर दे तो अदालती प्रक्रिया से बचने के लिए अभियुक्त की भी तुरन्त हत्या कर देनी चाहिए। आखिर शरीयत की दण्ड व्यवस्था भी तो यही कहती है। किन्तु शरीयत की आड़ में तीन तलाक का बचाव करनेवाले लोग दण्ड व्यवस्था के सम्बन्ध में शरीयत लागू कराने के मुद्दे पर खामोश हो जाते हैं। तब इनका शरीयत खतरे में नहीं पड़ता है।

तीन तलाक विधेयक और धार्मिक तुष्टीकरण

सवाल पैदा होता है कि जब पाकिस्तान, बाँग्लादेश, टर्की, ट्यूनिशिया, इण्डोनेशिया, सीरिया जैसे तमाम मुस्लिम देशों ने कानून के माध्यम से तलाक को विनियमित किये हुयेद हैं और ऐसी व्यवस्था को स्वीकार किये हैं, जिसके कारण तलाक का दुरुपयोग न किया जा सके, तो भारत जैसे लोकतान्त्रिक और धर्मनिरपेक्ष देश में तीन तलाक को मान्यता मिलना; तलाक के दूसरे तरीकोंवाले मौखिक विवाह-विच्छेद को कानून के माध्यम से विनियमित नहीं किया जा सकना और इसके लिए शरीयत में हस्तक्षेप होने की दलील देना समझ के बाहर है। आखिर हमारा देश इस अमानवीय व्यवस्था को ढोते रहने के लिए क्यों मजबूर है?

सवाल यह भी पैदा होता है कि भारत जैसे देश में मुस्लिम महिलाओं को इस कुप्रथा का खामियाजा क्या सिर्फ इसलिए भुगतना पड़ रहा है क्योंकि यह एक धर्मनिरपेक्ष और लोकतान्त्रिक देश है। धर्मनिरपेक्ष होने के कारण कुछ लोगों को धर्म का सहारा लेने की आजादी मिल जाती है तो लोकतान्त्रिक होने के कारण हमारे राजनेताओं को वोटबैंक साधने का मौका।

किसी देश के धर्मनिरपेक्ष और लोकतान्त्रिक होने का शायद ही इससे ज्यादा कोई दुरुपयोग होता होगा, जैसा और जितना भारत में तीन तलाक और शरीयत का बचाव करते समय कुछ लोगों द्वारा धर्म के नाम पर हाय-तौबा मचाकर किया जाता है। हाय-तौबा मचानेवाले ये लोग बमुश्किल 2-4 प्रतिशत ही हैं। किन्तु अल्पसंख्यक की नुमाइन्दगी करने का दावा करनेवाले ये लोग अल्पसंख्यक महिलाओं के हित के खिलाफ काम करने में शर्मिन्दगी नहीं महसूस करते और जब-तब इसी आधार पर राजनीतिक दबाव बनाने में सफल रहते हैं। कभी ब्रिटिश हुकूमत के दौरान शरीयत अनुप्रयोग अधिनियम, 1937 बनवाकर, तो कभी लोकतान्त्रिक व्यवस्था के अन्तर्गत

'मुस्लिम महिला (तलाक उपरान्त अधिकार का संरक्षण) अधिनियम, 1986' पारित करवाकर।

1937 का कानून 'तोड़ो और राज करो' की नीति पर आधारित था तो 1986 का कानून 'तुष्ट करो और राज करो' की नीति पर। इन नकारात्मक नीतियों के दुष्प्रभाव को अन्ततः देश को ही भुगतना पड़ता है। 1937 का कानून पारित करने जैसी छोटी-छोटी हरकत करके ब्रिटिश हुकूमत जहाँ 'तोड़ो और राज करो' की नीति को परवान चढ़ाकर देश को तोड़ने और पाकिस्तान बनाने में सफल रहे तो 1986 का कानून बनाकर हमारे संविधानोत्तर नीति-निर्माताओं ने भी 'तुष्ट करो और राज करो' की नीति को परवान चढ़ाने और संविधान के अनुच्छेद 44 को कमजोर करने में पीछे नहीं रहे हैं। अब इस कड़ी में वर्तमान केन्द्र सरकार द्वारा प्रस्तावित तीन तलाक कानून — 'मुस्लिम महिला (विवाह अधिकार संरक्षण) विधेयक, 2017' भी जुड़ गया है। इसने कानून-निर्माण-प्रक्रिया में धर्म-आधारित रंग को और चटकारा करने का काम किया है। इस विधेयक के माध्यम से समग्रता के साथ तलाक अर्थात् मौखिक विवाह-विच्छेद पर धर्मनिरपेक्ष कानून बनाकर विधिक-विकास को नया आयाम दिया जा सकता था। किन्तु इसने 'तुष्ट करो और राज करो' की नीति को नये कलेवर के साथ स्वीकार किया है। 1986 के भरणपोषण कानून के केन्द्र में जहाँ मुस्लिम-पुरुष तुष्टीकरण था, तो वहीं 2017 के तीन तलाक विधेयक के केन्द्र में मुस्लिम-महिला तुष्टीकरण है।

तीन तलाक के बहाने या भरण-पोषण के बहाने धर्म-आधारित कानूनों को परवान चढ़ाने के परिणाम को लेकर हमारे संविधानोत्तर नीति-निर्माता भले ही निश्चिन्त हों, किन्तु इसके दुष्परिणाम का आकलन किसी भी संवेदनशील नागरिक के रोंगटे खड़ा कर देता है। उम्मीद है कि हमारे नीति-निर्माता इतिहास के कटु अनुभव से सबक लेने की अपनी जिम्मेदारी को समझ पायेंगे।

4

तीन तलाक और हलाला

यदि यह पूछा जाय कि इस्लाम धर्म को किस एक व्यवहार ने नैतिक तौर पर सबसे अधिक नुकसान पहुँचाया है, तो नि:सन्देह इसका जवाब होगा – 'बाध्यकारी हलाला'। भारतीय मुस्लिमों में यह कुप्रथा वैसे ही है, जैसे हिन्दुओं में कभी 'सती कुप्रथा' हुआ करता थी। 'सती कुप्रथा' में एक विधवा हुई महिला को अपना जीवित शरीर मृतक पति की चिता पर जला देने के लिए मजबूर किया जाता था, तो हलाला कुप्रथा में तलाकशुदा महिला को अपनी जीवित आत्मा को सशरीर हवस की चिता में जला देने के लिए मजबूर किया जाता है।

जब हम तीन तलाक को या मौखिक तरीके से लिये जानेवाले अन्य तलाक को किसी-न-किसी स्वरूप में मान्यता देते हैं, तो इसका एक स्वाभाविक परिणति यह होती है कि विवाह-विच्छेद एक बहुत आसान-सा होनेवाला व्यवहार हो जाता है। मौखिक तलाक देते समय पति की न्यायालय के प्रति कोई जवाबदेही नहीं होने के कारण यह और भी सुविधाजनक को जाता है। मुस्लिम कानून में एक पति को प्राप्त मौखिक तलाक लेने की स्वच्छन्द आजादी को नियन्त्रित करने के लिए स्वैच्छिक हलाला की व्यवस्था को अपनाया गया।

वस्तुत: 'हलाला' मुस्लिम कानून में स्वीकार की गयी पाँच तरह के विवाह की निषिद्धता के नियमों में से एक है। इसके अन्तर्गत एक ही शौहर व बीबी के बीच अलग-अलग तीन बार तलाक होने पर उनके बीच चौथी बार निकाह तब तक नहीं हो सकता है जब तक कि तलाकशुदा पत्नी 'हलाला' की प्रक्रिया से न गुजरे।

इस्लाम में जिस हलाला को मान्य किया गया है, वह एकदम से आपवादिक परिस्थिति में होनेवाली स्वैच्छिक प्रक्रिया है। सभी प्रक्रियाओं का पालन कर किये गये तलाक के बाद भी तलाकशुदा पति एवं पत्नी सभी प्रक्रियाओं को नये सिरे से अपनाकर दोबारा निकाह कर सकते हैं। दूसरी बार की गयी निकाह के बाद भी यदि दोबारा तलाक की नौबत आ जाय तो पुन: तलाक की सभी प्रक्रिया अपनानी होती है। दूसरी तलाक के बाद भी तीसरी बार निकाह किया जा सकता है। किन्तु यदि पति-पत्नी के बीच तीसरी बार तलाक हो जाय, तो चौथी बार इन दोनों के मध्य निकाह नहीं

हो सकता है। इसके बाद यदि तलाकशुदा पत्नी अपनी इच्छा से किसी दूसरे मर्द के साथ परिवार बसाने की नीयत और मकसद से निकाह कर ले और संयोग से उससे भी न निभ पाये और दूसरा पति उसे सभी प्रक्रिया का पालन करते हुए तलाक दे दे तो वह पहले पति के साथ चौथी बार निकाह करने के लिए स्वतन्त्र हो जाती है। इस प्रक्रिया के दौरान किसी तरह की बाध्यता की कोई बात नहीं होती है। यह बिल्कुल ही स्वैच्छिक किस्म का हलाला होता है। 'स्वैच्छिक हलाला' का यही स्वरूप मुस्लिम कानून में मान्य है।

किन्तु समय के साथ ज्यों-ज्यों, तीन तलाक का प्रचलन बढ़ा, स्वैच्छिक हलाला ने बाध्यकारी हलाला का विकृत स्वरूप ग्रहण कर लिया। हलाला के इस विकृत स्वरूप में पति द्वारा तीन तलाक कह देने के बाद पत्नी को तलाक कहने वाले अपने पति के साथ वापस आने के लिए किसी दूसरे मर्द के साथ सम्बन्ध बनाना पड़ता है। इसे कुछ इस तरह मान लिया जाता है जैसे कि 'तलाक-तलाक-तलाक' आसमानी शब्द हो और पति के मुख से इसके निकलते ही पत्नी 'अपवित्र वस्तु' हो जाती है। अपवित्रता के इस धब्बे को मिटाने के लिए उसे हलाला के तप से गुजरना है, जिसमें कोई दूसरा मर्द तलाकशुदा महिला के स्त्रीत्व का दहन कर उस आसमानी फितरत को समाप्त करता है। ताज्जुब तो यह है कि मर्द-पति की आँख पर धर्म की पट्टी इस तरह बँधी होती है कि उसका पुरुषत्व भी उसे ऐसा करने से मना नहीं कर पाता है। जिस पत्नी को वह अपने जीवन की इज्जत मानता रहा है और कमोबेश हलाला के बाद भी वह उसकी इज्जत ही बनी रहेगी, फिर भी वह उसकी इज्जत को खुशी-खुशी समर्पित करने के लिए राजी हो जाता है।

मुस्लिम समाज में हलाला के बाध्यकारी स्वरूप की शुरूआत कैसे हुई, इस सम्बन्ध में धारणा है कि यह उनके द्वारा बनाया गया रास्ता है जो स्वयं को शरीयत की व्याख्या करने वाला बताते रहते हैं। जब एक मुस्लिम पति द्वारा अनभिज्ञता के कारण या आवेश या क्रोध में तीन तलाक कहा गया होता है और जब उसकी समझ वापस आती है तो उसमें उसी तरह से वैवाहिक सम्बन्ध को पुनर्स्थापित करने की व्याकुलता भी होती है। तीन तलाक कहने वाला यह पति बस इतना भर चाहता है कि उसकी पत्नी किसी तरह वापस आ जाय। किन्तु उसमें धर्म का भय इस तरह भर दिया जाता है कि हलाला को वह अपनी पत्नी को वापस पाने का एकमात्र रास्ता मानने लगता है। वह अपने तलाकशुदा पत्नी का हलाला हेतु अस्थायी निकाह कराने के लिए तैयार हो जाता है। किन्तु स्वाभाविक है कि ऐसे अस्थायी निकाह के लिये किसी मर्द का तैयार होना आसान नहीं होता है। इसी हालात का नाजायज फायदा तथाकथित धार्मिक व्याख्याकारों द्वारा उठाया जाता है और शुरू हो जाता है धर्म के नाम पर दो पुरुषों के मध्य एक मासूम महिला के शरीर की सौदेबाजी।

दुर्भाग्य से इस्लाम धर्म के कुछ धर्मगुरुओं द्वारा ही 'बाध्यकारी हलाला' को बढ़ावा दिया जाता है। ऐसा करनेवाले इस्लाम धर्म को उसी तरह बदनाम करते हैं जिस तरह

कभी सती प्रथा को बाध्यकारी बनाकर हिन्दू धर्म को अमानवीय बनाने का प्रयास किया जाता था।

हलाला के पक्षकारों की मानसिक स्थिति

तीन तलाक के बाद इसके प्रभाव को समाप्त करने के लिए जिस रूप में हलाला प्रक्रिया होने व हलाला करने का प्रचलन है, इस दौरान इस प्रक्रिया से प्रभावित सभी पक्षकारों की मानसिक एवं शारीरिक स्थिति को अलग-अलग जानना-समझना आवश्यक है।

इस प्रक्रिया के दौरान मूलत: तीन प्रत्यक्ष पक्षकार होते हैं। एक पक्षकार स्वयं वह महिला होती है, जिसको उसके पति ने तलाक-तलाक-तलाक कहा रहता है और जिसे हलाला प्रक्रिया से इसलिए गुजरना होता है, ताकि वह दोबारा अपने पति से निकाह कर सके। दूसरा पक्षकार वह मर्द होता है, जिसने आवेश या उकसावे में या गलती से या क्रोध में आकर अपनी पत्नी को तीन तलाक कह दिया है और कुछ ही देर बाद उसे अपनी गलती का अहसास हो गया। किन्तु उसे धर्म का भय दिखाया जाता है कि तीन तलाक देने के बाद वह अपनी पत्नी से तभी निकाह कर सकता है जब उसकी तलाकशुदा पत्नी हलाला की प्रक्रिया से गुजरे। इन दोनों के अलावा एक तीसरा पक्ष हलालाकारी होता है। हलालाकारी मुस्लिम मर्द को तलाकशुदा महिला के साथ हलाला के रस्म को पूरा करना होता है।

आवेश या उकसावे में या गलती से या क्रोध में आकर अपनी पत्नी को तीन तलाक कहनेवाले मर्द को कुछ ही देर बाद अपनी गलती का अहसास हो जाता है। उसकें लिए तीन तलाक के मायने कुछ भी नहीं है। वह किसी भी हालत में अपनी पत्नी को खोना नहीं चाहता है और वह उसे अपनी पत्नी के रूप में ही मांनता है। किन्तु मुस्लिम कानून के अन्तर्गत उसे अपनी इस गलती के लिए बड़ा खामियाजा भुगतना है। खामियाजा आर्थिक दण्ड का नहीं, खामियाजा सामाजिक बहिष्कार का नहीं, खामियाजा धार्मिक बहिष्कार का भी नहीं होता है, बल्कि खामियाजा अपनी पत्नी के स्त्रीत्व को ही दाँव पर लगाने का होता है। उसे धर्म का भय दिखाया जाता है कि तीन तलाक के बाद उसे अपनी पत्नी को पुन: पाने के लिए हलाला से गुजारना होगा। उसे अपनी पत्नी को किसी दूसरे मर्द के साथ रात बिताने और शारीरिक सम्बन्ध बनाने देने के लिए मजबूर होते देखना होता है। ऐसा इसलिए करना होगा क्योंकि इसके बिना उसका धर्म उस महिला को उसकी पत्नी बने रहने की मान्यता नहीं देता है। मानो उसके मँह से निकले 'तलाक-तलाक-तलाक' शब्द जैसे कोई मानवीय शब्द न होकर आसमानी शब्द हों। ऐसे आसमानी शब्द के एक बार निकल जाने के बाद इसे खण्डित नहीं किया जा सकता और खण्डित किया जा सकता है तो केवल महिलाओं के स्त्रीत्व को भंग करके ही किया जा सकता है।

पति के समानान्तर अब उस महिला के हालात के बारे में जानने का प्रयास करते हैं, जिसे हलाला की प्रक्रिया से गुजरना है यानी जिसे किसी हलालाकारी मर्द के साथ रात बिताने और शारीरिक सम्बन्ध बनाने के लिए मजबूर होना पड़ता है। यद्यपि गलती मर्द ने किया है, उकसावे में पति आया है, क्रोध में आकर पति ने तीन तलाक बोला है, इसके बावजूद खामियाजा मर्द-पति को नहीं, बल्कि पत्नी को भुगतना होता है। हलालाकारी मर्द कौन है; कैसा दिखता है— ठिगना है या लम्बा; उसकी उम्र क्या है— उससे बड़ा है या छोटा; बड़ा है तो कितना बड़ा है— पिता के उम्र का है या दादा के उम्र का; उसकी मानसिक स्थिति क्या है; वह किस सोच का व्यक्ति है, यह सब उस तलाकशुदा महिला को पता नहीं रहता है। इस महिला को यह सब पता रहने का कोई हक भी नहीं है। उसे तो बस किसी दूसरे मुस्लिम मर्द के साथ रात बिताने की शर्त को पूरा करना है और उसे तब तक रहना है जब तक वह मर्द उसे तलाक न दे दे। इसके लिए उसे तब तक इन्तजार करना पड़ सकता है, जब तक कि हलालाकारी मर्द का उससे मन न भर जाय।

स्वाभाविक है कि हलाला के दौरान कोई प्यार-मोहब्बत की बात तो नहीं होती होगी। जो कुछ होता होगा, वह यही है कि एक तरफ शारीरिक हवस मिटाने की प्रबल इच्छा होती होगी और दूसरी तरफ उस हवस की आग में जलने की कराह। एक महिला के लिए शायद ही इससे कठिन हालात कुछ हो। वह इन्सान नहीं, एक ऐसी वस्तु हो जाती है। वह बेची तो नहीं जाती है किन्तु उसका सब-कुछ दाँव पर लगा दिया जाता है। उसे सोचने-समझने का कोई विकल्प नहीं होता है। या तो वह अपने दाम्पत्य जीवन को समाप्त करे या फिर हवस की आग में अपनी आत्मा को जलने दे, ताकि धर्म-भीरुओं की निगाह में वह पवित्र हो सके। जिसे वह कभी जानती-सुनती नहीं रही है, जिससे वह कभी प्यार-मोहब्बत नहीं करती है और न ही आगे करना है, किन्तु उसे सिर्फ अपने पति के साथ वैवाहिक रिश्ते को बनाये रखने के लिए अपनी शरीर को कुछ समय के लिए किसी हलालाकारी मर्द को सुपुर्द करना है। ताज्जुब यह कि ऐसा करने के लिए स्वयं उसके पति ने अपनी मौन सहमति दे रखी है।

तीसरा पक्ष वह मुस्लिम मर्द है, जिसे हलाला करना होता है। बहुत जाहिर-सी बात है कि यह मर्द कोई सामान्य व्यक्ति नहीं ही होता होगा। एक शादीशुदा व्यक्ति को शायद ही ऐसा करने के लिए उसके परिवार से सहमति मिले। यदि वह शादीशुदा नहीं है और कभी किसी के साथ शारीरिक सम्बन्ध नहीं बनाया हुआ हो तो शायद ही वह सिर्फ कुछ-एक रात के लिए किसी दूसरे की बीबी के साथ सम्बन्ध बनाने के लिए राजी हो जायेगा, वह भी इस शर्त पर कि उसे उस महिला के साथ प्यार-मोहब्बत करने की बात सोचना भी नहीं है। बिना प्यार, मोहब्बत का भाव रखे इस तीसरे पक्ष को तलाकशुदा महिला के साथ शारीरिक सम्बन्ध बनाने के लिए राजी होना होता है। एक सामान्य सोचवाले मर्द से यदि ऐसा करने के लिए कहा जाय, तो सोचिये उसके सामने कितना कठिन हालात होगा। मुझे नहीं लगता है कि एक सामान्य व्यक्ति स्वयं

को इस स्थिति में लाने के लिए कभी मानसिक रूप से तैयार हो पायेगा। किन्तु कोई-न-कोई मर्द ऐसा करने के लिए राजी होता ही है। ये वही लोग होते हैं, जो पेशेवर तरीके से ऐसा करने के लिए आदती हों। इनके इस तरह के कर्म को बलात्कार नहीं माना जाता, क्योंकि इसे धर्म के चादर से ढक दिया जाता है। इनके लिए किसी महिला के साथ शारीरिक सम्बन्ध बनाना खिलौनों के साथ खेलने जैसा होता होगा। ये लोग हलाला का खेल प्यार-मोहब्बत को सन्तुष्ट करने के लिए नहीं बल्कि धार्मिक अनैतिकता को निभाने के लिए करते हैं। ये लोग ऐसा इसलिए नहीं करते क्योंकि परिवार बचाना है, बल्कि इसलिए करते हैं क्योंकि लोगों के बीच धर्म के अनैतिक भय को और इसके बहाने धर्म की प्रासंगिकता को बनाये रखा जा सके।

बाध्यकारी हलाला की प्रक्रिया में तलाकशुदा महिला द्वारा दूसरे मर्द के साथ निकाह करने एवं शारीरिक सम्बन्ध स्थापित करने का मकसद परिवार बसाने का नहीं होता है। बल्कि इसका मकसद तलाकशुदा महिला को पहले पति के साथ विवाहयोग्य बनाने का होता है। जबकि स्वैच्छिक हलाला में तीन अलग-अलग परिस्थितियों में हुए वैध तलाक के बाद चौथी बार निकाह तब तक नहीं हो सकता है जब तक कि तलाकशुदा महिला परिवार बसाने के मकसद से किसी अन्य मर्द से निकाह न कर ले और उस मर्द से भी निभ नहीं सकने की स्थिति में सही तरीके से तलाक मिलने के बाद वह पहले पति से निकाह करने के लिए आजाद होती है।

बाध्यकारी हलाला के लिए फौरी-निकाह करने और शारीरिक सम्बन्ध स्थापित करने के लिए कुछ अघोषित मुस्लिम मर्दों एवं स्वघोषित मुस्लिम संस्थाओं की नापाक ठेकेदारी चल रही होती है। ताज्जुब यह कि यह सब धर्म के नाम पर होता है। किन्तु शायद इन्हें नहीं पता होता है कि वे धर्म के नाम पर इस तरह का विकृत व्यवहार करके मानवता को कितना शर्मसार कर रहे होते हैं।

तीन तलाक के कलंक से मुक्ति के नाम पर होने वाले बाध्यकारी हलाला की प्रथा महिलाओं की गरिमा और मानवीय मूल्यों के विरुद्ध है। एक सभ्य समाज में इनका प्रचलन अस्वीकरणीय है। प्रगतिशील विचारधारावाले मुस्लिम समाज के जागरूक वर्ग द्वारा इन अमानवीय प्रथाओं को ठुकराया जा रहा है। टर्की जैसे तमाम मुस्लिम देशों में मौखिक तलाक एवं हलाला प्रथा को कानूनी रूप से अमान्य कर दिया गया है। किन्तु भारत जैसे लोकतान्त्रिक देश में तीन तलाक और बाध्यकारी हलाला का जिस तरह से रूढ़िवादियों द्वारा बचाव किया जाता है और संविधान के अनुच्छेद 13 के बावजूद हमारे नीति-निर्माता भी जिस तरह इनके आगे नतमस्तक होकर इन कुरीतियों पर अपनी आँखों पर पट्टी बाँधे रहते हैं, वह हम सभी के लिए शर्मनाक है।

5

तीन तलाक और बहुविवाह

बहुविवाह का मतलब एक व्यक्ति द्वारा एक से अधिक विपरीत-लिंगी व्यक्ति से विवाह। ज्यादातर मामलों में बहुविवाह की अवधारणा को एक पुरुष द्वारा बहुपत्नी रखे जाने से जोड़ा जाता है। किन्तु एक महिला के साथ एक से अधिक पुरुषों द्वारा विवाह करने के भी उदाहरण हैं। महाभारत काल में द्रौपदी के पाँच पति थे। बौद्धों में आज भी बहु-पतिवाले कई परिवार देखने को मिल जाते हैं। किन्तु सभ्यता के विकासक्रम में हुए सामाजिक परिवर्तन के कारण इस अवधारणा को वैश्विक मान्यता मिली है कि एक व्यक्ति एक समय में एक ही विपरीत-लिंगी व्यक्ति से विवाह कर सकता है।

भारत में मुस्लिम कानून के अलावा दूसरे सभी धर्म-आधारित व्यक्तिगत कानून और साथ-ही-साथ सामान्य कानून — विशेष विवाह अधिनियम के अन्तर्गत 'एक पति-एक पत्नी' के सिद्धान्त का कड़ाई से पालन किया जाता है। किन्तु मुस्लिम व्यक्तिगत कानून में इस विषय को लेकर उदार दृष्टिकोण अपनाया गया है। मुस्लिम कानून के अन्तर्गत एक पुरुष द्वारा एक समय में एक महिला से विवाह करना सामान्य नियम है किन्तु वह दो या तीन या चार की संख्या तक पत्नी रख सकता है, बशर्ते कि वह सभी पत्नियों के साथ समान व्यवहार करे।

चूँकि भारत में बहुविवाह को सिर्फ मुस्लिम कानून में और वह भी सिर्फ मुस्लिम मर्द के लिए स्वीकृत किया गया है और इसके साथ इसी मुस्लिम कानून के अन्तर्गत एक मुस्लिम पति को तीन तलाक के माध्यम से मौखिक विवाह-विच्छेद करने की भी स्वच्छन्द आजादी प्राप्त है। इस कारण बहुविवाह की जब भी दुरुपयोग होने की बात आती है, तो तीन तलाक का भी सवाल पैदा होता है। मुस्लिम पति को मिले तीन तलाक की आजादी बहुविवाह के लिए अनुकूल परिस्थिति पैदा करता है। जब भी एक मुस्लिम मर्द को दूसरे किसी महिला के साथ विवाह करने की इच्छा हो जाय तो उसे अपने पहली बीवी को मनाने की आवश्यकता नहीं है और न ही कोई तार्किक कारण

बताने की ही आवश्यकता है। उसे अपनी पहली बीबी को सिर्फ तीन तलाक का कोड़ा दिखाना है। पहली बीबी के पास पति की जिद्द के आगे घूटने टेकने के अलावा कोई विकल्प नहीं होता है। उसे पता है कि यदि वह समझौता नहीं करेगी, तो तीन तलाक का कोड़ा बरस जायेगा।

इसकी एक तसवीर और भी है। मुस्लिम पति को मिली बहुविवाह की आजादी भी तीन तलाक के लिए अनुकूल परिस्थिति पैदा करता है। पति को पता होता है कि उसे चार बीबी रखने की असंयमित आजादी प्राप्त है इसलिए जब भी पहली बीबी द्वारा पति द्वारा किये जा रहे दूसरे निकाह का विरोध किया जाता है, तो वह पहली बीबी के विरुद्ध तीन तलाक का दुरुपयोग करने से पीछे नहीं होता है।

इस तरह बहुविवाह और तीन तलाक दोनो एक-दूसरे के लिए उत्प्रेरक एवं सुरक्षा-कवँच का काम करते हैं।

असंयमित बहुविवाह बनाम अवैध बहुविवाह

एक सभ्य समाज के लिये विवाह के सन्दर्भ में 'एक पति-एक पत्नी' के सिद्धान्त को ही आदर्श सिद्धान्त माना जाता है और अमूमन सभी आधुनिक देश इस सिद्धान्त को स्वीकार किया हैं। भारत में भी 'एक पति-एक पत्नी' के सिद्धान्त को कुछ अपवादों को छोड़कर सामान्यत: स्वीकार किया जाता है। इस अपवाद के दो रूप हैं। पहला मुस्लिम-कानून के अन्तर्गत एक मर्द को एक साथ चार महिलाओं तक से शादी करने की आजादी देकर स्वीकार किया गया है। दूसरा हिन्दू, सिख, ईसाई जैसे अन्य धर्म के अनुयायियों द्वारा खुद अपने व्यक्तिगत कानून में स्वीकार की गयी 'एक पति-एक पत्नी' के सिद्धान्त का उल्लंघन करके किया जाता है।

यद्यपि मुस्लिम व्यक्तिगत कानून 'एक पति-एक पत्नी' के सिद्धान्त को लेकर उदार है और मुस्लिम मर्द को चार शादी करने की छूट प्रदान करता है। किन्तु भारत में मुस्लिम मर्द के सन्दर्भ में बहुविवाह को जिस स्वरूप में लागू किया जाता है, वह बिलकुल ही असंयमित किस्म का बहुविवाह है। एक मुस्लिम पति द्वारा दो या तीन या चार शादियाँ करने के बाद उसके द्वारा क्या अपनी बीबियों के साथ समान व्यवहार किया जा रहा है या नहीं? और यदि नहीं किया जा रहा है, तो इसका उपचार क्या है? इन सब बिन्दुओं पर आजतक मुस्लिम पति की कानून के प्रति कोई जवाबदेही नहीं तय किया जा सका है। इसके अलावा भारत में आज तक न तो यह निर्धारित किया जा सका है कि किन विशेष परिस्थितियों में एक दम्पति के रहते एक मुस्लिम पति द्वारा दूसरी या तीसरी शादी की जा सकती है और न ही दूसरी या तीसरी शादी के लिये किसी मान्यताप्राप्त कानूनी संस्थान से अनुमति लेने की व्यवस्था को ही अपनाया जा सका है। जबकि पाकिस्तान जैसे इस्लामिक देशों में दूसरी या तीसरी शादी के लिए मुस्लिम परिवार

कानून, 1961 की धारा 6 के अन्तर्गत आर्बिट्रेशन काउन्सिल से अनुमति लेना आवश्यक बनाया गया है।

बहुविवाह का एक दूसरा पक्ष और भी है। भारत में बहुविवाह को लेकर जब भी चर्चा होती है, तो इसके केवल एक अपवाद को लेकर हम लोग केन्द्रित हो जाते हैं और मुस्लिम कानून को सवालों के घेरे में खड़ा करने लगते हैं। इसमें कुछ हद तक सच्चाई हो सकती है कि मुस्लिम कानून के अन्तर्गत प्रदत्त असंयमित बहुविवाह की आजादी का दुरुपयोग कुछ लोगों द्वारा किया जाता है और बहुविवाह एवं तीन तलाक का भय दिखाकर घर के अन्दर महिलाओं को दबाकर रखा जाता है। लेकिन यही एक पक्ष नहीं है। इसका एक दूसरा पक्ष यह भी है कि दूसरे गैर-इस्लामिक धर्मों के अनुयायियों द्वारा भी 'एक पति-एक पत्नी' के सिद्धान्त का उल्लंघन किया जाता है अवैध बहुविवाह किया जाता है। यह उल्लंघन जान-बूझकर भी किया जाता है और मजबूरी में भी। कारण जो भी हो, लेकिन उल्लंघन करनेवालों की भी संख्या कम नहीं है। इन उल्लंघनों में से कुछ ही उल्लंघन सामने आ पाते हैं। अवैध होने के बावजूद इनमें से बहुत-सारे उल्लंघन कानून की निगाह से बचकर समाज में अपनी पैठ बनाये रखने में कामयाब रहते हैं।

जब बहुविवाह के विषय पर चर्चा हो रही है तो निजी जानकारी वाले दो दृष्टान्तों का उल्लेख करना आवश्यक है। इलाहाबाद स्थित मेरे आवास के पासवाले बाजार में शहबान अली नाम का लड़का रहता है। 30-35 वर्ष का यह नवजवान मुस्लिम धर्म का अनुयायी है और लकड़ी फर्नीचर का काम करता है। वह विवाहित है और तीन-चार बच्चों का पिता भी। किन्तु दुर्भाग्य से उसकी पत्नी, कारण जो भी हो, मायके में रहती है। इनके मध्य मुकदमें भी चल रहे हैं। इन मुकदमों के सम्बन्ध में शहबान अली अकसर परामर्श लेने के लिए मुझसे मिलता रहता है। एक दिन मैंने मन:स्थिति जानने के लिए उससे पूछ बैठा कि भाई, इतना परेशान रहते हो, तुम्हें तीन तलाक व बहुविवाह की सुविधा मिली हुई है, तीन तलाक क्यों नहीं ले लेते या दूसरी शादी ही क्यों नहीं कर लेते। मुझे उसका जवाब सुनकर आश्चर्य हुआ, जब उसने ऐसा करने से साफ-साफ मना कर दिया और कहा कि अपने बच्चों के साथ अकेले रह लूँगा, किन्तु ऐसा कदापि नहीं करूँगा। इसी के साथ एक और दृष्टान्त का उल्लेख करता हूँ, जो हिन्दू समाज से जुड़ा हुआ है। आजमगढ़ स्थित मेरे गृह बाजार— ठेकमॉ के एक पड़ोसी गाँव के रहनेवाले एक महाशय (नाम लेना उचित नहीं है) हैं। ये महाशय शिक्षित भी है और हिन्दू धर्म के उच्च वर्ग के भी माने जाते हैं किन्तु इन्होंने अपनी पत्नी के रहते हुए बिना विवाह-विच्छेद किये दूसरा विवाह कर लिया और वह भी निषिद्ध सम्बन्ध के अन्तर्गत आनेवाली लड़की से।

यद्यपि यह नहीं कह सकता हूँ कि मुसलमानों में 'शहबान अली' जैसे कितने लोग हैं, जो तमाम मुश्किलों के बावजूद अपने आदर्शों से भटकते नहीं हैं या हिन्दुओं में उक्त 'महाशय' जैसे कितने लोग हैं, जो अपने कर्म से हिन्दू समाज का सर नीचा करने

में कोई कसर नहीं छोड़ते हैं। इस आधार पर यह भी नहीं कहा जा सकता है कि तीन तलाक या बहुविवाह का व्यवहार अच्छा व्यवहार है या ऐसे व्यवहार का दुरुपयोग मुस्लिम पति द्वारा नहीं किया जाता है और ऐसे व्यवहार व इसके दुरुपयोग की आलोचना नहीं होनी चाहिए। किन्तु मुस्लिम कानून में स्वीकृत बहुविवाह व्यवस्था की और इसके दुरुपयोग की आलोचना करने के साथ हम सभी को साम्य दृष्टिकोण अपनाना चाहिए और इसका भी आँकड़ा रखना चाहिए कि हिन्दुओं और दूसरे गैर-मुस्लिम धर्मों में 'एक पति-एक पत्नी' के सिद्धान्त का उल्लंघन करनेवालों की संख्या कितनी है? हमें इस पर भी मन्थन करना चाहिये कि इनके द्वारा ऐसा उल्लंघन क्यों किया जाता है?

एक पति-एक पत्नी का सिद्धान्त और संयमित बहुविवाह

पारिवारिक कानून में 'एक पति-एक पत्नी' के सवाल पर मुस्लिम कानून और गैर-मुस्लिम कानून (हिन्दू-कानून, ईसाई-कानून, पारसी-कानून) के अलग-अलग दृष्टिकोण हैं। इस विषय पर अपवाद को स्वीकार कर मुस्लिम कानून ने उदार दृष्टिकोण अपनाया है, जबकि गैर-मुस्लिम कानूनों में ऐसे किसी अपवाद को स्वीकार न करके कठोर दृष्टिकोण अपनाया गया है। इसी का दूसरा पहलू यह है कि इस विषय पर इस्लाम-कानून में महिलाओं पर पुरुषों के प्रभुत्व को स्वीकार किया गया है, जबकि गैर-मुस्लिम कानून प्रभुत्व के ऐसे किसी विचार को स्वीकार नहीं करते हैं। इन दो पहलुओं के परस्पर विरोधी दृष्टिकोणों को तार्किकता की कसौटी पर परीक्षण करने का प्रयास करते हैं।

एक दृष्टान्त लेते हैं। मान लें कि एक व्यक्ति की पत्नी मानसिक रूप से विक्षिप्त हो जाती है या वह शारीरिक कमजोरी के कारण बच्चा पैदा करने में अक्षम है। भावनात्मक लगाव के कारण यह व्यक्ति अपनी पत्नी के साथ सम्बन्ध समाप्त नहीं करना चाहता है, लेकिन शारीरिक एवं घरेलू आवश्यकता के कारण वह दूसरी पत्नी का साथ भी महसूस करता है। उसकी पत्नी भी ऐसा ही चाहती है। अब पति के पास क्या विकल्प हो सकता है। हिन्दू विचार कहता है कि वह व्यक्ति अपनी पत्नी को तलाक दिये बिना दूसरी शादी नहीं कर सकता है। इसलिए यदि उसे दूसरी शादी करनी है तो पहली पत्नी के साथ सम्बन्धों को समाप्त करना होगा। जबकि वह व्यक्ति इस पत्नी के साथ पति-पत्नी के सम्बन्ध को बनाये रखते हुए उसको अपने साथ रखना चाहता है। किन्तु हिन्दू विचार के अनुसार उसे पत्नी को तलाक देना पड़ता है, ताकि दूसरी शादी अवैध न हो। इसके विपरीत इस्लाम विचार के अनुसार उसे दूसरी शादी के लिए बीमार या अक्षम पत्नी से तलाक लेने की आवश्यकता नहीं है, क्योंकि तलाक के बाद पत्नी को एकान्त व असह्य जीवन गुजारना पड़ सकता है। इस दृष्टिकोण से हिन्दू विचार अमानवीय और इस्लाम विचार मानवीय साबित होता है।

'एक पति-एक पत्नी' की व्यवस्था को कठोरता से लागू करने के क्या दुष्प्रभाव होते हैं, इसको एक सच्ची घटना के आधार पर समझने का प्रयास करते हैं। हमारे गृह बाजार के पड़ोसी गाँव के रहनेवाले एक राय साहब हैं। उनको कोई बच्चा नहीं पैदा हो रहा था। बहुत इलाज कराने के बाद यह निश्चित हो गया कि उनकी पत्नी बच्चा जनने में असमर्थ हैं। अपनी पीढ़ी को आगे बढ़ाने की सोच को मूर्तरूप देने के लिए दो विकल्प था। या तो वह किसी बच्चे को गोद लें या पत्नी से विवाह-विच्छेद करके दूसरी शादी कर लें। गोद द्वारा पीढ़ी-विकास हो पायेगा, इसको लेकर उन्हें सन्तुष्टि नहीं थी, क्योंकि उन्हें पता था कि उनमें कोई शारीरिक दोष नहीं है। उनकी सोच के अनुसार उनके सामने एक ही विकल्प बचा था कि वह अपनी पत्नी को अलग करके दूसरी शादी कर लें। पत्नी शायद ही आपसी सहमति से विवाह-विच्छेद के लिए राजी हो पाती और न ही न्यायालय के माध्यम से विवाह-विच्छेद की डिक्री प्राप्त करना इतना आसान था। पत्नी खुशी-खुशी इस बात के लिए राजी थी कि पति दूसरी शादी कर ले ताकि पीढ़ी का विकास हो सके। पत्नी की सहमति से दूसरा विवाह हो गया और बच्चे भी पैदा हो गये। किन्तु इन बच्चों के साथ उनके वास्तविक माँ का नाम नहीं जुड़ पाया क्योंकि इन बच्चों की माँ उनके हिन्दू-पिता की वैध पत्नी नहीं हो सकती है।

इस तरह इन बच्चों की माँ के नाम के आगे पहली पत्नी का ही नाम लिखा जाता रहा। यद्यपि वास्तविक माँ को इस बात की कभी शिकायत नहीं रही है। किन्तु इसमें न तो उसका कोई दोष है और न ही बच्चों का ही कोई दोष है। फिर भी दोनों अपने वास्तविक सम्बन्ध को सार्वजनिक करने के अधिकार से वंचित हो गये। इस पूरे प्रकरण में पिता को भी कोई सामाजिक या नैतिक रूप से दोषी नहीं ठहरा सकता है। क्योंकि पीढ़ी को आगे बढ़ाना उनका अधिकार है और इस अधिकार के लिए वह अपनी पहली पत्नी को कष्ट नहीं देना चाहते थे। इसलिए उन्होंने अपनी पत्नी की सहमति से दूसरी शादी कर ली। जीवनभर उन्होंने हमेशा अपनी दोनों पत्नियों के साथ समान व्यवहार किया। लेकिन हिन्दू कानून की निगाह में वह दोषी हैं और इसका खामियाजा उनकी दूसरी पत्नी से पैदा होनेवाले बच्चों को भुगतना पड़ रहा है।

अब इस दृष्टान्त के दूसरे पहलू पर विचार करते हैं। यदि शारीरिक रोग या शारीरिक अक्षमता की ऐसी समस्या पति में पैदा हो जाय, तो पत्नी के लिए क्या विकल्प है? पत्नी सक्षम है और चाहती है कि वह अपने पति के साथ सम्बन्ध को बनाये रखते हुए उसकी देख-रेख करती रहे। पति भी ऐसा ही चाहता है। लेकिन पत्नी को दूसरी शादी की अनुमति नहीं मिल पाती है क्योंकि वह महिला है और इस्लाम विचार के अनुसार महिलाओं को ऐसी आपवादिक स्थिति में भी एक पति के रहते दूसरे पुरुष से विवाह करने का अधिकार नहीं है। शारीरिक रूप से अक्षम हो चुके पति को अपनी पत्नी की देख-रेख से इसलिए वंचित होना पड़ता है, क्योंकि उसकी सक्षम

पत्नी को बिना तलाक लिये दूसरी शादी करने की अनुमति नहीं है। अब इस दृष्टिकोण से इस्लाम विचार अमानवीय व अतार्किक हो जाता है और हिन्दू विचार इस आधार पर सही व तार्किक लगने लगता है कि भले ही वह अपवादों को लेकर उदार न हो, किन्तु कम-से-कम वह पुरुष एवं महिला के मध्य भेदभाववाला व्यवहार तो नहीं करता है।

मुस्लिम कानून और हिन्दू कानून दोनों में कुछ-न-कुछ ऐसे तत्त्व हैं, जो देश के कानून या 'सिविल संहिता' के परिपेक्ष में मूल्यवान साबित हो सकते हैं। इन मूल्यवान् तत्त्वों के मध्य सन्तुलन बनाकर संहिता के लिए सर्वमान्य आदर्श स्थिति प्राप्त की जा सकती है। इस्लाम विचार के इस तत्त्व को स्वीकार करना उचित होगा कि दाम्पत्य जीवन में दूसरा या तीसरा विवाह करने की आपवादिक स्थिति आ सकती है, अतः इसे संहिता के अन्तर्गत कानूनी मान्यता दिया जाना चाहिए और हिन्दू विचार के इस तत्त्व कि किसी भी स्थिति में पुरुष एवं नारी दोनों को समान रूप से अधिकार दिया जाय, को भी भारतीय सिविल संहिता में सैद्धान्तिक मान्यता मिलनी चाहिए।

(उपर्युक्त शीर्षक 'संयमित बहुविवाह बनाम अवैध बहुविवाह' तथा 'एक पति-एक पत्नी का सिद्धान्त और संयमित बहुविवाह' लेखक अनूप बरनवाल की पुस्तक 'भारतीय सिविल संहिता के सिद्धान्त : अनुच्छेद 44 के क्रियान्वयन के अनुक्रम में' का अंश है।)

बहुविवाह के सन्दर्भ में एक आदर्श स्थिति प्राप्त करने के लिये कानून या सिविल संहिता के माध्यम से उन आपवादिक स्थितियों को निर्धारित कर सकते हैं जब एक भारतीय दूसरी या तीसरी शादी का सकता/सकती है। इसके साथ पारिवारिक न्यायालय जैसी किसी स्वतन्त्र इकाई को प्रथम पति या प्रथम पत्नी के रहते दूसरी शादी की अनुमति देने के लिए अधिकृत किया जा सकता है। किन्तु रूढ़िवादी किस्म के लोग फिर शरीया को लेकर आ जायेंगे। वे फिर कहेंगे कि शरीया कानून में बहुविवाह के लिए अनुमति लेने का या विशेष परिस्थितियों की शर्तों का उल्लेख नहीं है, इसलिए ऐसी कोई व्यवस्था उनके शरीया कानून का उल्लंघन है। मुझे नहीं लगता कि भारत जैसे धर्मनिरपेक्ष एवं तरक्कीपसन्द देश में शरीया कानून को इतना महिमामण्डित करने की आवश्यकता है, खासतौर से तब जब पाकिस्तान जैसे इस्लामिक देशों में दूसरी या तीसरी शादी के लिए अनुमति लेने की संयमित बहुविवाह की व्यवस्था को लागू किया गया है। वहाँ के मुस्लिम परिवार कानून, 1961 की धारा 6 के अनुसार कोई भी पुरुष, पहली शादी के अस्तित्व में रहते हुए, बिना आर्बिट्रेशन काउन्सिल की अनुमति के दूसरी शादी नहीं कर सकता है।

इस देश की लोकतान्त्रिक व्यवस्था के लिए यह दुर्भाग्य की बात है कि इन 68 वर्षों के दौरान हम 'बहुविवाह' और 'एक पति-एक पत्नी' के विचार को लेकर अपने नागरिकों के मध्य धर्म आधारित भेदभाववाली नीति को बनाये रखे हुये हैं। इस दिशा में एक सम्यक और समान नीति नहीं अपना पाये हैं। न तो संयमित बहुविवाह के लिए

आपवादिक स्थितियों का निर्धारण कर धर्मनिरपेक्ष रूप से समानता के साथ लागू कर सके हैं और न ही इसके लिए पारिवारिक न्यायालय जैसे किसी निष्पक्ष संस्था से अनुमति लेने की व्यवस्था को स्थापित कर पाये हैं। इस मामले में पाकिस्तान जैसे इस्लामिक मुल्क हमसे कोसों आगे हैं। उन्होंने शरीयत की चिन्ता छोड़कर अपने नागरिकों के लिए एक स्पष्ट नीति एवं कानून बना रखे हैं। सवाल पैदा होता है कि स्वच्छन्द तलाक या असंयमित बहुविवाह जैसे व्यवहारों के खिलाफ हमारे नीति-निर्माता अपनी इच्छाशक्ति का प्रयोग कब कर पायेंगे?

●

6

तीन तलाक एवं भरण-पोषण पाने का अधिकार

तलाक-उल-बिद्दत हो या दूसरे स्वरूपवाले मौखिक तीन तलाक या न्यायालय की डिक्री के माध्यम से होनेवाले विवाह-विच्छेद हों, इसके बाद तलाकशुदा महिला के समक्ष पैदा होनेवाली विपरीत परिस्थितियों को देखते हुए एक स्वाभाविक सवाल पैदा होता है कि इनका जीविकोपार्जन कैसे चलेगा? यह सवाल इसलिए भी एक स्वाभाविक सवाल है क्योंकि विवाह के बाद अमूमन औरतें अपनी माँ-बाप की सम्पत्ति से अलग होकर पति की आय पर निर्भर रहती हैं। ये महिलाएँ अपनी माँ-बाप की सम्पत्ति से इसलिए अलग होती हैं ताकि वह पति के साथ दाम्पत्य जीवन बसा पायें और अगली पीढ़ी का निर्माण कर सकें। इसीलिए इस सवाल का जवाब तलाकशुदा महिला का पूर्व पति से भरण-पोषण पाने के अधिकार से जोड़कर देखा जाता है। यदि विवाह-विच्छेद हो गया तो पति की यह जिम्मेदारी है कि वह अपनी तलाकशुदा पत्नी के भरण-पोषण की जिम्मेदारी निभाये। इसलिए कानून की नजर में तलाकशुदा महिला का अपने पूर्व पति से भरण-पोषण पाने का अधिकार महत्त्वपूर्ण होता है।

यदि एक महिला की सम्पत्ति में बराबरी के अधिकार को — चाहे माँ-बाप की सम्पत्ति में बराबरी का अधिकार हो या दाम्पत्य जीवन के दौरान अर्जित सम्पत्ति में बराबरी का अधिकार हो — विवाह के समय ही सुरक्षित कर दिया जाय और विवाह-विच्छेद होने की स्थिति में इन अधिकारों को विवाह-विच्छेद होने के साथ ही प्रदान कर दिया जाय तथा उसके द्वारा किये गये उस त्याग की भरपाई कर दिया जाय, जो उसने विवाह के समय दाम्पत्य जीवन बसाने के लिए अपने पैतृक व्यवसाय से खुद को अलग करके किया है, तो शायद ही उसे अलग से भरण-पोषण की आवश्यकता पड़े। भरण-पोषण की अवधारणा के पीछे की इस सोच कि महिलाएँ किसी-न-किसी रूप में अपने पुरुष-रिश्तेदारों, चाहे वह पति हो या पिता या भाई, पर निर्भर बनी रहें, में बदलाव लाने की जरूरत है।

दुर्भाग्य से भारत में विवाह-विच्छेद के समय पत्नी को सम्पत्ति में बराबर हक प्रदान करने की अवधारणा का बिलकुल लोप है। न केवल मौखिक तरीके से

होनेवाले तलाक की स्थिति में, बल्कि न्यायालय के माध्यम से होनेवाले विवाह-विच्छेद की स्थिति में भी भारत का कानून ऐसी किसी व्यवस्था को स्वीकार नहीं करता है। महिलाओं की सम्पत्ति में अधिकार के बिन्दु पर अगले अध्याय में चर्चा किया जायेगा। इस अधिकार के अधीन रहते हुए एक तलाकशुदा महिला का भरणपोषण पाने के अधिकार को लेकर हमारी कानूनी, सामाजिक एवं राजनीतिक व्यवस्था में किस तरह रस्साकशी होती रही है, इसका विश्लेषण करना इस अध्याय का विषय है।

अक्षम तलाकशुदा महिला द्वारा अपने पूर्व पति से भरण-पोषण पाने के अधिकार के सम्बन्ध में आपराधिक प्रक्रिया संहिता (सी.आर.पी.सी.) की धारा 125 का प्रावधान लागू होता है। चूँकि आपराधिक प्रक्रिया संहिता धर्मनिरपेक्ष रूप से लागू होने वाला कानून है, अत: इसकी धारा 125 का प्रावधान भी सभी भारतीयों पर सामान्य रूप से लागू होता है। किन्तु इस कानून को मुस्लिम धर्म के एक वर्ग द्वारा स्वीकार नहीं किया जाता रहा है। इसके पीछे इनका यह तर्क होता है कि मुस्लिम कानून के अन्तर्गत विवाह (निकाह) एक संविदा है और इसके लिए मेहर पहले से ही तय हो जाता है। अत: पति द्वारा तलाकोपरान्त इद्दत की अवधि तक मेहर का भुगतान कर देने के बाद उसका तलाकशुदा पत्नी का भरण-पोषण करने का दायित्व समाप्त हो जाता है। चूँकि मुस्लिम धर्म में विवाह और विवाह-विच्छेद के विषय व्यक्तिगत कानून द्वारा संचालित होता है, इसलिए मुस्लिम-पति इसकी आड़ में धारा 125 में उल्लिखित भरण-पोषण के दायित्व से स्वयं को अलग कर लेने में सफल हो जाते रहे हैं।

मुस्लिम कानून के अन्तर्गत विवाह का 'संविदा' होने और इसके लिए 'मेहर' तय होने की अवधारणा के सकारात्मक पहलू भी हैं। अन्य संविदाओं की तरह वैवाहिक संविदा को भी लिखित एवं रजिस्टर्ड होना आवश्यक बनाया जा सकता है। ऐसे लिखित वैवाहिक संविदा में मेहर के व्यापक स्वरूप को स्वीकार कर इसमें यह प्रावधान बनाया जा सकता है कि दाम्पत्य-अवधि के दौरान अर्जित की गयी सम्पत्ति में पति और पत्नी दोनों को बराबर-बराबर अधिकार प्राप्त होगा। ऐसे अधिकार को टर्की जैसे दूसरे मुस्लिम देशों में भी स्वीकार किया गया है। इस संविदा के माध्यम से महिला को पुत्री के रूप में माँ-बाप की सम्पत्ति में पुत्रों के समान उत्तराधिकार में मिलने वाले अंश को भी सुरक्षित किया जा सकता है। यदि हम महिलाओं के इन दोनों अधिकारों को सुरक्षित कर लेते हैं, तो शायद तलाकशुदा पत्नी के सन्दर्भ में भरण-पोषण के अधिकार की कोई आवश्यकता नहीं रह जायेगी। इस दृष्टि से मुस्लिम कानून की यह अवधारणा कि विवाह एक संविदा है और विवाह के समय ही मेहर की राशि एवं सम्पत्ति से सम्बन्धित सभी शर्तें तय कर ली जाती हैं, को व्यापक स्वरूप में स्वीकार कर इसे धर्मनिरपेक्ष स्वरूप प्रदान किया जा सकता है। इस विषय पर विस्तार से चर्चा अगले अध्याय 'संयुक्त दाम्पत्य सम्पत्ति और सापेक्षिक सहभागिता का सिद्धान्त' में करेंगे। यहाँ पर इतना ही कहना उचित होगा कि जब तक महिलाओं

को प्रत्येक स्तर पर सम्पत्ति में बराबरी का अधिकार नहीं दे दिया जाता है, तलाकशुदा महिलाओं के भरण-पोषण पाने के अधिकार को नकारना किसी समाज की निम्नतम वैचारिक स्थिति कहा जा सकता है।

संविधान लागू होने के बाद से शाहबानो का निर्णय (1985) आने तक मुस्लिम तलाकशुदा महिलाओं के भरण-पोषण के सम्बन्ध में कानूनी अस्पष्टता बना हुआ था। एक लोकतान्त्रिक देश के लिए यह स्थिति न केवल दुर्भाग्यपूर्ण है बल्कि शर्मसार करनेवाली बात है। यह शाहबानो बेगम नामक महिला थी, जिसने इस समाज की जड़ता को तोड़ते हुए कोर्ट का दरवाजा खटखटाया और मुस्लिम पतियों द्वारा तीन तलाक का किये जा रहे दुरुपयोग की तरफ देशव्यापी स्तर पर लोगों का ध्यान आकर्षित कराया और तलाकशुदा मुस्लिम महिलाओं की पूर्व-पति से उसी तरह भरण-पोषण पाने के अधिकार पर न्यायालयी मुहर लगवाने में सफलता प्राप्त की, जिस तरह दूसरे धर्म की तलाकशुदा महिलाओं को धारा 125 के अन्तर्गत प्राप्त होता है। मुकदमा के दौरान शाहबानो बेगम पर व्यक्तिगत एवं सामाजिक स्तर पर तमाम तरह के दबाव भी डाले गये रहे होंगे, वह हताश हो सकती थी, निराश हो सकती थी, किन्तु इन सब चुनौतियों को तोड़कर इस महिला ने सामाजिक अन्धेरों में रहनेवाली न जाने कितनी मुस्लिम महिलाओं, खासतौर से तीन तलाक से पीड़ित महिलाओं को इस लोकतान्त्रिक देश के 35 वर्ष के लोकतान्त्रिक इतिहास में पहली बार न्याय पाने की उम्मीद की रोशनी दिखायी।

भरण-पोषण का अधिकार और शाहबानो बेगम का मामला

तलाकशुदा मुस्लिम महिलाओं के भरण-पोषण के प्रति पूर्व-पति के दायित्व के सम्बन्ध में आपराधिक प्रक्रिया संहिता (सी.आर.पी.सी.) की धारा 125 का धर्मनिरपेक्ष प्रावधान लागू होगा या नहीं, यह सवाल पहली बार 1985 में सुप्रीम कोर्ट के समक्ष शाहबानो बेगम मामले (मोहम्मद अहमद खान बनाम शाहबानो बेगम) में तय होने के लिए आया।

इस मामले में विवाद के दोनों पक्ष 43 वर्ष की अवधि तक पति-पत्नी के रूप में साथ-साथ रहकर वैवाहिक जीवन गुजारे थे। इस दौरान तीन पुत्र और दो पुत्री भी पैदा हुए। 43 वर्ष की इस वैवाहिक जीवन के बाद पत्नी को सी.आर.पी.सी. की धारा 125 के अन्तर्गत पति के खिलाफ यह आरोप लगाते हुए भरण-पोषण का दावा करना पड़ा कि उसे पति द्वारा घर से बाहर निकाल दिया गया है। भरण-पोषण के दायित्व से बचने के लिए पति द्वारा कोर्ट के समक्ष कहा गया कि उसने नवम्बर, 1978 में (अर्थात् पत्नी द्वारा दावा करने के 7 महीने बाद) पत्नी को तीन तलाक दे दिया है, इद्दत अवधि के अन्दर उसने 3,000/- रुपये मेहर की धनराशि को कोर्ट में जमा भी कर दिया है। इस तरह याची अब उसकी पत्नी नहीं रह गयी है और न ही मुस्लिम कानून के अन्तर्गत भरण-पोषण पाने की अधिकारिणी ही है। पति, जिसका स्वीकृत

रूप से मासिक आमदनी लगभग 60,300/- रुपये प्रति महीना था, के खिलाफ मजिस्ट्रेट ने 25/- रुपये प्रति महीना की राशि भरण-पोषण के रूप में पत्नी को देने का आदेश पारित किया। भरण-पोषण के इस धनराशि को बाद में मध्य प्रदेश हाईकोर्ट द्वारा बढ़ाकर 179/- रुपये कर दिया गया। तलाकशुदा पत्नी को भरण-पोषण देने के लिए पारित इन आदेशों को पति द्वारा सुप्रीम कोर्ट के समक्ष चुनौती दी गयी थी।

इस मामले में सुप्रीम कोर्ट के समक्ष प्रमुख रूप से दो तथ्य निकलकर आया था। पहला यह कि पति द्वारा अपनी सहूलियत के अनुसार पत्नी को तीन तलाक दे दिया गया और अपनी सुविधानुसार मेहर के रूप में 3,000/- रुपये की धनराशि न्यायालय में जमा कर तीन तलाक के पूर्ण हो जाने का दावा किया गया था। दूसरा प्रमुख तथ्य यह निकलकर आया था कि तीन तलाक को आधार बनाकर मुस्लिम पति द्वारा भरण-पोषण करने के अपने दायित्व से मुक्त होने का दावा किया गया था।

उक्त दोनों तथ्यों के आलोक में सुप्रीम कोर्ट द्वारा मुख्यत: दो बिन्दुओं पर निर्णय लिया जाना था। कानूनी दृष्टिकोण से महत्त्वपूर्ण और मानवीय दृष्टिकोण से संवेदनशील पहला बिन्दु यह था कि पति के साथ 43 वर्ष का दाम्पत्य जीवन बिताने के बाद क्या एक औरत की हैसियत मात्र 3,000/- रुपये की रह जाती है, वह भी तब जब पति की कमाई स्वीकृत रूप से 60,000/- रुपये प्रति माह की रही हो? जीवन-भर पत्नी द्वारा किये गये त्याग का इतना तुच्छ मूल्यांकन करना क्या मानवता को कलंकित करने जैसा नहीं था? और दूसरा बिन्दु यह था कि क्या एक सभ्य समाज में तीन तलाक की व्यवस्था स्वीकरणीय है? इन दोनों बिन्दुओं के अलावा सुप्रीम कोर्ट के समक्ष निर्णय लेने के लिए तीसरा महत्त्वपूर्ण बिन्दु यह भी पैदा हुआ कि संविधान के अनुच्छेद 44 के प्रावधान को लागू न किये जाने का क्या प्रभाव है?

देश के न्यायिक इतिहास में शाहबानो का मामला सम्भवत: पहला मामला था, जिसमें सुप्रीम कोर्ट के पाँच न्यायाधीशों की संविधानिक पीठ के समक्ष यूनिफॉर्म 'सिविल संहिता' के अभाव के कारण पैदा होनेवाली विसंगतियों का सवाल पैदा हुआ था। संविधानिक पीठ की ओर से तत्कालीन मुख्य न्यायाधीश न्यायमूर्ति वाई. वी. चन्द्रचूड़ द्वारा दिये गये ऐतिहासिक निर्णय में मुस्लिम कानून के सन्दर्भ में महिलाओं की स्थिति और उनके भरण-पोषण के अधिकार के बारे में जो टिप्पणी की गयी है, उसका जिक्र करना महत्वपूर्ण है। माननीय सुप्रीम कोर्ट ने अपनी टिप्पणी में कहा—

1. ... सामान्य सिविल व फौजदारी कानूनों से उपजे कुछ सवाल समाज के उस बड़े भाग के लिए अतिमहत्त्वपूर्ण हैं, जिनके साथ परम्परागत रूप से अन्यायपूर्ण व्यवहार किया जाता रहा है। महिलाएँ ऐसी ही एक भाग हैं। कानून-प्रदाता मनु कहते हैं- 'ना स्त्री स्वतन्त्र्य मर्हती' अर्थात् महिलाएँ आजादी के लायक नहीं हैं। और ऐसा कहा जाता है कि इस्लाम में सबसे खतरनाक बिन्दु है महिलाओं

की गिरावट (सेलेक्शन फ्रॉम कुरान- एडवर्ड विलियम लेन 1843 पुनर्मुद्रित 1982, पृष्ठ सं० 90, इण्ट्रोडक्शन)। ऐसे आरोप गलत दिखते हैं, जब पैगम्बर कहते हैं- 'नारी वक्र-पसली से बनायी गयी है और यदि तुम सीधे-सीधे मोड़ने की कोशिश करोगे तो यह टूट जायेंगी, इसलिए अपनी पत्नी के साथ दयालु व्यवहार करें। ...

3. क्या मुस्लिम कानून, पति पर अपनी तलाकशुदा पत्नी का भरण-पोषण करने का दायित्व नहीं सौंपता है? नि:सन्देह, एक मुस्लिम पति, जब भी चाहे, अच्छे, बुरे या अपक्षपाती कारणों से या बिना किसी कारण के अपनी पत्नी को छोड़ देने की सुविधा का भोग करता है। लेकिन क्या इद्दत अवधि के दौरान पारिश्रमिक का अल्पांश इस सुविधा का मूल्य है? और क्या कानून असमानता को लेकर इतना निर्दयी हो सकता है कि वह इसका ध्यान ही न दे कि पति अपनी तलाकशुदा पत्नी को इद्दत अवधि के दौरान कितना भरण-पोषण देता है। और केवल यह तथ्य कि उसने कुछ भी भुगतान कर दिया है, चाहे यह जितना भी कम क्यों न हो, क्या उसे हमेशा के लिए उस दायित्व से मुक्त कर देता है जो पत्नी को पर्याप्त रूप से अपनी शरीर और आत्मा को साथ रख सके? तब ऐसी स्थिति में क्या मुस्लिम व्यक्तिगत कानून में ऐसा कोई प्रावधान नहीं है जिसमें पत्नी को तलाक पर पर्याप्त धनराशि का भुगतान किया जा सके? ऐसे कुछ महत्त्वपूर्ण किन्तु पीड़ादायक सवाल हैं, जिन पर हमें निर्णय करना है। ...'

सुप्रीम कोर्ट ने यह भी अभिनिर्धारित किया कि 'मुल्ला का मोहम्मडन लॉ' और 'तयबजी का मुस्लिम कानून' पुस्तकों में लिखे गये कथन इस अवधारणा को सिद्ध करने के लिए अपर्याप्त हैं कि मुस्लिम पति अपनी तलाकशुदा पत्नी, जो अपना भरण-पोषण करने में अक्षम है, का भरण-पोषण करने के दायित्वाधीन नहीं है। धारा 125 उन मामलों पर लागू होता है, जब पर्याप्त स्रोत रखनेवाले एक व्यक्ति द्वारा उन अक्षम लोगों, जिसमें पत्नी भी शामिल है, का भरण-पोषण करने की उपेक्षा किया जाता है या भरण-पोषण करने से मना किया जाता है। चूँकि मुस्लिम व्यक्तिगत कानून, जो पति की अपने तलाकशुदा पत्नी का भरण-पोषण करने के दायित्व को इद्दत की अवधि तक सीमित करता है, धारा 125 में उल्लेखित परिस्थितियों का विचार नहीं करता है। अत: यह नहीं कहा जा सकता है कि अपने व्यक्तिगत कानून के अन्तर्गत मुस्लिम पति इद्दत अवधि के बाद अपनी अक्षम् तलाकशुदा पत्नी का भरण-पोषण करने के दायित्वाधीन नहीं है। सही स्थिति यह है कि यदि तलाकशुदा पत्नी स्वयं का भरण-पोषण करने में सक्षम् है तो उसका भरण-पोषण करने का पति का दायित्व इद्दत की अवधि बीतने के साथ ही समाप्त हो जाती है। यदि वह खुद का भरण-पोषण करने में अक्षम् है, तो वह धारा 125 के रास्ते को अपनाने की अधिकारिणी है। इसलिए यह नहीं कहा जा सकता है कि अक्षम् तलाकशुदा पत्नी का भरण-पोषण

करने की मुस्लिम पति के दायित्व को लेकर धारा 125 के प्रावधान और मुस्लिम व्यक्तिगत कानून के मध्य कोई अन्तर्विरोध है।'

1986 का कानून और तलाकशुदा मुस्लिम महिलाओं के भरण-पोषण का अधिकार

शाहबानो मामले में सुप्रीम कोर्ट द्वारा दिये गये निर्णय के दो प्रभाव थे। पहला यह कि मुस्लिम पति द्वारा भी तलाकशुदा अक्षम् पत्नी का भरण-पोषण करने के दायित्व को उसी तरह निभाया जाना था, जिस तरह दूसरे धर्म के पति द्वारा धर्मनिरपेक्ष कानून के अन्तर्गत निभाये जाने की बाध्यता है और दूसरा प्रभाव यह था कि यूनिफॉर्म 'सिविल संहिता' के निर्माण की आवश्यकता के सम्बन्ध में सुप्रीम कोर्ट द्वारा व्यक्त किये गये विचार को हमारा संसद् गम्भीरता से लेकर इस दिशा में आगे बढ़ने का प्रयास करता। देश की संसद् के लिए यह निर्णय एक बहुत बड़ा अवसर था कि वह देशहित में यूनिफॉर्म 'सिविल संहिता' का निर्माण करने पर विचार करता, लेकिन दुर्भाग्य से क्षणिक राजनीतिक लाभ के लिए वह इस अवसर को भुनाने के बजाय दकियानूसी विचारों को स्थायित्व देने की दिशा में काम करने लगा।

देश के लोकतन्त्र की सबसे बड़ी संस्था होने के कारण 'संसद्' से यह उम्मीद की जा सकती थी कि तलाकशुदा मुस्लिम महिलाओं के भरण-पोषण के अधिकार को प्रभावित करनेवाला कोई कानून बनाते समय वह इससे जुड़े अन्य सभी पहलुओं पर भी सम्यक् व निष्पक्ष दृष्टिकोण अपनाता। इस देश की महिलाओं को उम्मीद रही होगी कि उनके भरण-पोषण के अधिकार को प्रभावित करते समय संसद् इस पहलू पर भी निष्पक्षता से विचार करता कि सदियों से इस देश में महिलाओं को सम्पत्ति में बराबरी के अधिकार से वंचित रखा गया है और इस कारण उन्हें किसी-न-किसी रूप में अपने पुरुष-रिश्तेदार, चाहे पति के रूप में हो या पिता या भाई के रूप में, पर निर्भर रहना पड़ता है। इसलिए संसद्, पुरुषप्रधान तत्त्वों के दबाव में ही सही, यदि मुस्लिम महिलाओं के भरण-पोषण के अधिकार में कटौती करनेवाला कोई कानून बनाने जा रहा था, तो बेशक कानून बनाता, किन्तु कम-से-कम वह तलाकशुदा महिलाओं की सम्पत्ति में बराबरी के अधिकार, चाहे माँ-बाप की सम्पत्ति में समान उत्तराधिकार हो या विवाहोपरान्त पति के साथ अर्जित होनेवाली सम्पत्ति में बराबरी का अधिकार हो, को सुरक्षित करने के लिए प्रभावशाली कानून भी बनाता।

शाहबानो मामले में सुप्रीम कोर्ट के निर्णय का विरोध करनेवाले लोगों द्वारा यह भी दावा किया गया कि मुस्लिम धर्म में विवाह एक संविदा है और ऐसी संविदा के समय ही मेहर की राशि तय कर ली जाती है। इसलिए तीन तलाक, जो इद्दत की अवधि के बाद अन्तिम हो जाता है, के सन्दर्भ में विषय केवल इतना रह जाता है कि मेहर की राशि का भुगतान किया जाय और ज्यों ही पति द्वारा तलाकशुदा महिला को मेहर की राशि का भुगतान कर दिया जाता है, पत्नी का पति से भरण-पोषण पाने का हक समाप्त हो जाता है। ऐसा प्रतीत होता है कि मुस्लिम महिला (तलाक पर अधिकारों का

संरक्षण) अधिनियम, 1986 पारित करते समय संसद् इन दावों से पूर्णतया सहमत था क्योंकि इस कानून में न केवल इद्दत अवधि की सीमा को स्वीकार किया गया था, बल्कि संसदीय इतिहास में पहली बार तीन तलाक की अवधारणा पर मुहर भी लगाया गया था। वैवाहिक संविदा हो या सम्पत्ति; तीन तलाक हो या इद्दत-अवधि या फिर भरण-पोषण, ऐसे सभी विषय पर 1986 का कानून बनाने वाले संसद् से मुस्लिम महिलाएँ निम्न बिन्दुओं पर भी विचार करने की अपेक्षा कर सकती थीं—

1. यदि यह स्वीकार कर लिया जाय कि मुस्लिम कानून में विवाह एक संविदा है, तो विवाह को भी संविदा की तरह आवश्यक रूप से लिखित एवं रजिस्टर्ड बनाने के लिए प्रावधान बनाया जाता और इस कारण ऐसे संविदा का खण्डन यानी विवाह-विच्छेद को भी लिखित रूप से आवश्यक किये जाने के सम्बन्ध में या एक पक्ष द्वारा वैवाहिक संविदा का एकपक्षीय खण्डन करने के कारण दूसरे पक्ष को होनेवाले नुकसान की भरपाई करने के सम्बन्ध में प्रावधान बनाया जाता।;
2. मुस्लिम कानून में विवाह के दौरान दो गवाह की उपस्थिति आवश्यक है। पति द्वारा तीन तलाक का दुरुपयोग न किया जा सके, इसके लिए संसद् द्वारा तीन तलाक के लिए दो गवाहों की उपस्थिति आवश्यक करने के सम्बन्ध में भी प्रावधान बनाया जाता, क्योंकि अधिकतम मामलों में मुस्लिम महिलाएँ मौखिक तीन तलाक से ही पीड़ित होकर भरण-पोषण की माँग करती हैं।;
3. 1986 के कानून में जब संसद् तीन तलाक को विवाह-विच्छेद की परिभाषा में शामिल करके इसे मान्यता देने जा रहा था, ऐसी स्थिति में इस देश की मुस्लिम महिलाओं को संसद् से उम्मीद थी कि वह इस कानून में यह भी प्रावधान बनाता कि पति द्वारा तीन तलाक देने के लिए उसी तरह कोई तार्किक आधार होना चाहिए, जिस तरह न्यायालय के माध्यम से होने वाले विवाह-विच्छेद के लिए आवश्यक होता है।;
4. 1986 के कानून में जब संसद् विवाह के समय तय किये गये मेहर को सम्पत्ति के रूप में उल्लेख करने जा रहा था, उसी समय इस देश की मुस्लिम महिलाओं को संसद् से उम्मीद थी कि इस कानून में यह भी प्रावधान बनाता कि विवाह के बाद दाम्पत्य जीवन के दौरान पति के साथ अर्जित की गयी सम्पत्ति में भी पत्नी समान हिस्सा पाने की अधिकारिणी होगी।; और
5. 1986 के कानून में जब संसद् विवाह के समय मित्रों एवं रिश्तेदारों के उपहार को सम्पत्ति के रूप में उल्लेख करने जा रहा था, उसी समय इस देश की मुस्लिम महिलाओं को संसद् से उम्मीद थी कि वह इस कानून में यह भी प्रावधान बनाता ताकि विवाह के समय महिला को पुत्री होने के नाते माँ-बाप की सम्पत्ति में पुत्रों के समान उत्तराधिकार में मिलने वाले हिस्से को भी सुरक्षित किया जा सके।

दुर्भाग्य से तत्कालीन संसद् को तलाकशुदा महिलाओं के उपर्युक्त मूलभूत अधिकारों से कुछ भी लेना-देना नहीं था। उसे तो वस्तुत: पुरुषप्रधान प्रवृत्ति का पोषण करना था और इस पोषण के बहाने अपनी सत्ता का संरक्षण करना था। बिडम्बना यह कि ये सब महिलाओं के अधिकार के नाम पर करना था। शाहबानो मामले के निर्णय के प्रभाव को समाप्त कर मुस्लिम धर्म के एक वर्ग को सन्तुष्ट करने के लिए संसद् द्वारा कानून— 'मुस्लिम महिला (तलाक पर अधिकारों का संरक्षण) अधिनियम, 1986' पारित कर दिया गया। इस कानून का विश्लेषण करना महत्त्वपूर्ण है।

तलाकोपरान्त भरण-भोषण कानून, 1986 की विसंगतियाँ

देश के संसदीय इतिहास में पहली बार 1986 के कानून की धारा 2 (क) के माध्यम से 'तलाकशुदा महिला' को परिभाषित करने के बहाने 'तीन तलाक' की व्यवस्था को कानूनी मान्यता प्रदान किया गया। इस धारा के अनुसार तलाकशुदा महिला वह है, जिसे मुस्लिम कानून के अन्तर्गत उसके पति द्वारा तलाक दे दिया गया हो। खुद को विश्व की सबसे बड़ी लोकतान्त्रिक संस्था होने का दावा करनेवाले इस देश की संसद् से मुस्लिम महिलाएँ यह उम्मीद कर सकतीं थीं कि जब वह इस कानून के माध्यम से तीन तलाक को मान्यता देने जा रहा था, तो उसे इसके साथ कुछ ऐसे सुरक्षात्मक उपाय वाले प्रावधान भी बनाया जाना चाहिए था ताकि तीन तलाक का दुरुपयोग न किया जा सके। जैसे बिना तार्किक कारण के तीन तलाक न लिया गया हो; नशे की हालत में या दबाव में या मानसिक अस्थिरता की स्थिति मे या क्रोध में या उकसावे में किये गये तलाक मान्य नहीं होंगा; निकाह की तरह तीन तलाक भी दो गवाहों की उपस्थिति में लिया गया हो; संविदा के स्वरूप वाले निकाह को खण्डित करने के लिए किया जाने वाला तलाक तो अवश्य ही लिखित होना चाहिए और एकपक्षीय खण्डन की स्थिति में दूसरे पक्ष को होनेवाले नुकसान की भरपाई किया जाना चाहिए। इस तरह के कुछ सुरक्षात्मक उपाय को स्वीकार करके संसद् मुस्लिम महिलाओं को तीन तलाक के दुरुपयोग से कुछ हद तक बचा सकता था। किन्तु दुर्भाग्य से तीन तलाक को कानूनी मान्यता देते समय संसद् द्वारा ऐसे सुरक्षात्मक उपायों पर चुप्पी साध ली गयी। 1986 के कानून में संसद् द्वारा तीन तलाक के साथ-साथ 'बच्चों का भरण-पोषण', 'मेहर', 'उपहार' जैसे विषय्र को भी छुआ गया है, किन्तु दुर्भाग्य से इन विषयों पर प्रावधान बनाते समय भी संसद् स्वयं को पुरुषप्रधान सोच से मुक्त नहीं कर सका।

1986 के इस कानून की धारा 3(1) के प्रावधान में कुल चार तरह की व्यवस्थाओं/सम्पत्तियों का वर्णन किया गया है, जिसको एक मुस्लिम महिला तलाक के बाद पाने की अधिकारी होती है। ये सम्पत्तियाँ निम्न हैं —

(क) अपने पूर्व पति द्वारा इद्दत अवधि के अन्दर बनाये गये एवं भुगतान किये गये उचित व न्याययुक्त व्यवस्था और भरण-पोषण;

(ख) जहाँ विवाह-विच्छेद के पूर्व या पश्चात् जन्म लिये बच्चे का वह स्वयं पालन-पोषण कर रही हो, तो ऐसे बच्चों के जन्म की तिथि से दो वर्ष की अवधि के लिए अपने पूर्व पति द्वारा बनाये गये एवं भुगतान किये गये उचित व न्याययुक्त व्यवस्था और भरण-पोषण;

(ग) मुस्लिम कानून के अनुसार अपने विवाह के समय या उसके बाद किसी समय, भुगतान के लिए तय किये गये मेहर या डॉवर के धन के बराबर की धनराशि; और

(घ) विवाह के पहले या विवाह के समय या विवाह के बाद उसे अपने रिश्तेदारों या मित्रों या पति या पति के किन्हीं रिश्तेदारों अथवा उसके मित्रों द्वारा दी गयी सारी सम्पत्तियाँ।

एक से चार तक उल्लिखित उपर्युक्त सम्पत्तियाँ सिर्फ गिनाने भर के लिए ही हैं। इन सभी सम्पत्तियों का यदि समग्रता व निष्पक्षता के साथ विश्लेषण किया जाय, तो शायद कोई विवेकशील व्यक्ति इन्हें स्थायी और सारभूत सम्पत्ति कह पायेगा। इनकी प्रकृति व विषय-वस्तु इतने अस्पष्ट और अस्थायी हैं कि शायद ही इन पर निर्भर होकर कोई व्यक्ति अपने जीवन का निर्वहन कर सकेगा। न केवल सैद्धान्तिक स्तर पर, बल्कि व्यावहारिक स्तर पर शायद ही इससे कमजोर कोई कानून हो, जिसे सम्पत्ति में अधिकार के नाम पर बनाया गया है। इसमें न तो विधिक आदर्श के तत्त्व हैं और न ही विधिक शास्ति के तत्त्व। इस कानून को यद्यपि तलाकशुदा मुस्लिम महिलाओं की सम्पत्ति व अधिकार के नाम पर बनाया गया है, किन्तु इनमें ऐसे कौन से सारभूत तत्त्व हैं, जिसके आधार पर इन सम्पत्तियों में कोई व्यक्ति अपने अधिकार का प्रयोग कर सकता है, इस सवाल का जवाब देना संसद् के लिए आसान नहीं होगा, खासतौर से तब जब इन सभी सम्पत्तियों को पाने के लिए सिर्फ और सिर्फ पति के रहमोकरम पर या दूसरे लोगों की मेहरबानी पर निर्भर रहना है या फिर दो-चार-दस हजार के मूल्यवाले मेहर और उपहारों के लिए तलाकशुदा महिला न्यायालयों के चक्कर लगाना है।

पैरा (क) का प्रावधान भरण-पोषण से सम्बन्धित विषय है, जिस पर विस्तार से चर्चा पुस्तक के अगले अध्याय 'भरण-पोषण' में किया जायेगा। यहाँ पर इस अध्याय के सन्दर्भ में इन चारों सम्पत्तियों का और इनके प्रभाव का अलग-अलग विश्लेषण संसद् की मन्शा को जानने के नजरिये से किया जाना समीचीन है।

सम्पत्ति सं० 1— पैरा (क) में तलाकशुदा मुस्लिम महिला के लिए जिस सम्पत्ति का उल्लेख किया गया है वह पूर्व पति द्वारा इद्दत अवधि के अन्दर बनाये गये एवं भुगतान किये गये उचित व न्याययुक्त व्यवस्था और भरण-पोषण है। इस कानून को बनाने के पीछे तत्कालीन नीति-निर्माताओं एवं संसद् का मुख्य आशय यह था कि तलाकशुदा मुस्लिम महिला को मिलनेवाले भरण-पोषण को इद्दत की अवधि तक सीमित करके शाहबानो-निर्णय को निष्प्रभावी कर दिया जाय और निर्णय का विरोध

कर रहे मुस्लिम धर्म के एक वर्ग को सन्तुष्ट किया जाय। इस कानून के लिए जिस विधेयक को तत्कालीन संसद् के समक्ष प्रस्तुत किया गया था, उसके उद्देश्य के प्रारम्भ में ही लिखा गया है कि 'मुस्लिम पति का तलाकशुदा पत्नी को भरण-पोषण देने के दायित्व के सम्बन्ध में शाहबानो मामले के निर्णय ने विवाद पैदा कर दिया है।' इसके बाद इस उद्देश्य के पहले पैराग्राफ में लिखा गया है कि मुस्लिम तलाकशुदा महिला अपने पूर्व-पति से इद्दत की अवधि में उचित व न्याययुक्त व्यवस्था और भरण-पोषण की अधिकारिणी होगी। इसी के साथ दूसरे पैराग्राफ में लिखा गया है कि जहाँ मुस्लिम तलाकशुदा महिला इद्दत की अवधि के बाद स्वयं का भरण-पोषण करने में अक्षम होती है, वहाँ मजिस्ट्रेट को शक्ति है कि वह ऐसे रिश्तेदार को उसका भरण-पोषण करने का आदेश करे जो मुस्लिम कानून के अनुसार उसकी सम्पत्ति का उत्तराधिकारी होता है और इस तरह की कोई अनुकूल स्थिति न होने पर मजिस्ट्रेट राज्य वक्फ बोर्ड को उसका भरण-पोषण करने का आदेश कर सकता है। इसी के अनुरूप 1986 के कानून में धारा 4 का प्रावधान भी बनाया गया है। संसद् के आशय और कानून के उद्देश्य से स्पष्ट है कि मुस्लिम पति द्वारा तलाकशुदा पत्नी को भरण-पोषण देने का दायित्व मात्र इद्दत की अवधि तक ही सीमित है। इस अवधि के बाद तलाकशुदा महिला के भरण-पोषण का दायित्व उस व्यक्ति पर होता है, जो उसकी सम्पत्ति का उत्तराधिकारी होता है और ऐसा न होने पर वक्फ बोर्ड पर होता है।

इस कानून की दूसरी महत्त्वपूर्ण बात यह है कि तलाकशुदा पत्नी के लिए जो भी उचित व न्याययुक्त व्यवस्था और भरण-पोषण होगा, वह पूर्व-पति द्वारा बनाया गया एवं भुगतान किया गया होगा। इस पैरा में 'बनाया गया' व 'भुगतान किया गया' शब्दों का जिस तरह प्रयोग किया गया है वह सबकुछ पूर्व-पति की इच्छा पर निर्भर कर देता है। किन्तु इसमें 'व्यवस्था' शब्द का प्रयोग करके संसद् ने भ्रम की स्थिति भी बनी रहने दी। तत्कालीन संसद् द्वारा जान-बूझकर इस शब्द का प्रयोग किया जाना प्रतीत होता है। शायद संसद् को पता था कि वह इस कानून के माध्यम से तलाकशुदा मुस्लिम महिलाओं के साथ न्याय नहीं करने जा रहा है। इसलिए उसने 'व्यवस्था' जैसे शब्द का प्रयोग करके महिलाओं के हक को समय के हवाले कर दिया। 15 वर्ष बाद कहीं जाकर डैनियल लतीफी मामले में सुप्रीम कोर्ट द्वारा इस शब्द की व्याख्या किया जा सका। लेकिन संसद् के नजरिये से देखें तो इस कानून के माध्यम से उसका व्यवहार तो तलाकशुदा मुस्लिम महिलाओं के साथ लुका-छिपी का खेल खेलने जैसा ही था। ऐसा लुका-छिपी का खेल, जिसमें साँप भी मर जाय और लाठी भी न टूटने पाये। मुस्लिम पुरुष समुदाय यह सोचकर खुश हो जाय कि उनका भरण-पोषण करने के दायित्व को इद्दत अवधि तक सीमित कर दिया गया है और 'व्यवस्था' के आधार पर मुस्लिम महिलाओं की न्याय पाने की उम्मीद भी बुझने न पाये।

तत्कालीन संसद् का यह दोहरा चरित्र उसकी गरिमा के अनुकूल कतई नहीं है। लेकिन यह एक सच्चाई है कि मुस्लिम महिला के अधिकार के सम्बन्ध में संसद् द्वारा

ऐसा दिखाया गया है। संसद् भले ही महिलाओं की वास्तविक सम्पत्तियों को घोषित करने में असहाय रही हो, किन्तु वह इस तरह की लुकाछिपी का खेल खेलने से बच सकती थी। 1986 के कानून के माध्यम से संसद् स्पष्ट कर सकती थी कि इस धारा में प्रयोग किये गये 'व्यवस्था' शब्द से उसका आशय क्या है; 'भरण-पोषण' तय करने का मापदण्ड क्या होगा; उचित एवं न्याययुक्त व्यवस्था के लिए मुस्लिम महिला को पूर्व-पति की विवेक एवं नैतिकता पर किस हद तक निर्भर रहना पड़ेगा? संसद् 'व्यवस्था' को स्पष्ट करके यह भी कह सकता था कि विवाह के बाद तलाक के समय तक पति के साथ अर्जित की गयी सम्पत्ति में पत्नी का आधा हिस्सा भी इसमें शामिल होगा। लेकिन ऐसा करने के बजाय सबकुछ पति की नैतिकता पर छोड़ना और सन्तुष्ट न होने पर इसे मुकदमेबाजी के भरोसे छोड़ना संसद् की महिला अधिकारों के प्रति संवेदनशीलता और विधि शासन के प्रति उसकी कटिबद्धता को सन्देह के घेरे में खड़ा कर देता है।

सम्पत्ति सं० 2— 1986 के कानून की धारा 3(1)(ख) के अन्तर्गत बच्चों की व्यवस्था और भरण-पोषण के नाम पर मिलनेवाली धनराशि को भी तलाकशुदा मुस्लिम महिला की सम्पत्ति या हक के साथ जोड़ दिया गया है। बच्चों के भरण-पोषण के नाम पर मिलनेवाली धनराशि को उसकी माँ की सम्पत्ति या हक में शामिल करना आँख में धूल झोकने जैसा है। एक बच्चा, जिसमें माता और पिता दोनों का अंश है, के प्रति पिता द्वारा निभाये जा रहे दायित्व को माता की सम्पत्ति में शामिल करना कहीं से भी उचित नहीं है। जिस तरह दो वर्ष की समयसीमा का जिक्र किया गया है, वह भी एक सभ्य एवं संवेदनशील समाज में शायद ही स्वीकरणीय हो। किन्तु तत्कालीन संसद् की संवेदना यह तय करते समय जरा-सा भी विचलित नहीं होता है कि एक तलाकशुदा मुस्लिम महिला की कोख से जन्मनेवाले बच्चे का भरण-पोषण करने के लिए उसके पिता का दायित्व मात्र दो वर्ष की अवधि के लिए होगा। एक अबोध बच्चे को धर्म के खाँचे में इस तरह बाँटना शायद हमारे संसद् के ही बस की बात है। संसद् की संवेदना मुस्लिम महिला क़ी कोख से पैदा होनेवाले बच्चे का भरण-पोषण करने के लिए 'अधिकतम दो वर्ष' की अवधि तो तय कर सकता है, लेकिन न्यूनतम धनराशि तय कर पाने में यही संसद् स्वयं को अक्षम व बेबस पाता है। मात्र उचित व न्याययुक्त कहकर अपने दायित्वों से इतिश्री कर लेता है और बाकी बातें बच्चे की माँ के पूर्व पति (इस कानून के अनुसार) के रहमोकरम पर या मुकदमेबाजी के भरोसे छोड़ देता है।

जन्म देने के बाद अपने बच्चे को स्तन का दूध पिलाकर इन्हें पालने, पोसने और बड़ा करनेवाली महिला को यदि सम्पत्ति में उसका वास्तविक अधिकार मिल जाय तो शायद ही उसे अपने पूर्व पति की या संसद् द्वारा पारित किसी कानून की ऐसी मेहरबानी की आवश्यकता पड़े। कम-से-कम अपने बच्चे के सन्दर्भ में तो बिल्कुल ही नहीं पड़ेगा। यह उस पुरुषप्रधान प्रवृत्ति से प्रभावित रहनेवाली समाज और कानून

की समस्या है कि वह एक पुरुष को दो वर्ष की अवधि तक उसके पिता होने का बोध कराये। वह तो माँ है और इसके लिए उसे ऐसे किसी समय का बन्धन स्वीकार नहीं हो सकता है। यह संसद् ही है, जो एक दुधमुँहे बच्चे की भरण-पोषण के प्रति पिता के दायित्व को एक समयसीमा में बाँध सकता है। कल्पना करें कि संसद् द्वारा पारित इस कानून को आदर्श स्थिति मानकर यदि एक महिला भी माँ होने के दायित्व को दो वर्ष तक के लिए सीमित कर दे तो उस बच्चे का क्या होगा? एक लोकतान्त्रिक देश के संसद् द्वारा पारित किये गये कानून का इससे अधिक निर्दयी चेहरा शायद ही कुछ हो।

1986 में कानून पारित करने के दौरान परिस्थितियाँ जो भी रही हों, किन्तु तत्कालीन संसद् को दो वर्ष की अवधि तय करने के दौरान इसके सामाजिक प्रभाव का आकलन अवश्य ही करना चाहिए था। उसे इस स्थिति का भी आकलन करना चाहिए था कि यह कानून तलाक की स्थिति में लागू होता है अर्थात् जब दाम्पत्य के दोनों पक्षों के बीच विवाद की स्थिति रहती है। इस कानून में 'दो वर्ष के लिए' शब्दावली का प्रयोग किया गया है। वह भी जन्म की तिथि से दो वर्ष के लिए ही बच्चों के भरण-पोषण व व्यवस्था के लिए तलाकशुदा महिला अपने पूर्व पति से कुछ पाने की अधिकारिणी होगी। अर्थात् यदि बच्चे की उम्र तलाक के समय एक वर्ष हो गया रहा हो, तो तलाक के बाद केवल एक वर्ष तक इस बच्चे का भरण-पोषण करने का दायित्व पिता पर होगा और यदि बच्चे की उम्र तलाक के समय दो वर्ष पूरा हो गया रहा हो, तो इस बच्चे का भरण-पोषण करने का कोई दायित्व पिता पर नहीं होगा। यानी तीन तलाक के बाद मुस्लिम महिला के समक्ष पैदा होनेवाली विपरीत परिस्थिति संसद् के लिए विचारणीय विषय नहीं है। तलाक के समय यदि बच्चा दो वर्ष का हो गया है, तो कितनी ही कठिन परिस्थिति बच्चे की माँ के समक्ष हो, इस कानून के अनुसार पिता का अपने बच्चे का भरण-पोषण करने का दायित्व नहीं रहता है।

इस तरह के कानून का पूर्व-पति द्वारा अपने हक में भी व्याख्या किया जा सकता है। मुस्लिम-कानून में यदि अपने सन्तान की दो वर्ष की उम्र के बाद भी पिता द्वारा भरण-पोषण करने के दायित्व से सम्बन्धित कोई व्यवस्था है तो कोई पिता 1986 के कानून के आधार पर इस व्यवस्था को मानने से इनकार कर सकता है। न्यायालय में भले ही दूसरी स्थिति हो, किन्तु सामाजिक स्तर पर तो कम-से-कम वह डंके की चोट पर कह सकता है कि संसद् द्वारा तय की गयी दो वर्ष की अवधि के बाद उसका बच्चे के प्रति कोई दायित्व नहीं रह जाता है। तलाकशुदा महिला भी यही समझेगी कि जब संसद्-निर्मित कानून ही ऐसा है, तो मुकदमे का क्या मतलब? किसी लोकतान्त्रिक देश के संसद् द्वारा बनाये गये कानून के कारण लोगों में इस तरह की सोच का जन्म लेना उस देश के लिए शर्मिन्दगी की बात हो सकती है। यह एक शोध का विषय हो सकता है कि इस कानून, खासतौर से दो वर्ष की सीमा-बन्धनवाले इस प्रावधान के कारण तलाकशुदा मुस्लिम महिला की कोख से जन्मनेवाले बच्चों के जीवन पर अभी

तक कितना नकारात्मक प्रभाव पड़ा है। किन्तु शायद संसद् यदि स्वयं के द्वारा बनाये जा रहे या बनाये गये या बनाये जानेवाले कानूनों के सामाजिक प्रभाव का आकलन कर पाती तो ऐसे कानूनों के कारण हमारा देश शर्मिन्दा होने से बच सकता है। किन्तु इसके लिए आवश्यक है कि हमारे नीति-निर्माताओं में संवेदनशीलता भी हो।

सम्पत्ति सं० 3—पैरा (ग) में तलाकशुदा मुस्लिम महिला के लिए तीसरी सम्पत्ति के रूप में जिसका उल्लेख है, वह पति द्वारा दी जानेवाली 'मेहर' की धनराशि है। कुछ मुस्लिम पति 'मेहर' को अपनी पत्नी के प्रति अन्तिम और एकमात्र दायित्व समझते हैं। किन्तु क्या मेहर का मूल्य इस स्तर का होता है कि कोई व्यक्ति इस पर आश्रित होकर अपना जीवन-निर्वहन कर सके? इस दृष्टि से निष्पक्षता के साथ विश्लेषण किया जाय तो इसका जवाब प्रत्येक बार 'नहीं' ही होगा। मेहर किस तरह ऐसा हो कि वह एक तलाकशुदा पत्नी के बाकी की जीवन के गुजारे के लिए पर्याप्त होगा, इसकी कोई स्पष्ट अवधारणा मुस्लिम कानून में भी नहीं है। विवाह के समय मेहर क्या होगा या यह कितने मूल्य का होगा, इसको तय करने में पत्नी की शायद ही कोई भूमिका या नियन्त्रण रहता है। मेहर के मामले में थोड़ी-सी भी जानकारी रखनेवाले लोगों को यह हकीकत अच्छी तरह पता होता है कि विवाह के समय शायद ही कोई लड़की मेहर के मूल्य को लेकर अपनी स्वतन्त्र सहमति देती है। उसे तो मेहर के इस तरह के प्रभाव के बारे में पता भी नहीं रहता है। वह तो ससुराल और पति के सम्बन्ध में दिखाये गये सपने में डूबी रहती है। उसे मेहर वगैरह पर शायद ही ध्यान रहता है। माँ-बाप एवं रिश्तेदारों ने जो तय कर दिया, वह हमेशा के लिए अन्तिम हो जाता है। इस सम्बन्ध में कोई लिखा-पढ़ी भी नहीं की जाती है और न ही इसका मूल्य या राशि तय करते समय कोई तार्किक पैमाना ही अपनाया जाता है। संसद् कानून बनाते समय कम-से-कम इस सम्बन्ध में प्रावधान बना सकता था कि मेहर की राशि को निर्धारित करने का तार्किक पैमाना क्या होगा और जो भी होगा उसे लिखा-पढ़ी में तय किया जायेगा। लेकिन इन सब पहलुओं पर सोचने के लिए तत्कालीन संसद् के पास न ही समय था और न ही संवेदनशीलता। क्योंकि उसके द्वारा इन सब पहलुओं पर विचार करके कानून बनाना पुरुषप्रधान सोच के खिलाफ साबित होता।

सम्पत्ति सं० 4— पैरा (घ) के अन्तर्गत तलाकशुदा मुस्लिम महिला की सम्पत्ति के नाम पर जिस चौथी सम्पत्ति को संसद् ने महत्त्व दिया है, वह वे सम्पत्तियाँ हैं, जो उसे विवाह के पूर्व या विवाह के समय या विवाह के बाद उसके रिश्तेदारों या मित्रों या पति द्वारा या पति के मित्र या रिश्तेदारों द्वारा दिया गया है। विवाह के निमित्त एक नात-रिश्तेदार या मित्र द्वारा फोटो-फ्रेम, दीवाल-घड़ी जैसी वस्तुएँ ही उपहार के रूप में दिये जाते हैं। ज्यादा कुछ हुआ तो चाँदी की पायल या बिछिया जैसे कुछ जेवर मिल जाते हैं। इनमें से ज्यादातर उपहार कुछ दिन बाद बेकार व मूल्यहीन हो जाते हैं। किसी नात-रिश्तेदार या मित्र द्वारा दी गयी इन उपहारों के भरोसे क्या किसी व्यक्ति का गुजारा हो सकता है। एक साधारण सोचवाले व्यक्ति से भी यदि यह सवाल पूछा

जाय तो उसका जवाब हमेशा 'नहीं' में ही होगा। किन्तु इस देश की संसद् को तलाकशुदा महिलाओं के सन्दर्भ में यह सम्पत्ति बहुत महत्त्वपूर्ण समझ में आया। विवाह के समय प्राप्त होनेवाले इन उपहारों का लिखित में कोई हिसाब-किताब भी नहीं होता है। मुस्लिम महिलाएँ संसद् से यह अपेक्षा कर सकती थीं कि वह इस कानून में ऐसा प्रावधान भी बनाती ताकि विवाह के निमित्त मिलने वाले समस्त उपहारों का लिखित दस्तावेज विवाह के समय हीं बनाया जा सके। मुस्लिम महिलाएँ तत्कालीन संसद् से यह भी अपेक्षा कर सकती थीं कि इस पैरा में उल्लिखित की गयी सम्पत्तियों के साथ माता-पिता से उत्तराधिकार में मिलनेवाली सम्पत्ति का भी जिक्र किया जाता। लेकिन ऐसा करने के लिए संसद् को निष्पक्ष होना पड़ता और स्वयं को पुरुषप्रधान प्रवृत्तिवाली पूर्वाग्रही सोच से बाहर निकालना पड़ता। किन्तु सवाल यह भी पैदा होता है कि यदि तत्कालीन संसद् इतना ही निष्पक्ष और स्वतन्त्र रहता, तो 1986 के कानून को बनाने की नौबत ही क्यों आती?

1986 के कानून की धारा 3(2) में यह भी प्रावधान है कि उक्त चारों सम्पत्तियों के सम्बन्ध में विवाद पैदा होने की स्थिति में तलाकशुदा महिला न्यायालय की शरण में जा सकती हैं। यह सही है कि प्रत्येक मामलों के तथ्य एवं परिस्थितियाँ अलग-अलग होती हैं और किसी तरह का विवाद पैदा होने पर इनका निस्तारण न्यायालय द्वारा ही किया जाता है। लेकिन कुछ विषय ऐसे होते हैं, जिसे यदि कानून में ही स्पष्ट कर दिया जाय तो पक्षकार को न्यायालय जाने की आवश्यकता ही नहीं रह जायेगी। कानून की अस्पष्टता के कारण पक्षकार द्वारा न्याय प्राप्त करना और न्यायालय को न्याय प्रदान करना दोनों विषय मुकदमेबाजी का विषय बन जाता है। दुर्भाग्य से, जाने-अनजाने संसद् ने तलाकशुदा मुस्लिम महिलाओं के अधिकार के सम्बन्ध में कुछ ऐसा ही करने का प्रयास किया है, ताकि इनका अधिकार या तो पूर्व-पति की नैतिकता के अधीन रहे या फिर न्यायिक तन्त्र की क्षमता एवं कौशल के अधीन। पूव पति द्वारा भरण-पोषण न दिये जाने से पीड़ित महिलाओं में से कुछ ही, शायद 8-10 प्रतिशत से ज्यादा नहीं, न्यायालय का दरवाजा खटखटा पातीं हैं। बाकी तो घुटन एवं उम्मीद में ही अपना जीवन खपा देती हैं। सम्पत्ति में अधिकार के बिना ये महिलाएँ बेसहारा होती हैं और इस उम्मीद में कि एक दिन उसके पति द्वारा उसे अवश्य ही अपना लिया जायेगा, वे मुकदमेबाजी जैसी पीड़ादायक प्रक्रिया से स्वयं को अलग करके रखती हैं। जो कुछ थोड़ी-सी महिलाएँ न्यायालय तक पहुँचने की हिम्मत कर पाती हैं, उन्हें भी न्याय की उम्मीद में जीवन के एक बड़े भाग को खपाना पड़ता है।

छद्म किस्म की उक्त चारों सम्पत्तियों के स्थान पर संसद् यदि सिर्फ दो वास्तविक सम्पत्तियों— माँ-बाप की सम्पत्ति में पुत्रों के समान उत्तराधिकार से मिलनेवाली सम्पत्ति और विवाहोपरान्त दाम्पत्य जीवन के दौरान पति के साथ अर्जित की गयी सम्पत्ति में बराबर का अंश— का इस प्रावधान में उल्लेख कर दिया होता, तो शायद

न तो किसी 'व्यवस्था' की आवश्यकता होती और न ही किसी 'भरण-पोषण' या 'मेहर' से सम्बन्धित प्रावधान बनाने की ही आवश्यकता होती। ऐसा भी नहीं है कि इन दोनों सम्पत्तियों में महिलाओं का अधिकार विधिशास्त्र के लिए कोई नयी बात हो। बहुत सारे मुस्लिम देशों में पुरुषों के समान महिलाओं के इन दोनों अधिकारों को मान्यता दी गयी है। टर्की सिविल संहिता के अन्तर्गत वहाँ के सभी नागरिकों, जिसमें 95-97 प्रतिशत मुस्लिम धर्म के अनुयायी हैं, को ये दोनों अधिकार बिना किसी लिंगभेद के प्राप्त है। मात्र 'तलाकशुदा मुस्लिम महिला' के सन्दर्भ में ही नहीं, मात्र 'मुस्लिम महिला' के सन्दर्भ में ही नहीं या मात्र किसी 'सामान्य महिला' के सन्दर्भ में ही नहीं, बल्कि किसी भी व्यक्ति के सन्दर्भ में ये सम्पत्तियाँ वास्तविक अधिकारवाली सम्पत्ति होती हैं, जिसको समानता के साथ धर्मनिरपेक्ष और लिंग-निरपेक्ष होकर लागू किया जाना चाहिए था। किन्तु इसके लिए निष्पक्षता और व्यापक सोच रखने के साथ-साथ आत्मबल की भी आवश्यकता होती, जिसे दुर्भाग्य से 1986 का कानून पारित करते समय संसद् द्वारा नहीं दिखाया जा सका।

वर्ष 1986 का कानून पारित करने के पूर्व 36 वर्ष के संविधानोत्तर काल में या इस कानून के बाद इन 32 वर्ष की अवधि के दौरान कितनी महिलाओं को तीन तलाक के कोपभाजन का शिकार बनना पड़ा है और इस कोपभाजन के बाद भरण-पोषण न मिल पाने के कारण इन महिलाओं का जीवन कितना और किस स्तर पर प्रभावित हुआ है, इन आँकड़ों को एकत्रित कर इनका विश्लेषण करना अनुसंधान का विषय है। 1986 का कानून पारित करते समय संसद् को पिछले 36 वर्षों के आँकड़ों को एकत्रित कर विश्लेषण करना चाहिए था। किन्तु संसद् द्वारा जिस तरह से जल्दीबाजी में इस कानून को पारित किया गया, उसको देखते हुए इस तरह के विश्लेषण करने की सम्भावना बिल्कुल क्षीण नजर आती है। यदि संसद् के पास समय होता तो भी उसके द्वारा इन आँकड़ों को एकत्रित कर इनके प्रभावों की समीक्षा की जाती, इसकी भी सम्भावना नहीं के बराबर है। क्योंकि ऐसे कार्य को सम्पादित करने के लिए तत्कालीन संसद् को पुरुषप्रधान सोच के पक्ष में पूर्वाग्रही होने से खुद को मुक्त करना पड़ता और जिस आशय से इस कानून को पारित किया गया, उसे देखते हुए तत्कालीन संसद् द्वारा ऐसा किया जाना सम्भव ही नहीं था।

(उपर्युक्त शीर्षक 'भरण-पोषण कानून, 1986 की विसंगतियाँ' लेखक अनूप बरनवाल की पुस्तक 'भारतीय सिविल संहिता के सिद्धान्त : अनुच्छेद 44 के क्रियान्वयन के अनुक्रम में' का अंश है।)

संसद् द्वारा 1986 का कानून पारित किये जाने के बाद एक बार फिर मुस्लिम तलाकशुदा महिलाएँ भरण-पोषण का अधिकार पाने की लड़ाई में पीछे ढकेल दी गयीं। इस कानून के माध्यम से दो खास तथ्य निकलकर आते हैं। पहला यह कि मुस्लिम व्यक्तिगत कानून में मान्य 'पति द्वारा तीन तलाक देने के अधिकार' को देश के संसदीय इतिहास में पहली बार मान्यता प्रदान किया गया और दूसरा यह कि इस

कानून के माध्यम से यह सन्देश देने का प्रयास किया गया कि इद्‌दत की अवधि तक ही तलाकशुदा मुस्लिम महिला को भरण-पोषण पाने का अधिकार है और वह भी उतना ही जितना कि पूर्व पति द्वारा उचित व न्याययुक्त बनाया गया व भुगतान किया गया है। तीन तलाक से पीड़ित उन मुस्लिम महिलाओं के लिए, जिन्होंने पति के साथ घर बसाने के लिये माँ-बाप की सम्पत्ति से खुद को अलग कर लिया और कभी भी अपनी स्वतन्त्र आय के स्रोत को विकसित करने की परवाह नहीं की, के लिए यह कानून पहाड़ टूटने से कम नहीं था।

किन्तु 15 वर्ष बाद एक बार फिर इन पीड़ित एवं अक्षम् महिलाओं को उम्मीद की किरण दिखायी दी, जब सुप्रीम कोर्ट द्वारा डैनियल लतीफी मामले (2001) में दिये गये निर्णय में 1986 के कानून की धारा 3 के प्रावधान की व्याख्या तलाकशुदा मुस्लिम महिलाओं के पक्ष में कर दिया गया। सुप्रीम कोर्ट के पाँच न्यायाधीशों की संविधानिक पीठ ने अपने निर्णय के पैरा 29 में धारा 3 के प्रावधान को स्पष्ट करते हुए अभिनिर्धारित किया—

> "... अधिनियम की धारा 3 के शब्द प्रकट करते हैं कि पति के दो अलग-अलग दायित्व हैं : (1) अपनी तलाकशुदा पत्नी के लिए उचित व न्याययुक्त व्यवस्था बनाना और (2) उसके लिए भरण-पोषण प्रदान करना। इस धारा की विशिष्टता ऐसी व्यवस्था या भरण-पोषण की प्रकृति एवं अवधि पर जोर देना नहीं है, बल्कि उस समय पर है, जिसके अन्दर पति को व्यवस्था और भरण-पोषण के भुगतान का प्रबन्ध पूरा कर लेना चाहिए और यह समय है इद्‌दत की अवधि। यदि प्रावधान को इस रूप में पढ़े, तो यह अधिनियम ऐसे पुरुष को इद्‌दतोपरान्त भरण-पोषण के दायित्व से मुक्त कर देता है, जिसने पहले ही मेहर व दहेज के अलावा 'उचित व न्याययुक्त व्यवस्था' और 'भरण-पोषण' की जिम्मेदारी को पत्नी को एकमुश्त रकम देकर निभा लिया है। संक्षेप में जो विषय शाहबानो के मामले में विचार के लिए आया था कि तब भी जब उसने आधी शताब्दी पूर्व तय किये गये मेहर और इद्‌दत अवधि के दौरान भरण-पोषण की धनराशि का भुगतान कर दिया है किन्तु चूँकि पति ने तलाकशुदा पत्नी के लिए 'उचित व न्याययुक्त व्यवस्था' नहीं बनाया है इसलिए उसे सी.आर.पी.सी. की धारा 125 के अन्तर्गत अपनी पत्नी को प्रत्येक महीने एक निश्चित धनराशि का भुगतान करने का आदेश दिया गया। कानून बनाते समय संसद् के समक्ष यह स्थिति स्पष्ट थी किन्तु फिर भी अधिनियम की धारा 3 (1) (क) के अन्तर्गत 'उचित व न्याययुक्त व्यवस्था और भरण-पोषण को बनाने एवं भुगतान करने' के सम्बन्ध में प्रावधान बनाया गया और यह विचार बिल्कुल अलग विषय है।"

इसी मामले में सुप्रीम कोर्ट ने अपने निर्णय के पैराग्राफ सं. 30 और 31 में यह भी अभिनिर्धारित किया कि भरण-पोषण अधिनियम की धारा 3 और 4 का अपराध प्रक्रिया संहिता की धारा 125 से तुलना करने पर यह स्पष्ट हो जाता है कि धारा 125

की आवश्यकता, उद्देश्य और क्षेत्र यह है कि एक व्यक्ति के आवारागर्दी को रोककर उसे उन लोगों का सहयोग करने के लिए बाध्य करना है जो अपना सहयोग करने में अक्षम हैं और जो सामान्य व न्यायोचित परिस्थितियों में सहयोग पाने का अधिकार रखते हैं। यदि ऐसा है, तो याचिकाकर्त्ता का यह बहस कि इस अधिनियम के अन्तर्गत एक दूसरी व्यवस्था बनायी गयी है जो अपराध प्रक्रिया संहिता में दी गयी व्यवस्था के समान एवं ज्यादा लाभकारी है और इसलिए ऐसा करना उनके अधिकार को समाप्त करता है, महत्त्वहीन हो जाता है। ... यहाँ तक कि पक्षकार सहमत हैं कि अधिनियम के अन्तर्गत अपराध प्रक्रिया संहिता की धारा 125 का प्रावधान आकर्षित होगा और इसके बावजूद मजिस्ट्रेट को उचित व्यवस्था बनाने के सम्बन्ध में शक्ति प्रदान की गयी है और इसलिए जिसे एक मजिस्ट्रेट धारा 125 के अन्तर्गत कर सकता था, उसे अब वह इस अधिनियम के अन्तर्गत करेगा।

वर्ष 2001 में डैनियल लतीफी का निर्णय आ जाने के बाद भी सुप्रीम कोर्ट के समक्ष भरण-पोषण को लेकर तमाम दूसरे मामले आते रहे हैं। वर्ष 2002 में साबरा शमीम, वर्ष 2007 में इकबाल बानो, वष 2015 में शमीमा फारुकी जैसे कुछ मामलों का यहाँ दृष्टान्त दिया जा सकता है। साबरा शमीम का मामला वर्ष 1982 से 2002 तक अर्थात् 20 वर्षों तक, इकबाल बानो का मामला भी 1992 से 2007 तक अर्थात् 15 वर्षों तक और शमीमा फारुकी का मामला वर्ष 1992 से 2015 तक अर्थात् 23 वर्षों तक पीड़ित महिलाओं द्वारा लड़ा गया था। यहाँ यह भी जानना रोचक है कि इन तीनों ही मामलों में सुप्रीम कोर्ट द्वारा हाईकोर्ट के आदेश को रद्द किया गया था अर्थात् इन मामलों में पारित हाईकोर्ट का निर्णय पीड़ित महिलाओं के खिलाफ था, जिसे सुप्रीम कोर्ट द्वारा न्यायोचित नहीं पाया गया। ये मामले यह सिद्ध करने के लिए पर्याप्त हैं कि अस्पष्ट कानून के कारण लोगों को किस तरह न्यायालयों में आकर अलग-अलग मुकदमें लड़ने पड़ते हैं और न्यायालयों को भी तमाम तरह की समस्या का सामना करना पड़ता है। संसद् द्वारा पारित 1986 का कानून इसी का एक उदाहरण है।

साबरा शमीम के मामले में हाईकोर्ट ने यह अभिनिर्धारित किया था कि 1986 के अधिनियम के अन्तर्गत तलाकशुदा महिलाओं को मात्र इद्दत-अवधि तक ही भरण-पोषण पाने का अधिकार है। हाईकोर्ट के इस आदेश को सुप्रीम कोर्ट द्वारा डैनियल लतीफी के निर्णय के आधार पर निरस्त कर दिया गया। इस मामले में साबरा शमीम को अपने भरण-पोषण के अधिकार के लिए 20 वर्षों तक लड़ना पड़ा, तब जाकर कहीं उसे न्याय मिल पाया। यदि वह हाईकोर्ट के आदेश के खिलाफ सुप्रीम कोर्ट का दरवाजा नहीं खटखटा पाती तो हाईकोर्ट का आदेश अन्तिम हो जाता और तब इसी तन्त्र में न्याय का मतलब बिलकुल अलग होता। देश भर में ऐसी न जाने कितनी महिलाएँ होंगी, जो हाईकोर्ट तक बमुश्किल पहुँच पाती हैं, सुप्रीम कोर्ट तक पहुँचना तो बहुत दूर की बात होती है। शायद ही हमारे तन्त्र के पास इसका कोई आँकड़ा हो

कि भारत में कितनी तलाकशुदा महिला को मात्र सुप्रीम कोर्ट में अपील न कर पाने के कारण भरण-पोषण से वंचित होना पड़ा है।

1986 के कानून की अस्पष्टता के कारण जब हाईकोर्ट स्तर की न्यायिक संस्था तलाकशुदा महिलाओं को इद्दत के बाद पति से भरण-पोषण पाने के अधिकार को अस्वीकार कर सकता है तो न जाने ऐसे कितने मामले होंगे जिसमें पूर्व-पतियों द्वारा इस संसदीय कानून का हवाला देकर इद्दत के बाद अक्षम तलाकशुदा महिलाओं को भरण-पोषण देने से मना किया गया होगा और न जाने कितनी मजबूर महिलाएँ इस कानून के कारण न्यायालय की शरण में जाने की हिम्मत नहीं जुटा पायी होंगी। शायद ही हमारे तन्त्र के पास ऐसी महिलाओं के बारे में कोई आकड़ा हो, जिन्हें इस कानून के कारण उपजे निराशा के कारण भरण-पोषण पाने के अधिकार से वंचित होना पड़ा है।

डैनियल लतीफी (2001) का मामला हो या साबरा शमीम (2002) का मामला या इकबाल बानो (2007) का मामला या शमीमा फारुकी (2015) का मामला, सुप्रीम कोर्ट तक पहुँचनेवाले ऐसे मामलों की एक श्रृंखला है। मुस्लिम महिलाओं द्वारा दाखिल इन सभी मामलों में कमोबेश एक ही तरह के तथ्य होते हैं— पति ने 'तलाक-तलाक-तलाक' बोला, इद्दत की अवधि बीत जाने दिया, मेहर का भुगतान किया और बेबस व असहाय पत्नी को अलग-थलग करके खुद को सभी वैवाहिक दायित्वों से आजाद कर लिया। इस तरह के हजारों विवाद पैदा होती रहीं हैं। इन हजारों विवादों में से एकाध विवाद ही सुप्रीम कोर्ट से तय होकर पीड़िताओं को न्याय मिल पाते हैं। ये मामले तो कुछ दृष्टान्त-भर हैं।

भले ही सुप्रीम कोर्ट के निर्णय की वजह से मुस्लिम महिलाओं को तीन तलाक उपरान्त भरण-पोषण पाने का अधिकार प्राप्त हो गया हो और वे इस सम्बन्ध में देश की दूसरे अन्य धर्म की महिलाओं के साथ बराबरी पर आ गयी हों, किन्तु इसकी उपेक्षा नहीं की जा सकती है कि आखिर क्यों मानवता से जुड़े मसलों को लेकर हमारे कुछ मुस्लिम भाई, खासतौर से मुस्लिम धर्मगुरु, शरीयत को लेकर बीच में आ जाते हैं? जब तीन तलाक जैसे अमानवीय प्रथा के खिलाफ कोई बात की जाती है तो मकसद सिर्फ इतना होता है कि मुस्लिम महिलाओं के इन्सानी जज्बे का सम्मान किया जाय या जब तलाकुशदा महिलाओं को भरण-पोषण देने की बात की जाती है तो मकसद सिर्फ इतना होता है कि सम्पत्ति में बराबरी का हिस्सा पाने से वंचित कर दी गयी महिलाओं को, खासतौर से जिस तरह उन्हें शादी के बाद अपने माँ-बाप की सम्पत्ति एवं व्यवसाय का त्याग केवल दाम्पत्य जीवन बसाने के लिए करना पडता है, उनके जीवन के आधारभूत मानवीय आवश्यकताओं से वंचित न रहना पड़े। किन्तु ये लोग शरीयत को इस तरह पेश करते हैं जैसे यह मानवता के खिलाफ शिक्षा देता है। पुरातन विश्व के सबसे दकियानूसी एवं झगड़ालू मानी जानेवाले अरबी-समाज में

सबसे अधिक सामाजिक सुधार और वैचारिक परिवर्तन आ सका है, तो इसका सबसे अधिक श्रेय पवित्र 'कुरान' को जाता है। किन्तु जाने-अनजाने इस पवित्र कुरान के बारे में ऐसी धारणा बनाने का प्रयास किया जाता है, जैसे यह सुधार-रोधी है। स्वयं कुरान का उद्भव समय-परिवर्तन के कारण असम्यक् हो चुकी परम्पराओं में सुधार करके ही हुआ था। इसे इस तरह नहीं प्रस्तुत किया जाना चाहिए जैसे कि यह पवित्र पुस्तक खुद मुस्लिम महिलाओं के इन्सानी जज्बात का खयाल नहीं रखनेवाला पुस्तक है।

●

7

तीन तलाक और सम्पत्ति का अधिकार

1937 में उपजे धर्म-आधारित कानूनवाली दुराग्रही सोच का संविधान लागू होने के बाद भी बने रहने का सबसे अधिक दन्श महिलाओं को सहना पड़ा है। आज भी यदि महिलाएँ सम्पत्ति में बराबरी के हक से वंचित हैं, तो इसका सबसे प्रमुख कारण उत्तराधिकार के नियमों का धर्म-आधारित बने रहना है। धार्मिक अधिकारों को सुरक्षित करने की आड़ में हमने ऐसे धर्मों को सुरक्षा कवच पहना रखे हैं, जो हमेशा से महिलाओं को सम्पत्ति में बराबरी के हक से वंचित रखते रहे हैं। यदि एक समाज का पुरुषप्रधान होना विसंगति है, तो इस विसंगति की मूल उपज इन धर्मों द्वारा महिलाओं को सम्पत्ति में बराबरी का हक देने से वंचित किये रखना है। संविधान लागू होने के बाद उत्तराधिकार जैसे विषय को धर्म के भरोसे छोड़कर इस देश ने बहुत खतरा मोल लिया है। किन्तु सवाल यह है कि इस खतरे को पुरुष वर्ग द्वारा नहीं समझा जाना है और जिन महिलाओं द्वारा इस खतरे को समझा जाना है, उनके आँख पर धर्म की पट्टी इस तरह बाँध दी गयी है कि वे अपने हितों के विरुद्ध राजस्थान के झुंझनू में तीन तलाक कानून के खिलाफ और आसमानी कानून के पक्ष में शामिल होने में गर्व महसूस करती हैं। इसलिए 'राज्य' की प्रासंगिकता और विधिशास्त्री जॅस्टस एच. बॉहमर द्वारा प्रतिपादित 'राज्याधिधर्मतन्त्र के सिद्धान्त (Doctrine of Caesaropapism)' का महत्त्व बढ़ जाता है।

यद्यपि तीन तलाक का प्रचलन केवल इस्लाम धर्म के एक वर्ग में प्रचलित है, किन्तु इसे दूसरे धर्मों के उस सोच का भी किसी-न-किसी रूप में समर्थन हासिल रहता है, जो समाज में पुरुषप्रधान व्यवस्था को बनाये रखने के हिमायती होते हैं। तीन तलाक की प्रथा के पीछे की मूल सोच महिलाओं की सम्पत्ति में अधिकार के सम्बन्ध में लाचार कानूनी एवं सामाजिक स्थिति का नाजायज फायदा उठाना रहता है। यदि एक पति को पता हो कि उसकी पत्नी अपने माता-पिता की सम्पत्ति में बराबर का हक अपने पास रखती है या विवाह के बाद जो भी सम्पत्ति अर्जित की गयी है, उसमें उसकी पत्नी का भी बराबर का हक है, तो वह तीन तलाक देने के

पहले हजार बार सोचेगा। फिर भी यदि पति किसी कारण से नहीं सोचने की स्थिति में है तो सम्पत्ति में बराबरी के हक से महिला को मिलनेवाला सम्बल तीन तलाक के बाद मिलनेवाली दुशवारियों से निपटने में अवश्य ही मदद करेगा। किन्तु ऐसा नहीं होता है। मुस्लिम कानून में मेहर की अवधारणा को मान्यता देकर सम्पत्ति के इन मूलभूत अधिकारों को इस तरह आच्छादित कर दिया जाता है कि ये महिलाएँ सम्पत्ति की अधिकारिणी होने के बजाय खुद ही सम्पत्ति हो जाती हैं। महिलाओं को सम्पत्ति में बराबरी का हक देने की कसौटी पर भारत में प्रचलित लगभग सभी धर्म असफल साबित होते हैं। थोड़ा कम या ज्यादा सभी धर्मों ने सम्पत्ति के अधिकार को लेकर महिलाओं के साथ दोहरा रवैया अपनाया हुआ है। दुर्भाग्य से भारतीय कानून भी इस दोहरे रवैये को लेकर खामोश है।

तीन तलाक और मेहर

मुस्लिम कानून में मेहर वह सम्पत्ति है जो विवाह के समय पति द्वारा पत्नी को विवाह के बदले दिया जाता है या देने का वादा किया जाता है। पहले यह अरब समाज में प्रचलित 'बाल' प्रकार के विवाह में पति द्वारा लड़की के माता-पिता को कन्या के वियोग के प्रतिकर के रूप में दिया जाता था। बाद में मुस्लिम कानून में इसे पत्नी को देय बना दिया गया। पैगम्बर मोहम्मद साहब द्वारा मेहर की यह व्यवस्था महिलाओं की आर्थिक स्थिति को सुधारने के लिए बनाया गया था।

मेहर सामान्यतया दो भागों में देय होता है। एक 'मेहर मुअज्जल' के रूप में तुरन्त दिया जाता है और दूसरा 'मेहर मुवज्जल' के रूप में विवाह के विघटन होने पर देय होता है। मेहर विवाह का आवश्यक अंग है। इसलिए यदि विवाह के समय इसका जिक्र न भी किया गया हो तो भी कानून द्वारा इसकी पूर्वधारणा कर ली जाती है।

मेहर विवाह रूपी संविदा का प्रतिफल है या इसके अलावा कुछ और, इस पर अलग-अलग मुस्लिम विद्वानों के अलग-अलग विचार हैं। न्यायमूर्ति महमूद ने अब्दुल कादीर बनाम सलीमा के मामले (1886) में मेहर को विवाह रूपी संविदा का प्रतिकर बताया है। सुब्रानिसा मामले (1934) में न्यायमूर्ति मित्तर ने यहाँ तक कहा है कि मुस्लिम कानून के अन्तर्गत विवाह की संविदा में पत्नी एक सम्पत्ति है और मेहर उसका मूल्य। इसके विपरीत प्रसिद्ध इस्लामिक विद्वान् अब्दुर्रहीम के अनुसार 'मेहर वैवाहिक संविदा का प्रतिफल नहीं है, बल्कि वह पति पर मुस्लिम विधि द्वारा आरोपित एक कर्त्तव्य है जिसे पत्नी के सम्मान के प्रतीक के रूप में पति पूरा करने के लिए बाध्य रहता है।'

मेहर का उद्देश्य जो कुछ भी हो, किन्तु इसका प्रभाव यही होता है कि मुस्लिम महिलाएँ विवाह के दौरान मेहर लेने या लिये जाने के वादे के बाद नैतिक रूप से कमजोर हो जाती हैं। यह उन्हें आत्मबल देनेवाला सम्पत्ति नहीं, बल्कि

आत्महीन बनानेवाला सम्पत्ति होता साबित है। मेहर के कारण पति भी पत्नी को सम्पत्ति की तरह प्रयोग करने के लिए अपने को अधिकारयुक्त समझने लगता है। इसी ओर इशारा करते हुए कुरान के सुरेह निसा का अयात 34 कहता है —

> 'पति पत्नियों के संरक्षक और निगराँ है क्योंकि अल्लाह ने उनमें से कुछ को कुछ के मुकाबले में आगे रखा है और इसलिए भी कि पतियों ने अपने माल खर्च किये हैं, तो नेक पत्नियाँ तो आज्ञा पालन करनेवाली होती हैं और गुप्त बातों की रक्षा करती हैं, क्योंकि अल्लाह ने उनकी रक्षा की है और जो पत्नियाँ ऐसी हों, जिनकी सरकशी का तुम्हें भय हो, उन्हें समझाओ और बिस्तरों में उन्हें अकेली छोड़ दो और अति आवश्यक हो तो उन्हें मारो भी। फिर यदि वे तुम्हारी बात मानने लगें, तो उनके विरुद्ध कोई रास्ता न ढूँढ़ो। अल्लाह सबसे उच्च, सबसे बड़ा है।'

यह अवधारणा कि विवाह के समय महिला एक सम्पत्ति होती है या दया की पात्र होती हैं, इसलिए इसके बदले उन्हें मेहर दिया जाता है, तभी मान्य हो सकता है जब पुरुषप्रधान प्रवृत्ति को एकपक्षीय मान्यता दिया जाय। किन्तु संयोग से भारत एक लोकतान्त्रिक देश है। इसलिए यदि उक्त अवधारणा को मान्य किया जाता है तो ऐसी भी स्थिति आ सकती है कि कोई क्षमतावान् महिला यह दावा करने लगे कि उसके विवाह के समय पुरुष को सम्पत्ति माना जाय और वह इसके बदले में पुरुष को प्रतिफल देने के लिए तैयार है। किन्तु सम्भवत: ऐसा नहीं हो पायेगा क्योंकि इस तरह का दावा करते समय महिलाओं की नैतिकता उनके आड़े आ जायेगी। किन्तु पुरुषप्रधान समाज द्वारा बनायी गयी व्यवस्था में नैतिकता मायने नहीं रखती है। बावजूद इसके, किसी भी रूप में प्रतिफल के बदले विवाह की अवधारणा को आदर्श नहीं माना जा सकता है। ऐसी स्थिति से बचने के लिए यह स्पष्ट करना आवश्यक है कि विवाह के दौरान न तो महिला को सम्पत्ति माना जाय और न ही पुरुष को सम्पत्ति माने जाने का हालात बनाया जाय। इसलिए प्रतिफल के बदले विवाह की अवधारणा को खारिज करना उचित है।

महिलाओं को उनकी सम्पत्ति के अधिकार से वंचित रखने में यदि यह समाज सफल हुआ है, तो इसमें सबसे बड़ी भूमिका विवाह जैसी संस्था की है। विवाह हेतु रिश्ता तय करने से लेकर वैवाहिक विदाई तक ऐसा शमाँ बना दिया जाता है कि एक लड़की को पता ही नहीं चल पाता है कि माता-पिता के घर से उसके शरीर की ही विदाई नहीं हो रही है, बल्कि उसके शरीर से उसके वजूद की भी विदाई की जा रही है। एक महिला के जीवन के साथ घटित होनेवाले इस बदलाव को शहनाई और बैण्ड-बाजे की आवाजों में दबा दिया जाता है और वजूद से उखड़ने के बाद स्त्री अपना शरीर लेकर उस जगह पहुँच जाती है, जहाँ सब-कुछ दूसरों के रहमोकरम पर निर्भर रहता है। विवाह में रस्म-रिवाज, शान-शौकत, शोर-शराबे, बैण्ड-बाजे, खाने-खिलाने, पीने-पिलाने और दहेज के नाम पर जो

भी खर्च किये जाते हैं, वह कुछ और नहीं महिला की माँ-बाप की सम्पत्ति में उसके हक के एवज में किया जाता है। विवाह के उत्साह में बेटी की समझ यहाँ तक नहीं पहुँच पाती है कि विवाह के नाम पर जो ढोल-तासे बज रहे हैं, खाना-पीना हो रहा है, झालर-फूल सजाये जा रहे हैं, वह उसके अधिकार के एवज में किया जा रहा है। उत्साह में उसे पता भी नहीं चल पाता है कि निकाह कबूल करने के साथ ही वह अपने मूल हक से मरहूम होने जा रही है। पतिव्रता की जिम्मेदारी के साथ उसे अपने पैतृक-अस्तित्व को खत्म करना पड़ता है और ससुराल में सपनों की हवाईमहल के तले उसे अपनी महात्वाकांक्षाओं को दबा देने के लिए तैयार होना पड़ता है। इन सब त्याग के बाद बच्चे पैदा करना और यदि लड़का न पैदा हो सका, तो इसकी जिम्मेदारी खुद पर लेने के लिए तैयार रहना और इन सबके बीच यदि पति और ससुराल पक्ष से तालमेल नहीं हो पाया तो औने-पौने मूल्य के मेहर के भरोसे जीवन को खपा देने की चुनौती का सामना करने के लिए तैयार रहना पड़ता है। मायकेवालों में भी यही सोच बनी रहती है कि बहन, बेटी का जो भी हिस्सा रहा है, उसे उसकी शादी के समय खर्च कर दिया गया है।

आरम्भ में विवाह एक 'संस्कारयुक्त संविदा' होता है किन्तु समय एवं प्रगाढ़ता बढ़ने के साथ यही संविदा आत्मीय सम्बन्ध में बदल जाता है। पुरुष और स्त्री के मध्य वैवाहिक-संविदा का आत्मीय सम्बन्ध में परिवर्तन ही विवाह जैसी संस्था का वास्तविक लक्ष्य होता है। आत्मीय सम्बन्ध बनने के बाद न तो कुछ पतिं का होता है और न ही कुछ पत्नी का, बल्कि दोनों का हो जाता है। किन्तु विवाह के बाद आत्मीय सम्बन्ध बनने तक एक पत्नी की सम्पत्ति में अधिकार सुरक्षित बने रहना चाहिए। यदि आत्मीय सम्बन्ध बनने के लक्ष्य में भटकाव होता है या सम्बन्ध में किसी तरह की खटास आती है तो महिला को विवाह पूर्व पैतृक सम्पत्ति और विवाह पश्चांत पति के साथ अर्जित दाम्पत्य सम्पत्ति में बराबरी का अधिकार मिलना ही चाहिए। इस अधिकार के बजाय मेहर की अवधारणा महिलाओं के लिए छलावा जैसा है, छलावा के अलावा कुछ नहीं है।

यह कहा जाता है कि इस तरह की व्यवस्था शान्तिमय परिवार के लिए उचित है। इस तर्क में दम हो सकता है क्योंकि ज़ब आप पत्नी को अधिकारों से विहीन कर देते हैं, तो वह खुलकर सामने नहीं आ पायेगी और जब ऐसा नहीं हो पायेगा तो परिवार में शान्ति बनी रहेगी। किन्तु क्या ऐसी अवधारणा को आधुनिक समय में स्वीकार किया जा सकता है? और यदि स्वीकार भी किया जाय तो प्रत्येक स्थिति में महिला को ही क्यों त्याग करना पड़े?

इस बात के लिए भारतीय समाज गर्व कर सकता है कि अधिकांश परिवारों में यदि शान्तिमय माहौल बना रहता है तो उसमें सबसे अधिक भूमिका बहन-बेटियों द्वारा किये गये त्याग का होता है। वे अपनी माता-पिता की सम्पत्ति में अपने अधिकारों को छोड़ देतीं हैं और पति के साथ हर स्तर पर तालमेल बैठाने के लिए

तैयार रहतीं हैं। किन्तु समस्या तब खड़ी होती है जब पति-पत्नी के मध्य तालमेल नहीं हो पाता है और नौबत विवाह-विच्छेद की आ जाती है। तब मायके में उसे पति के मेहर या भरण-पोषण के खर्च के भरोसे पूरी जिन्दगी गुजारनी पड़ती है। किसी तरह का वैवाहिक विवाद पैदा होने पर महिला की स्थिति बहुत ही नाजुक हो जाती है क्योंकि समाज में यह मान्यता प्रभावी रहता है कि विवाह के बाद बहन-बेटी के लिए मायके में कुछ नहीं रह जाता है। पैतृक सम्पत्ति के लिए भाई-भाई या पिता-पुत्र आपस में लड़ते हैं और इसे यह समाज सहज रूप से स्वीकार कर लेता है। किन्तु ऐसी स्थिति भाई-बहन या पिता-पुत्री के बीच पैदा होना इसी समाज के लिए असहज होता है।

सवाल यह नहीं है कि पति-पत्नी के बीच तालमेल न हो पाने में किसका कितना दोष है। यह सम्भव है कि पति के साथ रिश्ते खराब होने में सम्पूर्ण गलती पत्नी की हो, तो भी इस स्थिति में उसे अपने सभी हक एवं संसाधन के साथ जीवनयापन करने का अधिकार प्राप्त होना ही चाहिए। ऐसे किसी कारण से हम स्त्रियों के हक को समाप्त नहीं कर सकते। हमें उनकी सम्पत्ति में बराबर के अधिकार को स्वीकारना और लागू करना ही होगा। इस दिशा में पहला कदम यह है कि एक स्वाभाविक वारिस होने के नाते पुत्रियों को भी पैतृक सम्पत्ति में पुत्रों के बराबर का अधिकार मिले और इस अधिकार को विवाह के बाद भी उसके लिए सुरक्षित रखा जाय। दूसरा कदम यह है कि विवाह के बाद पति के साथ जो सम्पत्ति अर्जित की गयी है, उसमें उसकी बराबर की हिस्सेदारी को कानूनी मान्यता दिया जाय। इन दोनों ही अधिकारों के रास्ते में यदि धर्म का कोई सवाल पैदा किया जाय या फिर धार्मिक आधार पर किसी तरह का कोई भेदभाव किया जाय, खासतौर से इस आधार पर कि ऐसा करने से धार्मिक क्रियाकलाप में या कुछ लोगों की धार्मिक भावना में हस्तक्षेप होगा, तो मैं तो कहूँगा कि राज्य द्वारा ऐसे लोगों के धार्मिक क्रियाकलाप एवं धार्मिक भावनाओं को एक भारी-भरकम चट्टान से बाँधकर बीच समुद्र में ले जाकर डुबो देना चाहिए।

मुस्लिम कानून में स्वीकृत मेहर की अवधारणा को मुस्लिम देश टर्की की सिविल संहिता में और व्यापकता के साथ स्वीकार किया गया है। टर्की सिविल संहिता में 'वैवाहिक सम्पत्ति' की अवधारणा को स्वीकार किया गया है। वहाँ न केवल उत्तराधिकार में पुत्रियों को पुत्रों के समान हक प्राप्त है, बल्कि विवाह पश्चात् अर्जित हुयी दाम्पत्य सम्पत्ति में भी पति और पत्नी दोनों को बराबर-बराबर अधिकार दिया गया है।

तीन तलाक और उत्तराधिकार

बहुत सीधी-सी बात है कि एक व्यक्ति की मृत्यु के बाद उसके सभी सन्तान, चाहे पुत्र हो या पुत्री, 'स्वाभाविक वारिस' होते हैं और इस रूप में वे सभी

बराबर-बराबर का अंश प्राप्त करने के अधिकारी हैं। किन्तु अलग-अलग धर्मों के लिए लागू होनेवाले लगभग सभी कानूनों में, चाहे धर्म पोषित कानून हों या ब्रिटिश हुकूमत निर्मित कानून या संसद् निर्मित कानून, उत्तराधिकार के विषय को इतना जटिल बना दिया गया है कि इन्हें समझना एक साधारण व्यक्ति के वश की बात नहीं है। इसका एक मुख्य कारण यह है कि ये सभी कानून पुरुषप्रधान सोच से प्रभावित होकर बनाये गये होते हैं। इन कानूनों के माध्यम से ऐसा प्रबन्ध करने का प्रयास किया गया होता है कि पुत्री को सन्तान के रूप में उसका वास्तविक अधिकार न मिल सके।

मुस्लिम कानून में पुत्रों को मिलनेवाली सम्पत्ति का आधा अंश ही पुत्रियों को उत्तराधिकार में दिये जाने का प्रावधान है। पुत्रों की मौजूदगी में पुत्रियाँ अवशिष्टग्राही हो जाती हैं। वह हिस्सेदार के रूप में नहीं, बल्कि अवशिष्टग्राही के रूप में सम्पदा प्राप्त करती हैं। उदाहरण के लिए यदि कोई व्यक्ति अपने पीछे एक पुत्र और एक पुत्री छोड़कर मरता है तो पुत्र को दो-तिहाई और पुत्री को एक-तिहाई हिस्सा मिलता है। यदि वह दो पुत्र और तीन पुत्री छोड़कर मरता है, तो पुत्रों को सम्पत्ति में 2/7-2/7 हिस्सा, जबकि पुत्रियों को मात्र 1/7-1/7 हिस्सा मिलेगा।

ऐसा नहीं है कि पुत्रियों के साथ यह विभेदकारी नीति सिर्फ मुस्लिम कानून में है। भारत के संसद् द्वारा वर्ष 1956 में पारित हिन्दू उत्तराधिकार अधिनियम की धारा 6 के अन्तर्गत कोपार्सनरी सम्पत्ति में पुत्रियों को कोई हक नहीं दिया गया था, सिर्फ पुत्रों को हक प्राप्त था। पुत्रियों के साथ यह विभेदकारी व्यवहार लगभग 50 वर्षों तक चलता रहा और वर्ष 2005 में न्यायमूर्ति बी. पी. जीवन रेड्डी कमीशन की रिपोर्ट आने के बाद इस विभेदकारी नीति को समाप्त किया जा सका।

ससुराल पक्ष में एक महिला को वरासत में हक तभी प्राप्त होता है, जब पति की मृत्यु के समय वह उसकी पत्नी बनी रहे। यदि पति के जीवित रहते कोई विवाद हो गया तो दाम्पत्य जीवन के दौरान अर्जित सम्पत्ति में उसे कोई हक नहीं मिलता है। इस सम्बन्ध में लगभग सभी व्यक्तिगत कानूनों, चाहे हिन्दू कानून हो या मुस्लिम कानून, की स्थिति एक जैसी है।

कानून में जो कुछ भी थोड़े-बहुत प्रावधान हैं, वे कानूनी सुन्दरता के अलावा और कुछ नहीं रह जाते हैं। ऐसा इसलिए भी है क्योंकि महिलाओ के हक के सम्बन्ध में जो भी थोड़े-बहुत कानूनी प्रावधान हैं, इन्हें प्रभावशाली तरीके से लागू होने में विवाह जैसी व्यवस्था आड़े आ जाती है। लड़कियों के विवाह का तुरन्त परिणाम यह होता है कि वह अपनी पैतृक सम्पत्ति के कब्जे से वंचित हो जाती हैं। महिलाओं को कानून द्वारा प्रदान की गयी सम्पत्ति का अधिकार लागू नहीं हो पाता है और यदि महिलाएँ लागू कराना भी चाहे, तो इसके लिए उसे न्यायपालिका की चौखट पर सर पटकना पड़ता है और तब तक जीवन के कई हिस्से तबाह हो चुके होते हैं।

अब तो दहेज के दानव ने मुस्लिम समाज को भी जकड़ लिया है। ससुराल में स्थिति विपरीत होने पर मायके के लोगों द्वारा यह तर्क दिया जाने लगता है कि विवाह के समय दहेज के रूप में उसके हिस्से को उसके ससुरालवालों को दे दिया गया है। इस तर्क के कारण महिलाएँ नैतिक रूप से खुद को कमजोर समझने लगती हैं। कानून की आड़ में ही यह भी कुतर्क दिया जाने लगता है कि विवाह के बाद बहन-बेटी द्वारा एक निश्चित समय के अन्दर दावा न करके उसने अपने हक का त्याग कर दिया है। यह भी तर्क दिया जाने लगता है कि विवाह के बाद जब एक महिला को मेहर का अधिकार मिला हुआ है, तो मायके की सम्पत्ति में भी अधिकार देकर उन्हें दोहरा लाभ नहीं दिया जा सकता है। ऐसे तर्क-कुतर्क के कारण महिलाओं की सम्पत्ति में अधिकार को लेकर इस समाज में जो भेदभाव हैं, उससे एक सभ्य, आधुनिक एवं लोकतान्त्रिक होने का दावा करनेवाले देश का कानून अपनी आँखों को नहीं मूँद सकता है।

पुत्र हो या पुत्री, उम्र बढ़ने के साथ दोनों को अपनी क्षमता विकसित करने के लिए माँ-बाप पर निर्भर होना पड़ता है। दोनों का सबसे बड़ा सम्बल उनके माँ-बाप का नैतिक संरक्षण और उत्तराधिकार में मिलनेवाली सम्पत्ति होती है। किन्तु विवाह के बाद बेटियों को सामान्यत: इन दोनों बुनियादी सुविधाओं से वंचित होना पड़ता है। सवाल पैदा होता है कि बेटियों को क्यों ऐसी स्थिति में लाने के लिए विवश किया जाय कि उन्हें अपनी माँ-बाप की सम्पत्ति में हिस्सा पाने के लिए लड़ाई लड़ना पड़े। यह हो सकता है कि वैवाहिक-विवाद के कारण परेशान होनेवाली महिलाएँ गिनी-चुनी हों या यह भी हो सकता है कि इन विवादों के लिए सबसे अधिक जिम्मेदार महिलाएँ ही हों, तो भी एक बेटी के रूप में उसकी अपनी पैतृक सम्पत्ति में और विवाह पश्चात् पति के साथ अर्जित की गयी सम्पत्ति में उसके हक को सुरक्षित रखना कानून की जिम्मेदारी है। 'विधि के शासन' के अन्तर्गत राज्य की यह जिम्मेदारी है कि वह उन सभी बाधाओं को दूर करे, जो विवाह के कारण महिलाओं को सम्पत्ति का अधिकार हासिल करने में आड़े आता है। इसका एकमात्र रास्ता यही है कि विवाह के समय ही एक महिला को बेटी और पत्नी के रूप में मिलनेवाले सम्पत्ति के अधिकार को लिखित रूप से घोषित एवं सुरक्षित करने की व्यवस्था सुनिश्चित किया जाय।

हिन्दू धर्म में जन्म लेने के साथ ही कोई बच्चा कोपार्सनरी सम्पत्ति में अधिकार प्राप्त कर लेता है, जबकि इस्लाम धर्म में व्यक्ति की मृत्यु के बाद ही उसके वारिस को सम्पत्ति में अधिकार मिल पाता है। यह दोनों स्थिति अतिरेक की स्थिति है। तार्किकता इस बात में है कि विवाह के साथ सम्पत्ति में अधिकार तय हो जाना चाहिए ताकि एक महिला की बेटी और पत्नी के रूप में मिलने वाले सम्पत्तियों की स्थिति बिलकुल स्पष्ट रहे।

सापेक्षिक सहभागिता-आधारित समानता का सिद्धान्त
(Of Theory of Equality based on Relative Participation)

सभ्य एवं आधुनिक सोच रखनेवाले विश्व के तमाम देशों में महिलाओं को हर स्तर पर बराबरी का दर्जा दिया गया है। न केवल माता-पिता की सम्पत्ति में पुत्री के रूप में बल्कि विवाहोपरान्त अर्जित होनेवाले दाम्पत्य सम्पत्ति में पत्नी के रूप में समान एवं पूर्ण अधिकार प्रदान किया गया है। महिलाओं को सम्पत्ति में बराबरी का हक देने की कसौटी पर भारत में प्रचलित लगभग सभी व्यक्तिगत कानून असफल साबित होते हैं। अलग-अलग धर्मों के लिए लागू होनेवाले अलग-अलग व्यक्तिगत कानूनों में मौजूद विसंगतियों को दूर कर एक सर्वमान्य आदर्श स्थिति प्राप्त करने के लिए हम दो अलग-अलग अवधारणा पर आधारित मॉडलों का विश्लेषण करने का प्रयास करते हैं। ये दो मॉडल हैं — पुर्तगाल मॉडल ('पुर्तगाल सिविल संहिता' में स्वीकार की गयी व्यवस्था) एवं जर्मनी मॉडल ('जर्मन सिविल संहिता' में स्वीकार की गयी व्यवस्था)। इन दो मॉडलों के साथ मुस्लिम बाहुल्य देश टर्की की सिविल संहिता में स्वीकार की गयी सम्बन्धित व्यवस्था का भी विश्लेषण किया जाना उचित होगा।

पुर्तगाल सिविल संहिता के अन्तर्गत वैवाहिक सम्पत्ति के सम्बन्ध में पूर्ण समानता पर आधारित व्यवस्था—'लॉ आफ कम्युनिटी प्रापर्टी' को स्वीकार किया गया है। इस मॉडल में 'लॉ ऑफ कम्युनिटी प्रापर्टी' के अलावा वैवाहिक सम्पत्ति के सम्बन्ध में तीन अन्य विकल्प दिये गये हैं। यदि विवाह के समय दोनों पक्षकार किसी एक विकल्प को नहीं स्वीकार करते हैं, तो 'लॉ ऑफ कम्युनिटी' का नियम अपने-आप लागू हो जाता है। पुर्तगाल मॉडल को ही आधार बनाकर भारत के गोवा प्रदेश में सिविल संहिता निर्मित व लागू है। 'गोवा सिविल संहिता' में भी पुरुष एवं महिला के अधिकार पूर्ण समानता के नियम से संचालित होते हैं। 'लॉ ऑफ कम्युनिटी प्रापर्टी' के अन्तर्गत पति एवं पत्नी दोनों की वे सभी सम्पत्तियाँ, चाहे उत्तराधिकार के माध्यम से मिला हो या स्व-अर्जन से प्राप्त किया गया हो और जो उनके कब्जे में है, विवाह होने के साथ ही संयुक्त सम्पत्ति का स्वरूप ले लेती है और पति व पत्नी दोनों इस संयुक्त सम्पत्ति के संयुक्त मालिक हो जाते हैं। इस संयुक्त सम्पत्ति के सम्बन्ध में एक पक्ष द्वारा बिना दूसरे पक्ष की स्पष्ट सहमति लिये कोई निर्णय नहीं लिया जा सकता है। गोवा सिविल संहिता के अन्तर्गत विवाह का पंजीकरण कराना अनिवार्य होने के कारण वहाँ की महिलाओं का अधिकार शुरू से ही स्पष्ट हो जाता है और विवाह-विच्छेद की स्थिति बनने पर पति एवं पत्नी दोनों इस संयुक्त सम्पत्ति तथा विवाह पश्चात् अर्जित की गयी सम्पत्ति में बराबर-बराबर हिस्सा पाने के लिए अधिकारयुक्त होते हैं। इस अधिकार के लिए महिला को पति की कृपा पर निर्भर नहीं रहना पड़ता है।

'गोवा सिविल संहिता' के अन्तर्गत माँ-बाप की सम्पत्ति में पुत्र और पुत्री को समान अधिकार मिला हुआ है। इसके अन्तर्गत जन्म एवं मृत्यु का पंजीकरण कराना आवश्यक होता है। मृतक व्यक्ति के बच्चे पुत्र हो या पुत्री, अनिवार्य उत्तराधिकारी होते हैं और उनका उत्तराधिकार में एक समान अधिकार होता है। यदि कोई व्यक्ति वसीयत करता है तो वह अपनी इच्छानुसार पचास प्रतिशत की सीमा में अपनी सम्पत्ति का वसीयत कर सकता है। बची हुई सम्पत्ति को अनिवार्य-उत्तराधिकारियों, चाहे पुत्र हो या पुत्री, में समान रूप से बाँटे जाने की व्यवस्था है।

'पुर्तगाल सिविल संहिता' के विपरीत 'जर्मन सिविल संहिता' की धारा 1363 के अन्तर्गत विवाह के समय पति और पत्नी की सम्पत्ति विवाह के बाद दम्पति की संयुक्त सम्पत्ति का भाग नहीं बनते हैं। दोनो अपनी-अपनी सम्पत्तियों का प्रबन्धन कुछ निर्बन्धन के साथ अलग-अलग करने के लिए स्वतन्त्र रहते हैं। इन निर्बन्धनों में से एक निर्बन्धन यह है कि पति या पत्नी में से कोई भी अपनी सम्पूर्ण सम्पत्ति का निस्तारण दूसरे की सहमति के बिना नहीं कर सकता/सकती है। किन्तु विवाह के बाद जो भी सम्पत्ति हासिल की जाती है, उसमें पति और पत्नी दोनों का समान हक होता है।

'टर्की सिविल संहिता' में वैवाहिक सम्पत्ति के सम्बन्ध में चार तरह के 'कोडल रिजाइम' को स्वीकृति प्रदान की गयी है। अनुच्छेद 202 के अन्तर्गत पहला 'कानूनी कोडल रिजाइम— पार्टिसिपेशन इन एक्वीजीशन्स अर्थात् अर्जित सम्पत्तियों में सहभागिता' है और बाकी तीन रिजाइम क्रमश: 'सम्पत्ति का बँटवारा', सामुदायिक सम्पत्ति (यह दो स्वरूपों- लिमिटेड कम्युनिटी और कम्युनिटी ऑफ एक्वीजीशन्स' में है) और 'शेयर्ड पार्टिशन यानी भागीदारी बँटवारा' है। अन्तिम तीन रिजाइम में से किसी एक को विवाह के समय संविदा द्वारा स्वीकार किया जा सकता है। यदि तीनों में से किसी एक रिजाइम को नहीं स्वीकार किया गया है तो पहला रिजाइम अर्थात् 'अर्जित सम्पत्तियों में सहभागिता' का नियम अपने-आप लागू हो जाता है। अनुच्छेद 219 के अनुसार कानूनी कोडल रिजाइम के अन्तर्गत दोनों पक्षों की व्यक्तिगत-सम्पत्ति और विवाह के दौरान अर्जित सम्पत्ति शामिल होंगी और इस पर पति और पत्नी का समान अधिकार है।

पुर्तगाल सिविल संहिता, जर्मन सिविल संहिता और टर्की सिविल संहिता के उक्त प्रावधानों को दृष्टिगत रखने के उपरान्त सम्पत्ति में अधिकार के सम्बन्ध में निम्न तीन सवाल प्रमुख रूप से निकलकर आते हैं—

1. क्या पुत्र एवं पुत्री को माँ-बाप की सम्पत्ति एवं उनके पैतृक व्यवसाय की क्रेडिट में समान अधिकार मिलने चाहिए?
2. क्या पति एवं पत्नी को विवाह के बाद दाम्पत्य के दौरान अर्जित की गयी सम्पत्ति में समान अधिकार मिलने चाहिए?

3. विवाह के समय तक पति एवं पत्नी द्वारा प्राप्त की गयी अलग-अलग सम्पत्ति विवाह के बाद किस तरह व्यवस्थित होनी चाहिए?

पहले दो सवाल ऐसे हैं, जिन पर अविवादित रूप से सभी सभ्य एवं आधुनिक देशों ने 'हाँ' में जवाब को स्वीकार किया है। जहाँ तक तीसरे सवाल की बात है, इस सम्बन्ध में मोटे तौर पर दो मॉडल प्रचलित हैं। एक जर्मन सिविल संहिता पर आधारित जर्मनी मॉडल, जिसके अन्तर्गत विवाह के समय पति एवं पत्नी द्वारा अर्जित की गयी अलग-अलग सम्पत्ति विवाह के बाद भी अलग-अलग बनी रहती है और दूसरा पुर्तगाल सिविल संहिता पर आधारित पुर्तगाल मॉडल, जिसके अन्तर्गत पति एवं पत्नी द्वारा अर्जित की गयी अलग-अलग सम्पत्ति विवाह के बाद 'दाम्पत्य की संयुक्त सम्पत्ति' के रूप में समाहित हो जाते हैं। पहला मॉडल 'पृथक्करणीयता-आधारित समानता के सिद्धान्त' को स्वीकार करता है तो दूसरा मॉडल 'संयुक्तता-आधारित समानता के सिद्धान्त' को स्वीकार करता है।

जर्मनी माडॅल और पुर्तगाल मॉडल दोनों ही पूर्ण समानता के नियम को स्वीकार करते हैं। दोनों ही मॉडल, माँ-बाप की सम्पत्ति में पुत्र एवं पुत्री को और विवाह के बाद दाम्पत्य के दौरान अर्जित सम्पत्ति में पति एवं पत्नी को समान अधिकार प्रदान करते हैं। जिस एक सवाल पर दोनों मॉडल अलग राह पकड़ लेते हैं, वह यह है कि विवाह के समय पति एवं पत्नी की अलग-अलग सम्पत्तियाँ विवाह के बाद कैसे व्यवस्थित हों? इस सवाल पर जर्मनी मॉडल और पुर्तगाल मॉडल 'समानता के नियम' को अलग-अलग सोच के साथ स्वीकार करते हैं। जर्मनी मॉडल कहता है कि विवाह के बाद भी दोनों की अपनी-अपनी सम्पत्तियों पर अपना-अपना अधिकार बना रहेगा और प्रबन्धन करते रहेंगे किन्तु कोई भी एक पक्ष अपनी सम्पूर्ण सम्पत्ति का निस्तारण दूसरे पक्ष की सहमति के बिना नहीं कर सकता है। जर्मनी मॉडल में स्वीकार की गयी इस व्यवस्था में संयुक्तता के भाव का लोप है। जबकि पुर्तगाल मॉडल में संयुक्तता को पूर्णता के साथ स्वीकार कर यह व्यवस्था अपनायी गयी है कि विवाह के समय पति एवं पत्नी की समस्त अलग-अलग सम्पत्ति विवाह के बाद दम्पति की 'संयुक्त सम्पत्ति' में परिवर्तित हो जायेगा।

जर्मनी मॉडल में संयुक्तता के अभाव के कारण पति-पत्नी के बीच पृथक्करणीय स्थिति बनी रहती है। इन सम्पत्तियों में पति एवं पत्नी की एक-दूसरे के प्रति सहभागिता नहीं के बराबर रहती है। इसके विपरीत पुर्तगाल मॉडल में पति-पत्नी को एक-दूसरे की सम्पत्ति में पूर्ण सहभागी बनाया गया है। यह इस मान्यता पर आधारित है कि विवाह के बाद पति एवं पत्नी दोनों की सम्पत्ति एक-दूसरे में समाहित हो जाती है। किन्तु इसका एक नकारात्मक प्रभाव यह है कि विवाह-विच्छेद की स्थिति पैदा हो जाने पर वह पक्षकार, जो विवाह के समय कुछ नहीं लेकर आता/आती है, अतार्किक रूप से धनी हो जाता है और इसके कारण दूसरे

पक्षकार को अतार्किक रूप से ज्यादा नुकसान उठाना पड़ता है। इस तरह जर्मनी और पुर्तगाल दोनों मॉडल में स्वीकार की गयी व्यवस्थाएँ अलग-अलग स्वरूपों में अतिरेक की स्थिति प्रतीत होती हैं।

किसी भी आदर्श समाज में यह स्वीकरणीय स्थिति है कि एक महिला को पुत्री के रूप में माँ-बाप से उत्तराधिकार में मिलनेवाली सम्पत्ति में पुत्रों के समान और पत्नी के रूप में दाम्पत्य-जीवन के दौरान अर्जित सम्पत्ति में पति के समान बराबर-बराबर का अधिकार दिया जाय। चर्चा का विषय जो रह जाता है, वह यह है कि विवाह के समय पति और पत्नी की अलग-अलग सम्पत्तियों का विवाह के बाद क्या स्थिति होगी? इस सम्बन्ध में उक्त दो मॉडल अलग-अलग सिद्धान्तों पर आधारित होकर लागू होते हैं। पहला 'पृथक्करणीयता-आधारित समानता के सिद्धान्त' पर आधारित पुर्तगाल मॉडल और दूसरा 'संयुक्तता-आधारित समानता के सिद्धान्त' पर आधारित जर्मनी मॉडल। इसलिए सवाल पैदा होता है कि इन दोनों सिद्धान्तों में से किसे स्वीकार किया जाना चाहिए या क्या समानता के तत्त्व को बनाये रखते हुए इन दोनों सिद्धान्तों के अलावा कोई दूसरा बेहतर सिद्धान्त विकसित किया जाना चाहिए?

विवाह पूर्व हासिल अलग-अलग सम्पत्तियों का विवाह पश्चात् 'संयुक्त दाम्पत्य सम्पत्ति' में रूपान्तरण के सन्दर्भ में उक्त दोनों मॉडलों से अलग किस मॉडल को भारतीय कानून या सिविल संहिता के परिपेक्ष में स्वीकार किया जाना चाहिए, इस समस्या का समाधान मेरे विचार से ऐसा मॉडल होना चाहिए, जो न केवल धर्मनिरपेक्षता एवं लिंग-निरपेक्षता के पैमाने पर तार्किक हो, बल्कि पति-पत्नी की हैसियत के सन्दर्भ में भी तार्किक हो और जिसके माध्यम से न केवल महिला को पुत्री के रूप में उत्तराधिकार में मिलनेवाले समान हक को विवाह के समय ही सुरक्षित किया जा सके बल्कि यह भी सुनिश्चित किया जा सके कि विवाह के बाद महिला की समस्त सम्पत्ति पति के अनुचित प्रभाव से सुरक्षित हो तथा साथ में उसकी सम्पत्ति पति की सम्पत्ति के साथ मिलकर वैवाहिक जीवन के हित में अर्थपूर्ण भी बने। इस दृष्टि से 'पृथक्करणीयता-आधारित समानता के सिद्धान्त' और 'संयुक्तता-आधारित समानता के सिद्धान्त' के बजाय 'सापेक्षिक सहभागिता-आधारित समानता के सिद्धान्त' को अपनाया जाना ज्यादा उचित है।

'सापेक्षिक सहभागिता-आधारित समानता के सिद्धान्त' के अन्तर्गत विवाह के बाद पति और पत्नी दोनों की सभी तरह की सम्पत्तियाँ 'सम्पूर्ण दाम्पत्य सम्पत्ति' के रूप में परिवर्तित हो जायेगा। यह 'सम्पूर्ण दाम्पत्य सम्पत्ति' तीन भागों — 'संयुक्त दाम्पत्य सम्पत्ति', 'पति की व्यक्तिगत सम्पत्ति' और 'पत्नी की व्यक्तिगत सम्पत्ति'— में सुषुप्त रूप से बँटा होगा। इस बँटवारे के अन्तर्गत 'सम्पूर्ण दाम्पत्य सम्पत्ति' का पचास प्रतिशत (या साठ या सत्तर प्रतिशत) भाग 'संयुक्त दाम्पत्य सम्पत्ति' में परिवर्तित हो जायेगा और बाकी पचास प्रतिशत भाग का वह अंश जो

पति के माध्यम से आया है, वह 'पति की व्यक्तिगत सम्पत्ति' के रूप में और इसी तरह वह अंश जो पत्नी के माध्यम से आया है, वह 'पत्नी की व्यक्तिगत सम्पत्ति' के रूप में बना रहेगा। विवाह के बाद दाम्पत्य जीवन के दौरान पति या पत्नी या दोनों द्वारा अर्जित की गयी सम्पत्ति 'संयुक्त दाम्पत्य सम्पत्ति' में जुड़ती चली जायेगी।

इस नियम को दो दृष्टान्तों के माध्यम से स्पष्ट करने का प्रयास करते हैं—

दृष्टान्त 1-

मान लिया जाय कि विवाह के समय पत्नी '70' यूनिट की सम्पत्ति लेकर आती है और पति '30' यूनिट की सम्पत्ति। इन दोनों को जोड़ने के बाद 'सम्पूर्ण दाम्पत्य सम्पत्ति' '100' यूनिट हो जाती है। '100' यूनिट के इस 'सम्पूर्ण दाम्पत्य सम्पत्ति' का पचास प्रतिशत अर्थात् '50' यूनिट की सम्पत्ति 'संयुक्त दाम्पत्य सम्पत्ति' में चली जायेगी। शेष '50' यूनिट का वह अंश जो पति के माध्यम से आया है, अर्थात् '5' यूनिट 'पति की व्यक्तिगत सम्पत्ति' के रूप में और वह अंश जो पत्नी के माध्यम से आया है अर्थात् '45' यूनिट 'पत्नी की व्यक्तिगत सम्पत्ति' के रूप में बना रहेगा।

दृष्टान्त 2-

अब मान लिया जाय कि विवाह के समय पति '80' यूनिट की सम्पत्ति लेकर आता है और पत्नी '20' यूनिट की सम्पत्ति। इन दोनों को जोड़ने के बाद 'सम्पूर्ण दाम्पत्य सम्पत्ति' '100' यूनिट हो जाती है। '100' यूनिट के इस 'सम्पूर्ण दाम्पत्य सम्पत्ति' का पचास प्रतिशत अर्थात् '50' यूनिट की सम्पत्ति 'संयुक्त दाम्पत्य सम्पत्ति' में चली जायेगी। इसके बाद पति का अपना अंश अर्थात् '50' यूनिट उसकी व्यक्तिगत सम्पत्ति' के रूप में बना रहेगा और पत्नी को व्यक्तिगत सम्पत्ति के रूप में कुछ भी नहीं मिलेगा।

सापेक्षिक सहभागिता-आधारित समानता के सिद्धान्त के अन्तर्गत उक्त बँटवारा सुषुप्त अवस्था में बना रहेगा अर्थात् इसका क्रियान्वयन विवाह के टूटने या किसी एक पक्ष की मृत्यु हो जाने जैसी विशेष परिस्थिति होने पर किया जा सकेगा। इसके अन्तर्गत दोनों पक्षकार अपनी-अपनी व्यक्तिगत सम्पत्ति के साथ 'संयुक्त दाम्पत्य सम्पत्ति' में बराबर-बराबर का अंश प्राप्त करने के अधिकारी होंगे।

'सापेक्षिक-सहभागिता आधारित समानता के सिद्धान्त' को व्यापक एवं व्यावहारिक स्वरूप प्रदान करने के लिए निम्न बिन्दुओं पर भी निर्णय लिया जाना उचित है—

1. किस तरह की सम्पत्ति आवश्यक रूप से 'संयुक्त दाम्पत्य सम्पत्ति' का भाग बनेगी?;
2. किस तरह की सम्पत्ति 'संयुक्त दाम्पत्य सम्पत्ति' का भाग बने बिना 'व्यक्तिगत सम्पत्ति' बनी रहेगी?;

3. विवाहोपरान्त दाम्पत्य जीवन के दौरान कौन-सी सम्पत्ति 'संयुक्त दाम्पत्य सम्पत्ति' में जुड़ेंगी और कौन-सी सम्पत्ति पति या पत्नी के 'व्यक्तिगत सम्पत्ति' के साथ जुड़ेंगी?;
4. तीनों तरह की सम्पत्तियों अर्थात् संयुक्त दाम्पत्य सम्पत्ति, पति की व्यक्तिगत सम्पत्ति एवं पत्नी की व्यक्तिगत सम्पत्ति के सम्बन्ध में पति एवं पत्नी के क्या-क्या अधिकार और क्या-क्या दायित्व होंगे?;
5. मृत्यु के कारण होनेवाले वैवाहिक विघटन की स्थिति में 'संयुक्त दाम्पत्य सम्पत्ति' और 'व्यक्तिगत सम्पत्ति' में जीवित पक्ष एवं उनके बच्चों के उत्तराधिकार के क्या नियम होंगे?;
6. विवाह-विच्छेद के कारण होनेवाले वैवाहिक विघटन की स्थिति में 'संयुक्त दाम्पत्य सम्पत्ति' और 'व्यक्तिगत सम्पत्ति' में दोनों पक्षकार एवं उनके बच्चों के उत्तराधिकार के क्या नियम होंगे?; इत्यादि-इत्यादि।

उपर्युक्त विषय पर निर्णय लेकर 'आदर्श व्यवस्था' के अलावा तीन-चार अन्य वैकल्पिक व्यवस्थाओं के सम्बन्ध में प्रावधान बनाये जा सकते हैं। इन वैकल्पिक व्यवस्थाओं के अन्तर्गत पक्षकारद्वय आपसी सहमति से 'संयुक्त दाम्पत्य सम्पत्ति' के पचास प्रतिशत भाग को कुछ कम या ज्यादा स्वीकार कर सकते हैं या समस्त 'सम्पूर्ण दाम्पत्य सम्पत्ति' को 'संयुक्त दाम्पत्य सम्पत्ति' घोषित कर सकते हैं या पति और पत्नी को उत्तराधिकार में मिले अपनी-अपनी अलग-अलग सम्पत्तियों को 'संयुक्त दाम्पत्य सम्पत्ति' से अप्रभावित घोषित कर सकते हैं या अपनी-अपनी सम्पत्ति को कुछ निर्बन्धनों के साथ पृथक्-पृथक् बनाये रख सकते हैं, इत्यादि-इत्यादि। दोनों पक्षकारों को विवाह के पंजीकरण के समय इस बात की घोषणा करनी होगी कि वे वैकल्पिक व्यवस्था में से किसे स्वीकार करना चाहते हैं। ऐसी कोई घोषणा नहीं किये जाने की स्थिति में 'आदर्श व्यवस्था' अपने-आप लागू मान ली जायेगी।

(उपर्युक्त शीर्षक 'सापेक्षिक सहभागिता आधारित समानता का सिद्धान्त' लेखक अनूप बरनवाल की पुस्तक 'भारतीय सिविल संहिता के सिद्धान्त : अनुच्छेद 44 के क्रियान्वयन के अनुक्रम में' का अंश है।)

तीन तलाक के सवाल को जब सम्पत्ति में महिलाओं के समान अधिकार से जोड़कर देखतें हैं तो यह सवाल कि विवाह के प्रकृति को हम किस रूप में लेते हैं, बहुत महत्त्वपूर्ण हो जाता है। आदर्श स्थिति यही है कि विवाह को विशुद्ध संस्कार या पूर्ण संविदा मानने के बजाय 'संस्कारयुक्त संविदा' माना जाय। धर्म-निरपेक्ष व्यवस्था के लिए यह एक आदर्श स्थिति है, जो न केवल 'विशुद्ध संस्कार' एवं 'पूर्ण संविदा' की अच्छाइयों को आत्मसात् करता है बल्कि इनके नकारात्मक परिणामों से बचाता भी है। इस आदर्श व्यवस्था के अन्तर्गत विवाह के बाद न तो महिलाओं का अस्तित्व पति की हैसियत में विलीन होगा और न ही उसे अपने

बुनियादी अधिकारों के बदले खुद के खिलाफ अपने स्वतन्त्र अस्तित्व को स्वीकार करना पड़ेगा। विवाह एक संस्कारयुक्त संविदा है, इस अवधारणा को स्वीकार करने के बाद जहाँ दोनों पक्षकारों को विवाह के अस्तित्व को अन्तिम समय तक बचाये रखने का संकल्प मिलता रहेगा वहीं साथ-ही-साथ किसी परिस्थिति में अलगाव की स्थिति बन जाने पर यह दोनों पक्षों यानी पति एवं पत्नी की सम्पत्ति में अधिकार को पारदर्शी तरीके से बाँटने की व्यवस्था सुनिश्चित करेगा। पति एवं पत्नी के मध्य सम्पत्ति में होने वाले पारदर्शी बँटवारा सुनिश्चित होने के कारण यह आदर्श व्यवस्था पति को पत्नी के खिलाफ किसी तरह का मनमाना व्यवहार करने की प्रवृत्ति पैदा करने से रोकेगा और मौखिक तलाक कहने के अधिकार का नाजायज फायदा उठाने पर अंकुश लगायेगा। यदि पति द्वारा नाजायज फायदा उठाया भी जाता है तो सम्पत्ति में बराबर का हक मिलने के कारण तलाक के बाद पत्नी को अपने जीविकोपार्जन के लिए मारा-मारा नहीं फिरना पड़ेगा।

●

8

तीन तलाक के सम्बन्ध में न्यायिक निर्णय

तीन तलाक के लिए आवश्यक शर्त क्या है, इसको स्पष्ट करते हुए 1968 में कर्नाटक हाईकोर्ट की एक खण्डपीठ द्वारा पोंथाई बनाम मोइद्दीन मामले में कहा गया कि मुस्लिम कानून के अन्तर्गत एक पति अपनी पत्नी को जब भी चाहे तलाक दे सकता है। पति द्वारा तलाक लेने के लिए एकमात्र शर्त यह है कि उसे बालिग और स्वस्थ मस्तिष्क का होना चाहिए। यदि उसने दबाव में या हास-परिहास में या क्रोध में आकर अपनी पत्नी को तलाक कह दिया है तो भी वह पूर्णतया वैध है। तलाक देने के लिए कोई विशेष तरीके की आवश्यकता नहीं है और न ही इसे पत्नी के समक्ष कहने की आवश्यकता ही है। यहाँ तक कि पति अपनी पत्नी को सन्देश भेजकर कि उसने तलाक कह दिया है, विवाह के बन्धन को तोड़ सकता है। ज्यों ही पत्नी को इसकी जानकारी हो जाती है, तलाक लागू हो जाता है।

कर्नाटक हाईकोर्ट द्वारा तीन तलाक की दी गयी उपर्युक्त परिभाषा मुस्लिम व्यक्तिगत कानून की वस्तुस्थिति पर आधारित था। भारतीय मुस्लिम समाज में तीन तलाक की जो अवधारणा प्रचलित रही है, उसे ही कर्नाटक हाईकोर्ट ने अपने फैसले का आधार बनाया था। स्पष्ट राज्य-निर्मित कानून के अभाव में इस फैसले को अस्वाभाविक नहीं कहा जा सकता है। किन्तु तीन तलाक की ऐसी व्याख्या के बाद भारत की मुस्लिम महिलाओं की स्थिति का चिन्ताजनक होना भी स्वाभाविक था। तीन तलाक की इस परिभाषा का दुष्प्रभाव न केवल मामले की पीड़ित पत्नी के जीवन पर पड़ा होगा, बल्कि इस परिभाषा से प्रभावित होकर तमाम अधीनस्थ न्यायालयों एवं दूसरे उच्च न्यायालयों द्वारा किये गये फैसलों से न जाने कितनी मुस्लिम महिलाओं को तलाकशुदा होने के अभिशप्त जीवन गुजारने पड़े होंगे। हाईकोर्ट स्तर के न्यायालय के एक फैसले से समाज में जानेवाला सन्देश तो और भी महत्त्वपूर्ण हो जाता है। कर्नाटक हाईकोर्ट के इस फैसले से मुस्लिम समाज के पुरुष वर्ग की मानसिकता अप्रभावित नहीं हुई होगी, यह कहना अतिशयोक्ति होगी।

यह सब मात्र इस कारण है क्योंकि इस लोकतान्त्रिक देश द्वारा तीन तलाक के सम्बन्ध में एक स्पष्ट व पारदर्शी कानून नहीं बनाया जा सका है।

पाथाई जैसे कुछ ही ऐसे आपवादिक मामले होते हैं, जो किसी हाईकोर्ट की चौखट तक पहुँच पाते हैं। ऐसे न जाने कितने तीन तलाक के मामले हैं, जो समाज में पैदा तो होते हैं, किन्तु इन्हें इसी समाज के भीतर ही दफना भी दिया जाता है। इनके लिए न्याय का मतलब केवल हालातों के साथ समझौता करते रहना होता है। इनमें से जो थोड़े-बहुत मामले समाज से निकलकर न्यायालय की चौखट तक न्याय पाने की चाह लिये आ पाते हैं, उनमें से कितनों का हाल पाथाई जैसी मुस्लिम महिला की तरह मात्र इसलिए हो जाता है, क्योंकि उनमें हाईकोर्ट के आदेश के खिलाफ सुप्रीम कोर्ट में अपील करने की क्षमता नहीं होती है। दुर्भाग्य से शायद ही हमारे तन्त्र के पास इसका कोई आँकड़ा हो कि ऐसी कितनी महिलाएँ मात्र इसलिए तीन तलाक की शिकार हुई हैं, क्योंकि वे अपने खिलाफ हुए अधीनस्थ न्यायालय के आदेश को ऊपरी न्यायालय में जाकर चुनौती नहीं दे सकीं। यदि पाथाई नामक मुस्लिम महिला द्वारा कर्नाटक हाईकोर्ट के आदेश को सुप्रीम कोर्ट में चुनौती दी गयी होती तो सम्भवतः न्याय का चेहरा बदल गया होता।

किन्तु चार ही वर्ष बाद भारतीय मुस्लिम महिलाओं को एक उम्मीद की किरण तब दिखायी दी, जब **न्यायमूर्ति वी. खालिद** द्वारा मोहम्मद हानिफा बनाम पाथुमल बीबी के मामले (1972) में मुस्लिम कानून में प्रचलित तीन तलाक के तरीके को क्रूरता की संज्ञा दी गयी। मुस्लिम समाज के नेताओं के अन्तःकरण को झकझोरते हुए **न्यायमूर्ति वी. खालिद** सवाल करते हैं कि 'क्या मुस्लिम महिला को हर पल ऐसी निर्दयता से पीड़ित होते रहने दिया जाना चाहिए? क्या उनके व्यक्तिगत कानून को इन दुर्भाग्यशाली पत्नियों के प्रति इतना निर्दयी होना चाहिए? क्या इनकी पीड़ा को समाप्त करने के लिए इनमें आवश्यक संशोधन नहीं किया जाना चाहिए? मेरी न्यायिक चेतना इस भयंकरता से क्षुब्ध है। सवाल है कि क्या समुदाय के जनमानस के नेताओं के अन्तःकरण भी क्षुब्ध होंगे।'

1972 में **न्यायमूर्ति वी. खालिद** द्वारा तीन तलाक के बारे में की गयी उक्त टिप्पणी आज तक समुदाय के जनमानस के नेताओं और नीति-निर्माताओं के अन्तःकरण को नहीं जगा पायी। पाथाई नामक मुस्लिम महिला द्वारा सुप्रीम कोर्ट में अपील न कर पाने का खामियाजा भुगतते रहने के लिए मजबूर रहनेवाली भारतीय मुस्लिम महिलाओं को 35 वर्ष बाद 1985 में शाहबानो बेगम नामक महिला से आत्मशक्ति मिल पायी। यह शाहबानो बेगम नामक मुस्लिम महिला थी, जिसने नीति-निर्माताओं एवं समुदाय के जनमानस के नेताओं से निराश भारतीय मुस्लिम महिलाओं को सुप्रीम कोर्ट की चौखट से न्याय पाने की ललक को पैदा किया। यह शाहबानो बेगम थी, जिसने तीन तलाक के कारण बुर्कायी अँधेरे में गुम

रहनेवाली भारतीय मुस्लिम महिलाओं की व्यथा को लेकर सुप्रीम कोर्ट तक लड़ाई लड़ी।

भारतीय समाज में तीन तलाक का किये जा रहे दुरुपयोग को उजागर करते शाहबानो बेगम मामले (1985) में पत्नी द्वारा अधीनस्थ न्यायालय के समक्ष भरण-पोषण का दावा किया गया था। केवल भरण-पोषण के दायित्व से बचने के लिए पति द्वारा पत्नी को तीन तलाक दे दिया गया और इसी तीन तलाक को आधार बनाकर पति द्वारा यह दावा किया गया कि वह मुस्लिम कानून के अन्तर्गत किसी तरह का भरण-पोषण देने के दायित्व से मुक्त हो गया है। विवाद के दोनों पक्ष 43 वर्ष की अवधि तक पति-पत्नी के रूप में साथ-साथ रहकर वैवाहिक जीवन गुजारे थे और उनके मध्य से तीन पुत्र और दो पुत्री भी पैदा हुए थे। सुनवायी के बाद मध्य प्रदेश हाईकोर्ट द्वारा पति के विरुद्ध 179/- रुपये भरण-पोषण की धनराशि तय की गयी थी। इस निर्णय को शाहबानो के पति द्वारा सुप्रीम कोर्ट में चुनौती दी गयी थी, जबकि उसकी स्वीकृत रूप से मासिक आमदनी लगभग 60,300/- रुपये प्रति महीना थी।

भरण-पोषण के सन्दर्भ में सुप्रीम कोर्ट द्वारा जब मुस्लिम महिलाओं को दूसरी महिलाओं की तरह समान अधिकार प्राप्त होने का निर्णय दिया गया तो भारत में जैसे भूचाल-सा आ गया। मुस्लिम समाज के कुछ तथाकथित धार्मिक नेताओं द्वारा इस तरह का दबाव बनाया गया कि तत्कालीन केन्द्र सरकार को 1986 में अलग से कानून — 'मुस्लिम महिला (तलाक पर अधिकारों का संरक्षण) अधिनियम, 1986' बनाना पड़ा। इस कानून के माध्यम से हमारे नीति-निर्माताओं द्वारा यह व्यवस्था बनायी गयी कि तलाक के बाद पूर्व-पति की तलाकशुदा पत्नी को भरण-पोषण देने का दायित्व केवल इद्दत की अवधि तक सीमित होगा।

भले ही 1986 के कानून के माध्यम से हमारे नीति-निर्माताओं द्वारा तीन तलाक को कानूनी तौर पर स्वीकृति प्रदान करने एवं मुस्लिम महिलाओं के भरण-पोषण पाने के अधिकार को इद्दत तक सीमित करने का प्रयास किया गया, किन्तु शाहबानो बेगम द्वारा तीन तलाक के खिलाफ प्रारम्भ की गयी सुप्रीम कोर्ट तक की न्यायालयीय लड़ाई को शमीम आरा नामक मुस्लिम महिला ने आगे बढ़ाया। वर्ष 2002 में शमीम आरा के मामले में सुप्रीम कोर्ट द्वारा तीन तलाक का दुरुपयोग होने से रोकने के लिए ऐतिहासिक निर्णय दिया गया। इस मामले में पति द्वारा पहले ही तलाक लेने और 1986 के कानून का लाभ मिलने का दावा किया गया था। पारिवारिक न्यायालय ने पति द्वारा किसी दूसरे मुकदमे में दाखिल हलफनामे में कहे गये तलाक को आधार बनाकर पत्नी के भरण-पोषण के दावे को खारिज कर दिया था। इस आदेश के खिलाफ अपील में इलाहाबाद हाईकोर्ट ने स्वीकार किया कि पति द्वारा पत्नी के समक्ष कभी तलाक नहीं दिया गया था और न ही पत्नी को तलाक के बारे में कभी सूचना ही दी गयी थी, किन्तु यह निर्णय दिया कि

05.12.1990 को जिस दिन पत्नी को पति द्वारा दाखिल जवाब के माध्यम से इस बात की जानकारी मिल गयी कि पति ने पूर्व में तलाक दे दिया है, उस दिन तलाक मान लिया जायेगा। अतः तलाकशुदा पत्नी दिनांक 01.01.1988 से दिनांक 05.12.1990 तक भरण-पोषण पाने की अधिकारिणी है।

इस देश के तन्त्र में हाईकोर्ट स्तर पर शमीम आरा भी वहीं पर लाकर खड़ी कर दी गयी थी, जहाँ पर 34 वर्ष पूर्व पाथाई नामक मुस्लिम महिला कर्नाटक हाईकोर्ट के निर्णय के बाद खड़ी थी। किन्तु इस बार स्थिति थोड़ी अलग थी। इस बार शमीम आरा के पास शाहबानो बेगम का नैतिक सम्बल भी था, जिसके सहारे शमीम आरा द्वारा इलाहाबाद हाईकोर्ट के निर्णय को सुप्रीम कोर्ट के समक्ष चुनौती दी गयी।

सुप्रीम कोर्ट के समक्ष तय करने के लिए मूल प्रश्न यह था कि क्या मात्र किसी दस्तावेज में या हलफनामे में पति द्वारा पत्नी से तलाक लेने की बात लिख देने मात्र से तलाक को उस दिन पूर्ण मान लिया जायेगा, जिस दिन इस दस्तावेज या हलफनामे की जानकारी पत्नी को होती है? इसी के साथ दो अन्य सवालों को सुप्रीम कोर्ट द्वारा तय किया जाना था। एक यह कि मुस्लिम कानून के अन्तर्गत तलाक की वैध प्रक्रिया क्या है और दूसरा यह कि बिना तार्किक कारण के किया गया तलाक क्या वैध माना जायेगा?

माननीय सुप्रीम कोर्ट द्वारा मुल्ला एवं डॉ. ताहिर की पुस्तकों में लिखे गये उस विचार को अस्वीकार कर दिया गया, जिसमें कहा गया था कि लिखित जवाब में पति द्वारा पूर्व में लिये गये तलाक को उल्लिखित कर देने से वैवाहिक सम्बन्ध को उस दिन से समाप्त मान लिया जायेगा, जिस दिन लिखित जवाब दाखिल कर दिया गया। अपने निर्णय में सुप्रीम कोर्ट ने कहा कि न तो पक्षकारों के मध्य वैवाहिक सम्बन्ध समाप्त हुआ है और न ही पति की पत्नी को भरण-पोषण देने का दायित्व ही समाप्त हुआ है। गोवाहाटी हाईकोर्ट के न्यायाधीश **न्यायमूर्ति बहारूल इस्लाम** (बाद में भारत के सुप्रीम कोर्ट के न्यायाधीश) द्वारा दो मामलों — जियाउद्दीन अहमद बनाम अनवर बेगम (1981) और रूकिया खातून बनाम अब्दुल खालिक लश्कर (1981) में की गयी व्याख्या से सहमति व्यक्त करते हुए सुप्रीम कोर्ट ने अपने ऐतिहासिक निर्णय में कहा कि तलाक का सही नियम, जैसा कि पवित्र कुरान में है, यह है कि (क) तलाक के लिए तार्किक कारण होना चाहिए; और (ख) इसके पूर्व पति व पत्नी के मध्य दो मध्यस्थों, एक पत्नी द्वारा अपने परिवार से और दूसरा पति द्वारा अपने परिवार से चुना गया हो, की उपस्थिति में समझौते का प्रयास किया गया होना चाहिए। यदि प्रयास असफल हो जाय तो तलाक लागू किया जा सकता है।

पाथाई (1968) हो या पाथुमल बीबी (1972) हो या अनवर बेगम (1981) या रूकिया खातून (1981) या शाहबानो बेगम (1985) या शमीम आरा (2002),

ऐसी न जाने कितनी अनगिनत पीड़ित मुस्लिम महिला होंगी, जिन्हें तीन तलाक की चिता में सती होना पड़ा है और हमेशा इसके खौफ के साये में रहना पड़ता है। महिलाओं को तीन तलाक जैसी कुप्रथाओं के खौफ के साये में न रहना पड़े, इसके लिए हमारे संविधान-निर्माताओं द्वारा संविधान में अनुच्छेद 13 और 44 के प्रावधान बनाये गयें। अनुच्छेद 13 कार्यपालिका को दायित्वाधीन करता है कि वह ऐसी कुप्रथाओं को मान्यता न दे, जो मूल अधिकारों से असंगत हों और अनुच्छेद 44 हमारे संसद् को दायित्वाधीन करता है कि वह देश के लिए एक धर्मनिरपेक्ष, लिंग-निरपेक्ष यूनिफार्म सिविल संहिता बनाये, ताकि ऐसी कुप्रथाओं का वजूद समाप्त हो जाय। किन्तु इन दोनों राजनीतिक संस्थाओं में इच्छा-शक्ति के अभाव के कारण भारत की मुस्लिम महिलाओं को तीन तलाक के खौफ के साये में रहना दुर्भाग्यपूर्ण है। यदि अनुच्छेद 44 का क्रियान्वयन कर यूनिफॉर्म 'सिविल संहिता' बना दिया जाय तो सम्भवतः तमाम कानूनी-अस्पष्टता अपने-आप समाप्त हो जाय और ऐसी कानूनी अस्पष्टता के कारण पैदा होनेवाले बहुत-सारे विवाद शायद जन्म ही न लेने पायें। किन्तु दुर्भाग्य से 68 वर्षों के अन्तराल के बाद भी हम ऐसा नहीं कर पायें हैं। **न्यायमूर्ति वी. खालिद** जैसे सुधारवादी बुद्धिजीवी तीन तलाक जैसे निर्दयी एवं क्रूर व्यवहार से तो क्षुब्ध महसूस करते हैं, किन्तु सवाल पैदा होता है कि क्या हमारे नीति-निर्माताओं एवं मुस्लिम समुदाय के नेताओं की अन्तरात्मा भी कभी क्षुब्ध महसूस करेगी।

शमीम आरा मामले में निर्णय के बाद तत्कालीन केन्द्र सरकार से अपेक्षा की जा सकती थी कि वह भले ही यूनिफार्म सिविल संहिता बनाने के लिए इच्छा-शक्ति न जुटा पायी हो, किन्तु कम-से-कम इस निर्णय के अनुक्रम में तीन तलाक के सम्बन्ध में एक स्पष्ट और पारदर्शी कानून बनाती और उन तार्किक कारणों का निर्धारण करती जिसके आधार पर मौखिक रूप से विवाह-विच्छेद किया जा सकता है। कानूनी स्थिति स्पष्ट रहने और लोगों में किसी तरह की गलतफहमी न होने मात्र से बहुत-सारे विवाद पैदा ही नहीं हो पाते। किन्तु हमारे तन्त्र के लिए दुर्भाग्य की बात यह रही है कि उसने मुस्लिम कानून को मुल्ला एवं डॉ. ताहिर द्वारा लिखी गयी पुस्तकों के भरोसे छोड़ दिया।

स्पष्ट कानून के बिना मात्र न्यायालय के आदेश से सब-कुछ ठीक नहीं हो जानेवाला है, इसको समझने के लिए एक ही तथ्य काफी है कि शमीम आरा मामले में सुप्रीम कोर्ट का ऐतिहासिक निर्णय आने के बावजूद तीन तलाक का दुरुपयोग होने की घटनाएँ रुकीं नहीं। शमीम आरा मामले में निर्णय आने के बावजूद शायरा बानो, आफरिन रहमान, गुलशन परवीन, इसरत जहाँ, आतिया साबरी जैसी तमाम मुस्लिम महिलाओं को, जिनकी एक लम्बी फेहरिस्त है, तीन तलाक के दुरुपयोग से पीड़ित होकर एक बार पुनः वर्ष 2016 में सुप्रीम कोर्ट की चौखट पर दस्तक देना पड़ा।

शायरा बानो का मामला देश के न्यायिक इतिहास का सम्भवतः पहला मामला है, जिसको तय करने वाले संविधानिक खण्डपीठ में देश के सभी प्रमुख धर्मों यथा हिन्दू, मुस्लिम, सिख, ईसाई व पारसी का प्रतिनिधित्व रहा। अल्पसंख्यक समुदाय से आने वाले चार विद्वान न्यायाधीशों से सुसज्जित इस खण्डपीठ द्वारा 22 अगस्त, 2017 को तीन तलाक की वैधता के मुद्दे पर निर्णय दिया गया।

तीन तलाक के इस मामले में माननीय सुप्रीम कोर्ट द्वारा तीन अलग-अलग निर्णय दिये गये हैं। प्रथम निर्णय मुख्य न्यायाधीश जगदीश सिंह खेहर एवं न्यायमूर्ति एस. अब्दुल नजीर द्वारा; द्वितीय निर्णय न्यायमूर्ति कुरियन जोसफ द्वारा और तृतीय निर्णय न्यायमूर्ति रोहिण्टन फाली नरीमन एवं न्यायमूर्ति यू. यू. ललीत द्वारा दिया गया है। इन तीनों निर्णयों में अभिनिर्धारित किये गये मुख्य बातों को समझना आवश्यक है। इन तीनों अलग-अलग निर्णय की बिन्दुवार प्रमुख बातें निम्न हैं—

प्रथम निर्णय

मुख्य न्यायाधीश जगदीश सिंह खेहर एवं न्यायमूर्ति एस. अब्दुल नजीर द्वारा दिये गये प्रथम निर्णय में अभिनिर्धारित किया गया कि —

- तलाक-अहसन और तलाक-हसन का भी कुरान में उल्लेख नहीं है, अतः इस आधार पर तीन तलाक (तलाक-उल-बिद्दत) को खारिज नहीं किया जा सकता है कि यह कुरान में मान्य नहीं है। (पैरा 121);
- सती प्रथा हो या देवदासिनी प्रथा या बहुविवाह, इन सभी को कानून बनाकर ही समाप्त किया जा सका है, इसलिए इस आधार पर तीन तलाक के सन्दर्भ में न्यायिक हस्तक्षेप करने की माँग स्वीकरणीय नहीं है। (पैरा 125);
- तलाक-उल-बिद्दत विगत 1400 वर्षों से मुस्लिम प्रथा में शामिल होकर व्यक्तिगत कानून का अभिन्न अंग बन गया है। (पैरा 141);
- अल्जीरिया, मिस्र, इराक, जार्डन, कुवैत, लेबनान, लीबिया, मोरक्को, सूडान, सीरिया, ट्यूनिसिया, संयुक्त अरब अमीरात, यमन जैसे अरब देश हों या इण्डोनेशिया, मलेशिया, फिलिपीन्स, पाकिस्तान, बाँग्लादेश जैसे एशियाई मुस्लिम देश हों, सभी ने किसी-न-किसी रूप में तीन तलाक के सम्बन्ध में कानून बना रखे हैं। (पैरा 142);
- मुस्लिम शरीयत (व्यक्तिगत कानून) राज्य निर्मित कानून नहीं है, अतः अनुच्छेद 13 के अनुरूप इसे संविधान के भाग तीन के प्रावधानों — मूल अधिकारों को सन्तुष्ट करने की आवश्यकता नहीं है। (पैरा 157);
- तीन तलाक की प्रथा अनुच्छेद 25(1) में उल्लिखित लोक व्यवस्था, सदाचार और स्वास्थ्य की परीधि में भी नहीं आता है, जिसके आधार पर इसे रद्द किया जा सके। (पैरा 164);

- अनुच्छेद 14, 15 और 21 के प्रावधान का उल्लंघन करने का सवाल केवल राज्य के खिलाफ उठाया जा सकता है और चूँकि हमने तय किया है कि मुस्लिम व्यक्तिगत कानून राज्य निर्मित कानून नहीं है, इसलिए इसे अनुच्छेद 14, 15, 21 के उल्लंघन के आधार पर चुनौती नहीं दी जा सकती है। (पैरा 165);
- अनुच्छेद 25 और 44 पर संविधान सभा में हुए बहस से साबित है कि हमारे संविधान-निर्माता व्यक्तिगत कानून को मूल अधिकार के रूप में स्थापिंत करना चाहते थे और नि:सन्देह रूप से व्यक्तिगत कानून को संविधान के अन्तर्गत मूल अधिकार का दर्जा प्राप्त हो गया है। (पैरा 168-172);
- मूल अधिकार के रूप में व्यक्तिगत कानून को सुरक्षित करना न्यायालय की जिम्मेदारी है। व्यक्तिगत कानून से जुड़े सभी मामलों को अनुच्छेद 25(2) एवं 44 के अन्तर्गत विधायिका द्वारा कानून बनाकर ही केवल बदला जा सकता है। (पैरा 182);
- घरेलू कानूनों के निर्वचन में अन्तर्राष्ट्रीय कानूनों एवं घोषणाओं का महत्त्व है किन्तु यह सिद्धान्त तभी लागू होता है जब दोनों में कोई अन्तर्विरोध न हो। जहाँ तक व्यक्तिगत कानून का सवाल है, इसे संविधानिक सुरक्षा प्राप्त है। इसलिए यदि व्यक्तिगत कानून एवं अन्तरराष्ट्रीय घोषणाओं के मध्य अन्तर्विरोध है, तो व्यक्तिगत कानून प्रभावी होगा। (पैरा 189);
- यहाँ तक कि ए.आइ.एम.पी.एल.बी. (आल इण्डिया मुस्लिम पर्सनल लॉ बोर्ड) द्वारा यह स्वीकार किया गया है कि विधायिका इस स्थिति का निस्तारण कर सकती है। यह कथन संविधान के अनुच्छेद 25 (2) और अनुच्छेद 44 सपठित संविधान के सातवीं अनुसूची के समवर्ती सूची की प्रविष्टि 5 के संयुक्त पाठन पर आधारित है। कोई सन्देह नहीं है और यह हमारा निश्चित निष्कर्ष है कि इस स्थिति का निस्तारण कानून के माध्यम से किया जा सकता है। हम समझते है कि विधायिका को इस बिन्दु पर कानून बनाने का परामर्श देना उचित नहीं है। फिर भी जैसी स्थिति वर्तमान मामले में है, वह कुछ अलग प्रतीत होता है। यहाँ पर दोनों पक्षों द्वारा व्यक्त विचारों में अन्तर्विरोध नहीं है। भारत संघ याचिकाकर्त्ता के पक्ष के समर्थन में हमारे समक्ष खड़ा है। भारत संघ द्वारा अपनाया गया रास्ता हमारे लिये यह अनुमान लगाने के लिए पर्याप्त है कि भारत संघ याचिकाकर्त्ता के साथ खड़ा है। दुर्भाग्य से संघ हमारा हाथ पकड़ रहा है, जो वस्तुत: उसके पास ही है। (पैरा 198);
- हम सन्तुष्ट हैं कि यह मामला ऐसी स्थिति पैदा करता है, जहाँ संविधान के अनुच्छेद 142 के अन्तर्गत इस न्यायालय द्वारा यथोचित दिशानिर्देश जारी

करने के विवेकाधिकार का प्रयोग किया जाना चाहिए। इसलिए हम भारत सरकार को निर्देशित करते हैं कि वह उचित विधान बनाने पर विचार करे, खासतौर पर 'तलाक-ए-बिद्दत' के सन्दर्भ में। हम आशा एवं अपेक्षा करते हैं कि आनेवाला यह विधान व्यक्तिगत कानून — 'शरीयत' में हुए सुधारों, जैसा कि वैश्विक पटल पर, यहाँ तक कि इस्लामिक धर्म-आधारित देशों में भी कानूनों के माध्यम से किया गया है, पर भी विचार करेगा। जब भारत में ब्रिटिश सरकार द्वारा कानून के माध्यम से मुस्लिम के परेशानी में सहयोग किया गया है और जब मुस्लिम समुदाय द्वारा उपचारात्मक उपाय अपनाया गया है तो स्वतन्त्र भारत में पीछे रह जाने का हम कोई कारण नहीं पाते हैं। भारत में दूसरे धर्मों के सन्दर्भ में उपाय अपनाया जा चुका है (देखें रिफार्म टू पर्सनल लॉ इन इण्डिया) किन्तु मुस्लिमों के लिए नहीं। इसलिए हम विधायिका से इस अति महत्त्वपूर्ण मामले में विवेकयुक्त विचार लाने का आग्रह करते हैं। हम सभी राजनीतिक पार्टियों से भी प्रार्थना करेंगे कि वे इतने महत्त्वपूर्ण विषय पर विधान बनाने के दौरान अपने व्यक्तिगत दलगत हित को एक तरफ रखें। (पैरा 199);

- इस तरह के विधान के विचारणीय रहने तक हम मुस्लिम पतियों को वैवाहिक सम्बन्ध समाप्त करने के लिए 'तलाक-ए-बिद्दत' (तीन तलाक) का प्रयोग करने से रोकते हैं। यह रोक छह महीने तक लागू रहेगा। यदि छह महीने के अन्दर कानून बनाने का कार्य प्रारम्भ हो जाता है तो यह रोक विधान बनने तक जारी रहेगा और यदि ऐसा नहीं किया जा सका तो रोक अपने-आप समाप्त हो जायेगा। (पैरा 200)

द्वितीय निर्णय

तीन तलाक मामले में अलग से निर्णय देते हुए न्यायमूर्ति कुरियन जोसफ ने अभिनिर्धारित किया कि —

- 1937 का अधिनियम, धारा 2 में उल्लिखित मामलों में शरीयत को सिर्फ लागू करता है। जब तलाक शरीयत से विनियमित होता है, इसलिए इसके लिए आधार एवं प्रक्रिया को 1937 के अधिनियम में संहिताबद्ध नहीं किया गया है। इस कारण से इस विषय पर मैं माननीय मुख्य न्यायाधीश से सहमत हूँ और आदरपूर्वक न्यायमूर्ति नरीमन के विचार कि 1937 का अधिनियम तीन तलाक को विनियमित करनेवाला कानून है, से सहमत नहीं हूँ। (पैरा 4 एवं 5);
- प्रसिद्ध लेखक आसफ ए. ए. फैजी के अनुसार मुस्लिम कानून के चार स्रोत हैं — कुरान, हदीस, इज्मा और कियास। कुरान को श्रेष्ठता प्रदान किया गया है। इसका मतलब है कि पवित्र कुरान के अलावा कानून के

दूसरे स्रोत पूरक की तरह हैं। हदीस, इज्मा या कियास के प्रावधान कुरान में कही गयीं बातों के खिलाफ नहीं जा सकते हैं। (पैरा 6 एवं 7);

- तीन तलाक के बाद समझौते के लिए दरवाजे बन्द हो जाते हैं, जो कुरान द्वारा निर्धारित प्रक्रिया के खिलाफ है और शरीयत का उल्लंघन करता है। (पैरा 10);
- शमीम आरा मामले में निर्धारित किया जा चुका है कि तार्किक कारण के बिना व समझौते के प्रयास के बिना तीन तलाक की प्रक्रिया अवैध है। इसे देश के कई हाईकोर्ट द्वारा लागू भी किया जा चुका है। अतः विद्वान् मुख्य न्यायाधीश के इस विचार से सहमत होना बहुत कठीन है कि तीन तलाक को धर्म के अभिन्न अंग के रूप में मान्य किया जा चुका है और यह व्यक्तिगत कानून का एक भाग है। (पैरा 15 व 23);
- अनुच्छेद 25(2) में उल्लिखित अपवाद के अलावा धार्मिक आजादी का अधिकार पूर्ण अधिकार है, यहाँ तक मैं मुख्य न्यायाधीश के निर्णय से सहमत हूँ किन्तु यह कि तीन तलाक धार्मिक आचरण का अभिन्न अंग है, इससे मैं पूरी तरह असहमत हूँ। (पैरा 24);
- कोई भी प्रथा मात्र इस आधार पर वैध नहीं हो जाती है क्योंकि वह लम्बे समय से चला आ रहा है, इसलिए 1937 के अधिनियम के बाद कुरान के विरुद्ध किसी तरह का आचरण अनुमतियोग्य नहीं है। ऐसी प्रथा को संविधानिक सुरक्षा नहीं दिया जा सकता है। इस कारण तीन तलाक को संविधानिक सुरक्षा देने सम्बन्धी मुख्य न्यायाधीश के निर्णय से असहमत हूँ। (पैरा 24);
- अक्सर चर्चा के दौरान धर्म को अन्य संविधानिक अधिकारों के खिलाफ घुसा दिया जाता है। मैं विश्वास करता हूँ कि इनके बीच समन्वय सम्भव है, किन्तु भिन्न-भिन्न हितों के मध्य सामंजस्य स्थापित करना विधायिका के अधिकार क्षेत्र में है। निश्चित रूप से संविधानिक परिधि में रहकर भारतीय संविधान द्वारा गारण्टी किये गये धार्मिक अधिकार को चोट पहुँचाये बिना इस अधिकार का प्रयोग किया जाना चाहिए। (पैरा 25)

तृतीय निर्णय

तृतीय निर्णय न्यायमूर्ति रोहिण्टन फाली नरीमन एवं न्यायमूर्ति यू. यू. ललीत द्वारा संयुक्त रूप से लिखा गया गया है। इस निर्णय में निम्न महत्त्वपूर्ण बातें निर्धारित की गयीं—

- मुस्लिम व्यक्तिगत कानून में मान्य सभी तरह के तलाक 1937 के अधिनियम के अन्तर्गत मान्य व लागू हैं। (पैरा 18);

- 1937 का अधिनियम भी संविधान के अनुच्छेद 13(3)(बी) में प्रयुक्त 'प्रवर्तित विधि' की परिधि में शामिल है और अनुच्छेद 13(1) से विनियमित होगा और उस सीमा तक जहाँ तक यह मूल अधिकारों से असंगत है, शून्य होगा। (पैरा 19);
- वर्ष 2003 में जावेद के मामले में अभिनिर्धारित कसौटी के अन्तर्गत तीन तलाक धार्मिक आचरण का अभिन्न अंग नहीं है और वर्ष 2004 में आचार्य जगदीश्वरानन्द अवधूत के मामले में इस कोर्ट द्वारा निर्धारित किये गये पैमाने को लागू करने पर यह भी स्पष्ट है कि इस आचरण के बिना इस्लाम धर्म की मूलभूत प्रकृति बदल नहीं जायेगी। (पैरा 25);
- मनमाना होने पर ऐसे सभी अधीनस्थ विधान को अनुच्छेद 14 के उल्लंघन होने के आधार पर रद्द किया जा सकता है। (पैरा 54);
- शमीम आरा के मामले में यह अभिनिर्धारित किया जा चुका है कि तलाक के लिए अवश्य ही कोई तार्किक आधार होना चाहिए और इसे लागू करने के पूर्व पति व पत्नी के मध्य दोनों के संरक्षकों की उपस्थिति में समझौते का प्रयास होना चाहिए और समझौते का प्रयास असफल होने पर ही तलाक को लागू किया जा सकता है। (पैरा 56);
- तलाक का यह स्वरूप मनमाना है क्योंकि इसके माध्यम से बिना किसी समझौते का प्रयास किये ही वैवाहिक बन्धन को तोड़ा जा सकता है, इसलिए यह भारतीय संविधान के अनुच्छेद 14 के प्रावधान का उल्लंघन है और 1937 का अधिनियम उस सीमा तक, जिस सीमा तक यह तीन तलाक को मान्यता प्रदान करता है, शून्य व रद्द होने योग्य है। (पैरा 57)

प्रथम निर्णय के माध्यम से मुख्य न्यायाधीश जगदीश सिंह खेहर एवं न्यायमूर्ति एस. अब्दुल नजीर ने तीन तलाक की प्रथा को वैध पाते हुए कहा कि इसे केवल अनुच्छेद 25(2) एवं 44 के अन्तर्गत विधायिका द्वारा कानून बनाकर ही बदला जा सकता है। किन्तु द्वितीय एवं तृतीय निर्णय के माध्यम से न्यायमूर्ति कुरियन जोसफ, न्यायमूर्ति रोहिण्टन फाली नरीमन एवं न्यायमूर्ति यू. यू. ललीत (बहुमत का निर्णय) द्वारा तीन तलाक के आचरण को मनमानापन और अनुच्छेद 14 के खिलाफ पाया गया।

इस मामले में न्यायाधीश जोसफ कुरियन द्वारा लिखे गये निर्णय की भूमिका बहुत ही महत्त्वपूर्ण हो जाती है। यह निर्णय जहाँ तीन तलाक को अवैध घोषित करने के बिन्दु पर न्यायमूर्ति रोहिण्टन फाली नरीमन एवं न्यायमूर्ति यू. यू. ललीत के निर्णय (तृतीय निर्णय) के साथ खड़ा है, तो कानून की आवश्यकता पर भी बल देते हुए यह निर्णय मुख्य न्यायाधीश जगदीश सिंह खेहर एवं न्यायमूर्ति एस. अब्दुल नजीर के निर्णय (प्रथम निर्णय) के साथ खड़ा नजर आता है। यह निर्णय जहाँ इस बिन्दु कि 1937 का अधिनियम तलाक को विनियमित करनेवाला कानून

है या नहीं है, पर मुख्य न्यायाधीश जगदीश सिंह खेहर द्वारा लिखे गये प्रथम निर्णय के साथ खड़ा होता है और कहता है कि ऐसा नहीं है, वहीं यह अभिनिर्धारित करके कि विधान कोई भी हो — पूर्ण (प्लेनरी) विधान या अधीनस्थ (सबार्डिनेट) विधान, उसे मनमानेपन के आधार पर चुनौती दी जा सकती है, यह निर्णय न्यायमूर्ति आर. एफ. नरीमन द्वारा लिखे गये तृतीय निर्णय के साथ खड़ा हो जाता है।

यद्यपि शायरा बानो के इस मामले में तीन तलाक यानी तलाक-उल-बिद्दत का बहुत ही सीमित सवाल उठाया गया था और सुप्रीम कोर्ट द्वारा भी इसी सीमित सवाल के दायरे में रहकर निर्णय दिया गया है। इस सम्बन्ध में व्यापक सवाल यह है कि क्या भारत में विवाह-विच्छेद को मौखिक स्वरूप में जैसा कि मुस्लिम कानून में तलाक-उल-हसन और तलाक-उल-अहसन के रूप में प्रचलित है, को मान्यता दिया जाना उचित है? सवाल यह भी पैदा होता है कि क्या मुस्लिम कानून में मान्य मौखिक विवाह-विच्छेद के बाकी स्वरूपों के सन्दर्भ में शमीम आरा मामले में सुप्रीम कोर्ट द्वारा निर्धारित दोनों शर्तों — पहला यह कि तलाक के लिए तार्किक आधार होना चाहिए और दूसरा यह कि इसे लागू करने के पूर्व समझौते का प्रयास होना चाहिए — का पालन किया जाता है? यदि नहीं किया जाता है तो क्या इसे मात्र इस आधार पर लागू कर दिया जाना चाहिए क्योंकि यह 1937 के शरीयत कानून द्वारा सुरक्षित किया गया है? और यदि किया जाता है तो आखिर हमारे नीति-निर्माताओं में यह इच्छाशक्ति क्यों नहीं है कि वे इसे संसदीय कानून के माध्यम से विनियमित करें? चौथा सवाल यह कि यदि मौखिक स्वरूप वाले विवाह-विच्छेद की प्रक्रिया में कुछ भी आदर्श के तत्त्व हैं तो इसे धर्मनिरपेक्ष रूप से सभी भारतीयों के सन्दर्भ में क्यों नहीं लागू किया जाना चाहिए?

शायरा बानो मामले में निर्णय आने के कुछ ही दिन बाद केन्द्र सरकार 'मुस्लिम महिला (विवाह अधिकार संरक्षण) विधेयक, 2017' (तीन तलाक कानून) लेकर आयी है। इस विधेयक पर चर्चा हम अगले अध्याय में करेंगे। यहाँ पर चर्चा का विषय यह है कि क्या यह देश अब अपने नीतियों के लिए हमेशा न्यायपालिका पर निर्भर होगा। अभी जब मैं यह अध्याय लिख रहा हूँ, ठीक इसी समय मीडिया में 27 मार्च, 2018 को खबर छपी है कि सुप्रीम कोर्ट बहुविवाह, हलाला, मुता विवाह और मिस्यार विवाह जैसे मसलों पर भी सुनवायी करने को राजी हो गया है और इसके लिए संविधान पीठ का गठन किया जायेगा।

यदि देश के लिए एक यूनिफार्म सिविल संहिता होता, तो शायद ही भरण-पोषण, तीन तलाक, बहुविवाह, हलाला जैसे तमाम विषयों को लेकर कोई विवाद-विषय होता। इस सन्दर्भ में न तो हमें बार-बार न्यायपालिका की तरफ टकटकी लगाना पड़ता और न ही सुप्रीम कोर्ट को ही इन सब बिन्दुओं पर बार-बार अपना कीमती समय बरबाद करना पड़ता। जो काम हमारे नीति-निर्माताओं

को यूनिफार्म सिविल संहिता बनाकर पूरा करना चाहिए, उसके लिए इस देश को न्यायालयों पर निर्भर होना पड़ता है। भले ही न्यायालयी प्रक्रिया हमारे नीति-निर्माताओं को जवाबदेही के लिए सुरक्षा कवँच प्रदान करते हों, फिर भी ये नीति-निर्माता अपने संवैधानिक जिम्मेदारी से नहीं बच सकते हैं। सवाल पैदा होता है कि क्या यह देश यूनिफार्म सिविल संहिता के अभाव के कारण पैदा होते रहनेवाली समस्याओं से निजात पाने के लिए बार-बार न्यायपालिका की तरफ टकटकी लगाने के लिए मजबूर होता रहेगा या विधायिका एवं कार्यपालिका भी अपनी इच्छाशक्ति का प्रदर्शन कर अनुच्छेद 44 के क्रियान्वयन के अनुक्रम में देश के लिए यूनिफॉर्म सिविल संहिता बनाने की अपनी जिम्मेदारी का निर्वहन करेगी। नीति-निर्माण के स्तर पर अभी तक इस देश को मायूसी ही हाथ लगी है।

अपनी पुस्तक 'भारतीय सिविल संहिता (समान नागरिक संहिता) के सिद्धान्त : अनुच्छेद 44 के क्रियान्वयन के अनुक्रम में' का उपसंहार लिखने के दौरान ही तीन तलाक का मामला संविधानिक पीठ को सुनवायी के लिए सुपुर्द कर दिया गया था। तीन तलाक एवं ऐसे अन्य तमाम विषय को यूनिफार्म सिविल संहिता से जोड़ते हुए लिखे गये इस उपसंहार के निम्न अंश को यहाँ सन्दर्भित करना प्रासंगिक है —

> '... इसलिए भले ही भरण-पोषण में विसंगति के खिलाफ या विवाह-विच्छेद हेतु आधार के सन्दर्भ में विसंगति के खिलाफ या बहुविवाह का नाजायज लाभ लेने के उद्देश्य से किये गये धर्म-परिवर्तन के खिलाफ या वसीयत के सन्दर्भ में ईसाइयों के साथ भेदभाव के खिलाफ सुप्रीम कोर्ट के निर्णय आ गये हों और भले ही कुछ दिनों बाद तीन तलाक के सन्दर्भ में सुप्रीम कोर्ट का आनेवाला निर्णय भी इस कड़ी में जुड़ जाय तो भी देश के लिए एक धर्मनिरपेक्ष सर्वमान्य 'भारतीय सिविल संहिता' बनाकर लागू करने का सवाल समाप्त नहीं हो जायेगा और न ही न्यायपालिका (सुप्रीम कोर्ट) के इन निर्णयों की आड़ में कार्यपालिका (मन्त्रिमण्डल) एवं विधायिका (संसद्) की अनुच्छेद 44 के प्रति संवैधानिक जवाबदेही ही समाप्त हो जायेगी। भारतीय विधिशास्त्र के अन्तर्गत ये निर्णय कानून का विकल्प नहीं हो सकते हैं।...'

बहुविवाह, हलाला जैसे मसले सुप्रीम कोर्ट में उठाये जाने के बाद एक बार फिर यह देश वहीं पर आकर ठहर गया है, जहाँ पर कुछ दिन पहले तीन तलाक के सवाल को लेकर खड़ा था। तीन तलाक के सवाल पर सुप्रीम कोर्ट में सुनवायी के लिए खर्च हुए समय की कीमत का कोई अनुमान नहीं लगाया जा सकता है। यदि इस पर हमारे नीति-निर्माता संजीदा होते तो शायद सुप्रीम कोर्ट को इसे लेकर अपना कीमती समय नुकसान नहीं करना पड़ता। तीन तलाक का मामला पाँच न्यायाधीशों की संविधानिक पीठ द्वारा निर्णित किया गया है। अब बहुविवाह,

हलाला, मुता विवाह का मामला सुप्रीम कोर्ट की संविधान पीठ द्वारा सुना जायेगा। पाँच न्यायाधीशों की संविधानिक पीठ से सुनवायी किये जाने का मतलब प्रति दिन सरकारी फण्ड से लाखों-लाख रूपये का खर्च। न तो 2002 में शमीम आरा का निर्णय आने के बाद तीन तलाक की प्रक्रिया पारदशीं हो सका और न ही 2017 में शायरा बानो का ही निर्णय आने के बाद तीन तलाक की घटनाएँ रूक रही हैं। इस तरह करोड़ों-करोड़ रूपये खर्च होने के बाद यदि इस देश के नागरिकों को न्याय की सन्तुष्टि न मिल पाये और सरकार को भी यह आत्मविश्वास न हो कि वह बिना अपराधिक घोषित किये तीन तलाक पर रोक नहीं लगा सकती है, यह स्थिति एक लोकतान्त्रिक देश के लिए इससे अधिक दुर्भाग्य की और क्या बात होगी?

9

तीन तलाक और धार्मिक आस्था

तीन तलाक जैसी प्रथा का पक्ष लेने वाले लोग इसके बचाव में सबसे प्रमुख आधार यह लेते हैं कि यह उनकी धार्मिक आस्था से जुड़ा सवाल है। उनके अनुसार इस तरह के सभी व्यवहार उनके धर्म के एक अभिन्न अंग हैं और चूँकि धार्मिक आस्था एवं धार्मिक आजादी के अधिकार को भारत के संविधान के अन्तर्गत सुरक्षा प्राप्त है, इसलिए इनसे छेड़छाड़ नहीं किया जा सकता है।

तीन तलाक यानी विवाह-बन्धन को मौखिक तरीके से समाप्त करने के व्यवहार को या ऐसे अन्य किसी व्यवहार को जब हम धार्मिक आस्था से जोड़ते हैं, तो सबसे प्रमुख सवाल यह पैदा होता है कि धार्मिक आस्था या धार्मिक व्यवहार क्या हैं व इसकी सीमाएँ क्या हैं और किस तरह के व्यवहार या आस्था को धर्म का मूलभूत अंग कहा जा सकता है?

उपर्युक्त सवाल के साथ एक और स्वाभाविक सवाल पैदा होता है कि क्या धार्मिक आस्था का पैमाना अलग-अलग धर्मों के लिए अलग-अलग हो सकता है? हिन्दू, ईसाई जैसे धर्मों के सन्दर्भ में लागू वैवाहिक दायित्व, विवाह-विच्छेद, गोद, उत्तराधिकार, संरक्षकत्व इत्यादि पारिवारिक विषय के कानून राज्य द्वारा विनियमित किये जा रहे हैं। किन्तु मुस्लिम धम के सन्दर्भ में ऐसा नहीं हो सका है क्योंकि इनकी धारणा के अनुसार ये विषय उनकी धार्मिक आस्था से जुड़े विषय हैं। इसलिए इस सवाल का जवाब खोजा जाना भी आवश्यक है कि जो विषय हिन्दू धर्म या ईसाई धर्म के लिए धार्मिक आस्था का विषय नहीं है, वह इस्लाम धर्म के लिए कैसे धार्मिक आस्था का विषय है?

धार्मिक आस्था : धर्म लक्षित कसौटी बनाम राज्य लक्षित कसौटी

किसी व्यवहार या आस्था को कब और किस स्थिति में धर्म का अंग मानकर इसमें किसी तरह का हस्तक्षेप राज्य द्वारा नहीं किया जा सकता है, इस संवेदनशील सवाल का सन्तोषजनक जवाब कई दृष्टि से महत्त्वपूर्ण है। वस्तुत: इसी जवाब में यूनिफॉर्म सिविल संहिता का मूल भी छिपा हुआ है। इसे समझने के लिये सुप्रीम कोर्ट द्वारा दो

अलग-अलग मामलों — जावेद बनाम हरियाणा राज्य (2003) और पुलिस कमीश्नर बनाम आचार्य जगदीश्वरानन्द अवधूत (2004) में दिये गये निर्णयों एवं इनमें प्रतिपादित सिद्धान्तों का उल्लेख करना महत्त्वपूर्ण है।

जावेद के मामले में हरियाणा पंचायत राज अधिनियम, 1994 की धारा 175(1)(जी) एवं 177(2) को चुनौती दी गयी थी। इन धाराओं के प्रावधान के अनुसार जिस व्यक्ति के पास दो से अधिक सन्तान होगा, वह सरपंच या उपसरपंच या पंच का चुनाव नहीं लड़ सकता या यदि ऐसे पद के धारण के दौरान उसके दो से अधिक सन्तान हो जाते हैं, तो वह पद धारण करने के अयोग्य हो जायेगा। इन प्रावधानों को चुनौती देने के लिए तमाम आधारों के साथ एक आधार संविधान के अनुच्छेद 25 द्वारा गारण्टी किये गये धार्मिक स्वतन्त्रता के अधिकार के उल्लंघन का भी लिया गया था। सुप्रीम कोर्ट के समक्ष यह तर्क रखा गया था कि दो से ज्यादा बच्चों को पैदा करने का अधिकार धार्मिक आस्था से जुड़ा अधिकार है। अत: इस आधार पर चुनाव लड़ने से अयोग्य नहीं घोषित किया जा सकता है। सुप्रीम कोर्ट ने अपने निर्णय में कहा कि संविधान के अनुच्छेद 25 एवं 26 के अन्तर्गत सुरक्षा केवल उन धार्मिक व्यवहारों के सन्दर्भ में है जो धर्म के आवश्यक व मूलभूत अंग होते हैं। एक व्यवहार धार्मिक व्यवहार हो सकते हैं किन्तु आवश्यक नहीं है कि वह उस धर्म का आवश्यक व मूलभूत अंग भी हो।

सुप्रीम कोर्ट ने आगे कहा कि चार महिलाओं के साथ चार विवाह करना मुस्लिमों के लिए अनुमन्य हो सकता है और किसी के लिए, चाहे वह मुस्लिम हो या किसी अन्य समुदाय या धर्म को मानने वाला हो, उतने सन्तान पैदा करना, जितना वह चाहता हो, भी अनुमन्य हो सकता है, किन्तु भारत में कोई भी धर्म द्विविवाह या बहुविवाह करने का या एक से ज्यादा सन्तान पैदा करने का निर्देश या बाध्यकारी आदेश नहीं दे सकता है। जो कुछ भी धर्म द्वारा अनुमन्य है या निषेधित नहीं है, वह धर्म का आवश्यक अंग या धार्मिक व्यवहार नहीं हो जाता है। एक व्यवहार को धार्मिक व्यवहार की स्वीकृति मात्र इसलिए नहीं प्राप्त हो जाती है क्योंकि इसे अनुमन्य किया गया है। मान लिजिये कि एक से ज्यादा पत्नी रखने या एक से ज्यादा सन्तान पैदा करने के व्यवहार को किसी समुदाय द्वारा या व्यक्तियों के समूह द्वारा माना जाता रहा है, तो भी इसे विधान द्वारा लोक व्यवस्था, नैतिकता और स्वास्थ्य के हित में या सामाजिक कल्याण एवं सुधार के लिए विनियमित या निषेधित किया जा सकता है।

धर्म का आवश्यक अंग क्या है, यह सवाल एक बार फिर सुप्रीम कोर्ट के समक्ष आचार्य जगदीश्वरानन्द अवधूत के मामले में तय करने के लिए आया। इस मामले में आनन्दमार्गियों द्वारा किये जाने वाले ताण्डवनृत्य की वैधता का प्रश्न उठाया गया था। धर्म के आवश्यक अंग की व्याख्या करते हुए सुप्रीम कोर्ट ने कहा कि धर्म के आवश्यक अंग का अर्थ वे मूल विचार हैं, जिन पर वह धर्म आधारित है। आवश्यक

व्यवहार का अर्थ उन व्यवहारों से है, जो धार्मिक विश्वास का पालन करने के लिए मौलिक होते हैं। ये मूलभूत अंग या व्यवहार की आधारशिलाएँ हैं, जिन पर किसी धर्म की अधिरचना हुई रहती है और जिसके बिना एक धर्म धर्म नहीं रह जायेगा। क्या कोई अंग या व्यवहार किसी धर्म के लिए आधारभूत है या नहीं इसे निर्धारित करने की कसौटी यह है कि क्या उस अंग या व्यवहार के बिना धर्म की प्रकृति बदल जायेगी। यदि उस अंग या व्यवहार को हटा देने से धर्म की प्रकृति में या इसके विश्वास में आधारभूत बदलाव हो जाता है तो ऐसे अंग को आवश्यक या मूलभूत अंग के रूप में माना जायेगा। ऐसे अंग के साथ कुछ जोड़ा या घटाया नहीं जा सकता क्योंकि ये उस धर्म के लिए बहुत मूलभूत होते हैं और इनमें किसी तरह का बदलाव उसकी मूलभूत प्रकृति को बदल देगा। ऐसे स्थायी आधारभूत अंग को ही संविधान द्वारा सुरक्षित किया गया है। कोई भी व्यक्ति यह नहीं कह सकता है कि उसके धर्म के आवश्यक अंग या व्यवहार में किसी विशेष तिथि या घटना से बदलाव हो गया है। निश्चित रूप से ऐसे परिवर्तनीय अंग या व्यवहार धर्म के मूल सत्त्व नहीं हैं, जिन पर कि विश्वास आधारित होता है और धर्म टिका रहता है। इन्हें केवल गैर-आवश्यक अंग या व्यवहार के अलंकरण के रूप में माना जा सकता है।

यह अविवादित रूप से स्थापित हो चुका है कि अनुच्छेद 25 एवं 26 के अन्तर्गत केवल उन्हीं व्यवहारों को सुरक्षित किया गया है, जो धर्म के आवश्यक व मूलभूत अंग होते हैं न कि सभी धार्मिक व्यवहारों को। सवाल पैदा होता है कि किन व्यवहारों को धार्मिक व्यवहार कहा जा सकता है या कौन-से विषय धार्मिक आस्था के विषय हैं। इसे तय करने के लिए सुप्रीम कोर्ट के उपर्युक्त आचार्य जगदीश्वरानन्द अवधूत के निर्णय के अनुसार निम्न दो बिन्दु आवश्यक हैं—

1. उन्हीं व्यवहारों को धर्म का आवश्यक एवं मूलभूत अंग कहा जा सकता है, जो ऐसी होती हैं कि इनके बिना धर्म की मूल प्रकृति बदल जाती है; और
2. ऐसे व्यवहार स्थायी किस्म के हों अर्थात् परिवर्तनीय न रहे हों।

धार्मिक व्यवहार या धार्मिक आस्था को तय करने का उपर्युक्त विचार मूलत: 'धर्म-लक्षित कसौटी' पर आधारित है। इसका दायरा एक दृष्टिकोण से बहुत संकीर्ण है, तो दूसरे दृष्टिकोण से बहुत व्यापक। संकीर्ण इसलिए क्योंकि आप सब-कुछ धर्म पर छोड़ देते हैं और व्यापक इसलिए क्योंकि धर्म के मठाधीशों को अपने धर्म की प्रकृति को लेकर अडिग बने रहने की पूरी आजादी रहती है। अपनी प्रकृति को तय करने को लेकर धर्म स्वयम्भू की स्थिति में रहते हैं। ये दोनों ही दृष्टिकोण अतिरेक की स्थिति है। जब आप इस धर्म लक्षित कसौटी को सिद्धान्त के रूप में स्वीकार कर लेते हैं, तो एक राज्य के लिए कुछ भी तय करने के लिए कोई गुंजाइश नहीं बची रह पाती है। धर्म का स्वघोषित व्यवहार भले ही लोकहित के विरूद्ध हो, किन्तु यदि इसने प्रकृति का स्वरूप ले लिया है, तो इस सिद्धान्त के अनुसार राज्य इसमें हस्तक्षेप नहीं कर सकता है।

इसके विपरीत धार्मिक व्यवहार या धार्मिक आस्था को तय करने की एक अन्य कसौटी 'राज्य लक्षित कसौटी' है। इसमें धर्म की प्रकृति राज्य के आचरण से प्रभावित होता रहता है। कोई व्यवहार धर्म द्वारा अनुमन्य है, यह महत्त्वपूर्ण नहीं रह जाता है। लोक व्यवस्था या समाज सुधार के आधार पर राज्य कानून बनाकर किसी भी व्यवहार को विनियमित कर सकता है। इसके अलावा पारलौकिक किस्म के जो भी व्यवहार शेष बचते हैं, वे धर्म के विषय होते हैं। 'राज्य लक्षित कसौटी' की सबसे बड़ी विसंगति यह है कि इसमें एक व्यक्ति के अन्तःकरण एवं आस्था से जुड़ी बातें, जिसे धर्मों द्वारा संचालित किये जाने का दावा किया जाता है, पूर्णतया राज्य के रहमोकरम पर निर्भर हो जातें हैं।

'राज्य' की अवधारणा के उद्‌भव होने और 17वीं शताब्दी में महान् जर्मन विधिशास्त्री जॅस्टस हेनिंग बॉहमर द्वारा प्रतिपादित 'राज्याधिधर्मतन्त्र के सिद्धान्त' (Doctrine of Caesaropapism) को मान्यता मिलने के बाद धर्मों के प्रभाव-क्षेत्र संकुचित हो गये और चर्चों सहित सभी धार्मिक संस्थाओं के धार्मिक प्राधिकार 'राज्य के धर्म-निरपेक्ष प्राधिकार' के अधीन आ गये। कालान्तर में लगभग सभी प्रगतिशील देशों द्वारा इसी सिद्धान्त को अपने शासन का मूल बनाया गया और इस विचारधारा से प्रभावित होकर कानून बनाया जाने लगा कि जीवन के सभी लौकिक व्यवहारों को मानवता-आधारित व्यवस्था से संचालित होना चाहिए। इस वैचारिक स्थापना के बाद राज्य द्वारा सिविल एवं आपराधिक व्यवहार को धर्मों के प्रभाव से अलग कर राज्य निर्मित कानून से विनियमित किया जाने लगा।

भारत भी अपने को राज्याधिधर्मतन्त्र के सिद्धान्त से स्वयं को अछूता नहीं रख सका है। धर्म से अलग कर राज्य द्वारा विनियमित किये जा रहे अपराध एवं दण्ड के कानून, सम्पत्ति सम्बन्धित कानून, दायित्व सम्बन्धित कानून इसी सिद्धान्त के परिणाम हैं। हिन्दू, ईसाई जैसे धर्मों के सन्दर्भ में लागू वैवाहिक दायित्व, विवाह-विच्छेद, गोद, उत्तराधिकार, संरक्षकत्व इत्यादि पारिवारिक विषय के कानून राज्य द्वारा इस सिद्धान्त के अन्तर्गत विनियमित किये जा रहे हैं। किन्तु मुस्लिम धर्म के सन्दर्भ में ऐसा नहीं हो सका है। ऐसा इसलिए है क्योंकि इनकी धारणा के अनुसार ये विषय उनकी धार्मिक आस्था से जुड़े विषय हैं। इसी धारणा का राज्य लक्षित कसौटी से द्वन्द रहता है।

व्यक्ति लक्षित कसौटी ज्यादा श्रेयस्कर

'मिशन आर्टिकिल 44 : एक राष्ट्र, एक सिविल कानून' के बैनर तले संस्था लोक सर्वोदय फाउण्डेशन द्वारा 'संविधान-सभा के विचार और यूनिफॉर्म सिविल संहिता की बढ़ती प्रासंगिकता' विषय पर 24 मई, 2018 को आयोजित किये गये एक बौद्धिक सेमिनार में मुख्य अतिथि के रूप में बोलते हुए इलाहाबाद हाईकोर्ट के न्यायाधीश **न्यायमूर्ति आर. एस. मौर्या** ने धार्मिक आस्था के सन्दर्भ में एक महत्त्वपूर्ण बात कही। उन्होंने कहा कि धर्म का लौकिक व्यवहारों से कोई वास्ता नहीं होना चाहिए। उसका

प्रभाव मात्र पारलौकिक व्यवहार तक सीमित रखना होगा। वे सभी व्यवहार जो समाज व राष्ट्र को प्रभावित करते हैं, उनको धर्म के प्रभाव से अलग करके देश की एकता व अखण्डता के लिए यूनिफार्म सिविल संहिता बनाना होगा।

धर्म और धार्मिक आस्था के विषय एक व्यक्ति के अन्तःकरण से जुड़े एवं पारलौकिक व्यवहार तक तो सीमित हैं ही, किन्तु वे सभी व्यवहार, जो भले ही पारलौकिक से दिखते हों या जो भले ही यह इस तरह के हों कि इनके बिना धर्म की मूल प्रकृति बदल जाती है, यदि प्रत्यक्ष या अप्रत्यक्ष रूप से समाज को या दूसरे अन्य व्यक्तियों को प्रभावित करते हैं, तो उन्हें धर्म और धार्मिक आस्था के दायरे से बाहर रखे जाने चाहिए। धार्मिक आस्था एवं व्यवहार को तय करने की यह 'व्यक्ति लक्षित कसौटी' है। 'व्यक्ति लक्षित कसौटी' के माध्यम से 'धर्म लक्षित कसौटी' और 'राज्य लक्षित कसौटी' दोनों की कमियों को दूर कर धार्मिक व्यवहार एवं आस्था के वास्तविक स्वरूप को तय किया जा सकता है। इस कसौटी के माध्यम से राज्य और धर्म दोनों एक-दूसरे के ऊपर अंकुश बनाये रख सकते हैं। 'व्यक्ति लक्षित कसौटी' 'धर्म लक्षित कसौटी' और 'राज्य लक्षित कसौटी' दोनों की तुलना में कैसे ज्यादा श्रेयस्कर है, इसे हम कुछ दृष्टान्तों के माध्यम से समझने का प्रयास करते हैं।

एक व्यक्ति द्वारा आस्तिक होकर ईश्वर में विश्वास करना या नास्तिक होकर ईश्वर में विश्वास नहीं करना उसकी धार्मिक आजादी का विषय है। एक आस्तिक व्यक्ति ईश्वर के किस स्वरूप को स्वीकार करे या उसकी उपासना पद्धति क्या हो या मृत्यूपरान्त उसका ईश्वर के साथ सम्बन्धों को लेकर क्या मान्यता है, ये विषय शुद्ध रूप से पारलौकिक विषय हैं। चूँकि ये परलौकिक विषय सिर्फ उस व्यक्ति को प्रभावित करतें हैं, जो इसे स्वीकार करतें हैं, इसलिए इस स्तर पर धार्मिक आस्था के क्षेत्र को लेकर कोई विवाद नहीं है। अब इसे एक कदम आगे विस्तारित कर कहा जा सकता है कि चूँकि ईश्वर के जिस स्वरूप में हम विश्वास करते हैं, उसी स्वरूप में हमारी आने वाली पीढ़ी को भी विश्वास करना है इसलिए बच्चे का जन्म भी धार्मिक आस्था का विषय है। फिर एक कदम और आगे बढ़कर यह कहा जा सकता है कि चूँकि पीढ़ियों को बढ़ाने का माध्यम विवाह होता है, इसलिए विवाह भी धार्मिक आस्था का विषय है। इसी के समानान्तर एक कदम आगे बढ़कर यह भी कहा जा सकता है कि चूँकि ये जो हमारी सम्पत्ति है वह हमारे बाद हमारी पीढ़ी को उत्तराधिकार में प्राप्त होता है या अपनी सम्पत्ति का प्रयोग वह अपने ईश्वर के प्रति आस्था को भौतिक रूप से व्यक्त करने के लिए करना चाहता है इसलिए सम्पत्ति और उत्तराधिकार का विषय भी धार्मिक आस्था का विषय है। इसके बाद अन्तिम विषय आता है मृत्यु का विषय। इस सम्बन्ध में भी कहा जा सकता है कि मृत्यु के बाद किसी व्यक्ति की आत्मा का उसके ईश्वर से जुड़ाव किस तरह बना रहे, यह वह व्यक्ति अपनी इच्छानुसार अन्तिम संस्कार के माध्यम से तय करता है, इसलिए अन्तिम संस्कार का तरीका क्या हो, यह विषय भी धार्मिक आस्था का विषय है। इस तरह ईश्वर में विश्वास, उपासना-पद्धति

एवं अन्तिम संस्कार के साथ-साथ बच्चों का जन्म, विवाह, वैवाहिक दायित्व, सम्पत्ति, उत्तराधिकार इत्यादि धर्म के दृष्टिकोण से धार्मिक आस्था का विषय हो जाता है।

अलग-अलग धर्म हैं और इन अलग-अलग धर्मों की अलग-अलग धार्मिक आस्था और मान्यताएँ भी हैं। अब इन्हीं सब विषयों को उस देश (राज्य) से जोड़कर चर्चा करते हैं, जिसमें कोई व्यक्ति एक नागरिक के रूप में रहकर अपने धर्म और धार्मिक आस्थाओं को मानने की आजादी प्राप्त करता है या उस समाज से जोड़कर चर्चा करते हैं, जिसे वह अपने इन व्यवहारों से प्रत्यक्ष या परोक्ष प्रभावित करता है।

धर्म भले ही पारलौकिक विषयों पर नियन्त्रण रखता हों, किन्तु इनका भी लक्ष्य इन्सानियत से परे नहीं होता है। बावजूद इसके यदि धर्म का कोई हिस्सा इन्सानियत के विरुद्ध है, तो उसे अमान्य करना एक सभ्य एवं प्रगतिशील समाज की मजबूरी है क्योंकि धर्म के दबाव में इन्सानियत के विरुद्ध व्यवहारों को समाज एवं राज्य द्वारा मान्यता देने का मतलब इनके द्वारा आत्महत्या वाली सोच को अपने ऊपर प्रभावी होने देना है। इन्सानियत की यही आँख, इन्सानियत का यही लक्ष्य तीन-तलाक जैसे अमानवीय व्यवहारों को खत्म करने के लिए हमें संकल्पबद्ध करता है।

यह सिर्फ एक देश की ही बात नहीं है। इस विचार को लगभग वैश्विक मान्यता मिल चुकी है कि कौन व्यक्ति किस धर्म को मानेगा, यह उसकी व्यक्तिगत इच्छा पर निर्भर करता है। इसे तलवार या बन्दूक के बल पर दूसरे के ऊपर थोपा नहीं जा सकता है। किसी देश में कोई धर्म बहुमत में है, इस कारण वहाँ के सभी लोग बहुमत वाले धर्म की मान्यताओं को मानने के लिए बाध्य हैं, यह अवधारणा इस आधुनिक काल में स्वीकरणीय नहीं रह गया है। ईश्वर के किसी भी स्वरूप में विश्वास करने और उपासना की किसी पद्धति को तय करने की आजादी सभी लोगों को प्राप्त हो, यह धर्म एवं राज्य दोनों के नजरीये से स्वीकरणीय हैं। लेकिन यदि कोई एक व्यक्ति या समूह अपने ईश्वर या उपासना-पद्धति को तलवार के बल पर दूसरे के ऊपर थोपता है या थोपने का प्रयास करता है, तो इन्सानियत का सवाल पैदा हो जाता है और धार्मिक आस्था की आड़ में किसी को ऐसा करने के खिलाफ राज्य द्वारा उचित प्रतिबन्ध लगाया ही पड़ता है।

किसी भी व्यक्ति को अपनी धार्मिक मान्यताओं के अनुसार विवाह की पद्धति तय करने की आजादी है, लेकिन यदि कोई व्यक्ति किसी दूसरे व्यक्ति से बलपूर्वक विवाह करना चाहे या किसी नाबालिग से विवाह करना चाहे या विवाह के उपरान्त अपनी दम्पति के प्रति वैवाहिक उत्तरदायित्वों को ईमानदारी से न निभाना चाहे या वैवाहिक उत्तरदायित्वों को मनमाने तरीके से निभाना चाहे या किसी भी रूप में स्वच्छन्दता की इच्छा रखे तो इन्सानियत का सवाल पैदा हो जाता है और फिर समाज को आगे आना पड़ता है।

किसी व्यक्ति को आजादी है कि वह सन्तान पैदा करे या न करे, लेकिन यदि वह यह कहे कि उसका धर्म केवल पुत्र को ही विरासत बढ़ाने का माध्यम मानता है,

इसलिए वह पुत्रियों का जन्म नहीं होने देगा और इसके लिए वह अपनी पत्नी की कोख के साथ ज्यादती करने के लिए आजाद है या यदि पुत्रियाँ जन्म लेंगी तो वह उनके साथ दोहरा व्यवहार करने के लिए आजाद है, तो इन्सानियत का सवाल पैदा हो जाता है और धार्मिक आस्था की आड़ में किसी को ऐसा करने के खिलाफ राज्य द्वारा उचित प्रतिबन्ध लगाया ही पड़ता है।

किसी भी व्यक्ति को यह आजादी है कि वह अपनी सम्पत्ति का उपयोग किस तरह करे, लेकिन यदि उसने विवाह कर लिया व सन्तान भी पैदा कर लिया है और उसके बाद यदि वह यह कहे कि वह अपनी धार्मिक आस्था को तुष्ट करने के लिए अपनी समस्त सम्पत्ति का दान कर देगा या अपनी समस्त सम्पत्ति को केवल पुत्रों में बाँट देगा, पुत्रियों में नहीं या यदि वह यह कहे कि विवाहोपरान्त अर्जित की गयी सम्पत्ति में उसकी पत्नी का हक नहीं है तो फिर इन्सानियत का सवाल पैदा हो जाता है और धार्मिक आस्था की आड़ में किसी को ऐसा करने के खिलाफ राज्य द्वारा उचित प्रतिबन्ध लगाया ही पड़ता है।

किसी व्यक्ति का यह भी अधिकार है कि वह यह तय करे कि मृत्यूउपरान्त उसका अन्तिम संस्कार उसकी धार्मिक मान्यता के अनुसार हो, लेकिन यदि वह यह कहे कि उसके द्वारा अर्जित की गयी समस्त चल सम्पत्ति को उसकी कब्र के पास गाड़ दिया जाय या उसके शव के साथ जला दिया जाय या उसके द्वारा अर्जित समस्त अचल सम्पत्ति को उसका कब्र या स्मारक बना दिया जाय और उसकी सम्पत्ति का उपयोग कोई दूसरा इन्सान न करने पाये ताकि वह मृत्यु के बाद अपनी इन सम्पत्तियों को ईश्वर को सुपुर्द कर सके तो फिर इन्सानियत का सवाल पैदा हो जाता है और धार्मिक आस्था की आड़ में किसी को ऐसा करने के खिलाफ राज्य द्वारा उचित प्रतिबन्ध लगाया ही पड़ता है।

धार्मिक आस्था को तय करने हेतु 'व्यक्ति लक्षित कसौटी' के अन्तर्गत एक व्यक्ति के अन्त:करण से जुड़े एवं पारलौकिक व्यवहार उसी सीमा तक धर्म एवं धार्मिक आस्था का विषय बना रहता है, जब तक कि वह उस व्यक्ति को ही प्रभावित करता रहता है। किन्तु ज्यों ही ये व्यवहार, भले ही कितना पारलौकिक क्यों न हों, भले ही कितना ही वह धर्म के मूल प्रकृति से जुड़ा क्यों न हो, दूसरे लोगों को या समाज को या देश को प्रभावित करने लगता है, वह धर्म एवं धार्मिक आस्था के दायरे से बाहर हो जाता है और राज्य द्वारा विनियमित किये जाने का विषय बन जाता है। यह कसौटी राज्य और धर्म दोनों को अपने नागरिकों एवं अनुयायियों के प्रति समग्र एवं सम्यक् दृष्टिकोण अपनाये रखने के दायित्वाधीन बनाये रखता है।

धार्मिक आस्था बनाम व्यक्तिगत कानून

तीन तलाक जैसी प्रथाओं का बचाव धर्म-आच्छादित व्यक्तिगत कानून को ढाल बनाकर किया जाता है। सिविल व्यवहार से सम्बन्धित व्यक्तिगत कानूनों को किस

सीमा तक धर्म के अधीन बनाये रखा जा सकता है और धर्म की सीमाएँ क्या हैं, इस सम्बन्ध में संविधान-सभा में अनुच्छेद 19 पर हुए बहस के दौरान डॉ. अम्बेडकर द्वारा व्यक्त किये गये विचार का यहाँ उल्लेख करना प्रासंगिक है। डॉ. अम्बेडकर के शब्दों में—

'इस देश में धार्मिक विचार इतने विस्तृत हैं कि वह जन्म से लेकर मृत्यु तक, जीवन के सभी क्षण को प्रभावित कर लेते हैं। ऐसा कुछ भी नहीं है जहाँ धर्म न हो और यदि हम व्यक्तिगत कानून को बचाते हैं तो मैं इस बारे में निश्चित हूँ कि सामाजिक मामलों पर हम ठहराव की स्थिति में आ जायेंगे। मैं नहीं सोचता हूँ कि यह स्थिति स्वीकार करना सम्भव है। ऐसा कहना असाधारण नहीं है कि हमें धर्म की परिभाषा को सीमित करने का प्रयास इस तरह से करना चाहिए कि शिष्टाचार से जुड़े विश्वास और रीतियाँ जो आवश्यक रूप से धार्मिक ही हैं, से आगे नहीं बढ़ेंगे।

'यह आवश्यक नहीं है कि कानून जैसे किरायेदारी के कानून या उत्तराधिकार के कानून, धर्म द्वारा संचालित हों। **यूरोप में ईसाइयत है, लेकिन ईसाइयत का अर्थ यह नहीं होता है कि ईसाई पूरे विश्व या यूरोप में जहाँ भी रहते हैं, उत्तराधिकार के समान व्यवस्था रखेंगे। ऐसी किसी चीज का अस्तित्व नहीं होता है। मैं व्यक्तिगत रूप से नहीं समझता हूँ कि धर्म को इतना विस्तृत और व्यापक क्षेत्र क्यों दिया जाना चाहिए जो सम्पूर्ण जीवन पर कब्जा कर ले और विधायिका को इन क्षेत्रों में हस्तक्षेप करने से रोके।** सबके बाद, हम इस स्वतंत्रता को किसके लिए रख रहे हैं? हम सब इस स्वतंत्रता का प्रयोग उस सामाजिक व्यवस्था में सुधार लाने के लिए रखते हैं, जो अन्याय, भेदभाव और ऐसी तमाम चीजों से भरे पड़े हैं, जो मूल अधिकारों से असंगत होते हैं। इसलिए किसी के लिए यह अनुमान करना बिलकुल असम्भव है कि व्यक्तिगत कानून राज्य के क्षेत्राधिकार से बाहर रखा जायेगा। ('निर्माण-पुरुष डॉ. अम्बेडकर की संविधान-यात्रा' 2017 संस्करण, पृष्ठ सं. 255)

इसी तरह धर्म को जीवन के सामाजिक सम्बन्धों एवं व्यक्तिगत कानूनों से अलग करने की आवश्यकता पर बल देते हुए श्री के. एम. मुन्शी कहते हैं—

'हम धर्म को व्यक्तिगत कानूनों से, जिसे सामाजिक सम्बन्ध कहा जा सकता है या उत्तराधिकार या विरासत से सम्बन्धित पक्षकारों के अधिकारों से अलग करना चाहते हैं। इन सब चीजों का धर्म से क्या सम्बन्ध है। मैं वास्तव में नहीं समझ पाता हूँ। ... हम सब एक प्रगतिशील समाज हैं। हम सब इस दौर में हैं, जहाँ धार्मिक क्रियाकलापों में हस्तक्षेप किये बिना हमें देश को अवश्य ही एकीकृत करना चाहिए। यदि बीते दिनों में धार्मिक क्रियाकलाप ने जीवन के सभी क्षेत्रों को अपने दायरे में ले लिया है, हमें ऐसा करने से मना करने का निर्णय लेना पड़ेगा

और कहना होगा कि ये मामले धार्मिक नहीं हैं, ये पूरी तरह धर्मनिरपेक्ष कानून के विषय हैं। इसी बात पर यह अनुच्छेद बल देता है।

कुरान या गीता या बाइबिल जैसे अलग-अलग धर्मों के पवित्र धार्मिक पुस्तक पूजा या नमाज या प्रार्थना करने; हज या दर्शन करने; रोजा या व्रत रखने; मन्दिर या मस्जिद या चर्च या गुरुद्वारा का प्रबन्धन करने; धार्मिक शिक्षा प्राप्त करने; विवाह या निकाह की कोई पद्धति अपनाने; मृत्यु उपरान्त अन्तिम संस्कार के लिए कोई तरीका अपनाने या आत्मिक शान्ति प्राप्त करने जैसे पारलौकिक और विशुद्ध धार्मिक विषयों के सन्दर्भ में महत्त्वपूर्ण हो सकते हैं। अलग-अलग धार्मिक संस्थाओं से संचालित होने वाले इन पुरातन धार्मिक पुस्तकों में गतिशीलता का बिल्कुल अभाव होता है। बदलती परिस्थितियों के साथ इनमें परिवर्तन करना न तो सम्भव होता है और न ही उचित। स्वयं धार्मिक संस्थाओं का अपना कोई प्राधिकार नहीं होने के कारण इन धार्मिक पुस्तकों में उल्लिखित बातें स्थिर-सी बनी रहनेवाली बातें होती हैं। इन पवित्र पुस्तकों को मानव-जीवन की लौकिक क्रियाकलापों के सन्दर्भ में आदर्श नहीं बनाया जा सकता है। इसलिए एक राज्य द्वारा सिविल एवं आपराधिक व्यवहार सहित सभी लौकिक क्रियाकलापों को धार्मिक व्यवहार से अलग कर धर्मनिरपेक्ष कानून बनाकर विनियमित करना ही पड़ता है। इन धार्मिक पुस्तकों की प्रासंगिकता को लौकिक क्रियाकलापों के सन्दर्भ में नकारना एक संवेदनशील राज्य के लिए इसलिए भी आवश्यक होता है क्योंकि ज्यादातर धर्म-आधारित व्यवस्थाएँ पुरुष-प्रधान विचारों से प्रेरित होकर बनायी गयी होती हैं। कमोबेश तीन तलाक की अवधारणा भी ऐसे ही पुरुष-प्रधान विचार का कुपरिणाम है। ऐसी विसंगतियुक्त अवधारणा को मानवता एवं तार्किकता की कसौटी पर परखना व आवश्यकतानुसार संशोधित कर एक समग्र धर्मनिरपेक्ष नीति बनाना संविधान के अनुच्छेद 44 का लक्ष्य है।

एक पुरुष को किस महिला से या एक महिला को किस पुरुष से विवाह करना है, यह व्यक्तिगत आजादी का मामला है। इसमें न तो धर्म बीच में आता है और न ही राज्य ही बीच में आता है। इनको विवाह के तौर-तरीकों को तय करने की भी आजादी रहती है कि वे अपने मूल धर्म द्वारा स्वीकृत किये गये रीति-रिवाज के अनुसार विवाह करें या किसी अन्य तरीके से। किन्तु एक बार विवाह-बन्धन में बँधने के बाद दोनो पक्षों यानी पति एवं पत्नी की एक-दूसरे के प्रति जिम्मेदारी एवं जवाबदेही शुरू हो जाती है। फिर विवाह-बन्धन को तोड़ने का विषय धर्म और धार्मिक आस्था का विषय न होकर समाज एवं राज्य का विषय हो जाता है। तलाक जैसे व्यवहार का, जो एक व्यक्ति के स्वयं के अन्त:करण को प्रभावित करने से ज्यादा दूसरे के जीवन पर बुरा असर डालता है, इस देश में धर्म-आच्छादित व्यक्तिगत कानून से विनियमित होते रहना, वह भी मात्र इस आधार पर कि यह उसके धर्म एवं धार्मिक आस्था का विषय है, दुर्भाग्यपूर्ण है।

1937 में ब्रिटिश हुकूमत द्वारा शरीयत को आँख मूँदकर इसलिए नहीं स्वीकार किया गया था क्योंकि वे भारत में इसे लागू किये जाने से होनेवाली सामाजिक कठिनाइयों एवं लैंगिक भेदभाव से वाकिफ नहीं थे, बल्कि इसलिए स्वीकार किया गया था क्योंकि व्यक्तिगत कानूनों के माध्यम से धार्मिक आस्था को उभारना और धार्मिक मतभेद की खाई को चौड़ा करना उनकी सत्ता-प्रतिष्ठान को सहूलियत प्रदान कर रहा था। दुर्भाग्य से आजादी के बाद भी ऐसी सहूलियत को प्राप्त करते रहना हमारे नीति-निर्माताओं की नियति बन गयी है। उन्हें भी धार्मिक आस्था को सिविल-व्यवहारों के साथ घालमेल करने वाला ब्रिटिश फार्मूला रास आने लगा।

10

तीन तलाक और व्यक्तिगत कानून का अधिकार

भारत में व्यक्तिगत कानूनों को सामान्यतया दो श्रेणी में रखा जा सकता है। पहली श्रेणी में वे व्यक्तिगत कानून आते हैं, जो भले ही किसी धर्म विशेष के सम्बन्ध में लागू होते हैं, किन्तु वह उस धर्म द्वारा निर्मित एवं पोषित होने के बजाय राज्य द्वारा निर्मित एवं संचालित होते हैं। इस श्रेणी में हिन्दू कानून, ईसाई कानून, पारसी कानून इत्यादि व्यक्तिगत कानून आते हैं। ये कानून राज्य की कानून-निर्मातृ संस्था — संसद् द्वारा विनियमित होते हैं और आवश्यकतानुसार समय-समय पर उसके द्वारा ही संशोधित किये जाते हैं। दूसरी श्रेणी में वे व्यक्तिगत कानून आते हैं, जो जिस धर्म पर लागू होते हैं, उसके द्वारा निर्मित व पोषित भी होते हैं। इस श्रेणी में सिर्फ एक कानून — मुस्लिम व्यक्तिगत कानून आता है। किसी एक विषय पर मुस्लिम व्यक्तिगत कानून का प्रावधान क्या है, यह अलग-अलग धार्मिक गुरुओं द्वारा दिये गये अलग-अलग व्याख्या या फतवों पर निर्भर होते हैं। इस कारण इनमें किसी तरह के साम्यता व स्पष्टता का अभाव होता है। इस तरह एक तरफ जहाँ भारत में अन्य सभी धर्मों के व्यक्तिगत कानून राज्य द्वारा विनियमित होते हैं वहीं मुस्लिम व्यक्तिगत कानून धर्मगुरुओं एवं धार्मिक-संस्थाओं द्वारा विनियमित होते हैं।

मुस्लिम व्यक्तिगत कानून से आच्छादित कोई विषय राज्य द्वारा विनियमित होने या संशोधित होने योग्य हैं या नहीं, इसका जवाब जानने के लिए इस सवाल की प्रासंगिकता बढ़ जाती है कि क्या भारत में व्यक्तिगत कानूनों को किसी रूप में किसी तरह का संवैधानिक संरक्षण प्राप्त है?

तीन तलाक के खिलाफ शायरा बानो मामले में सुप्रीम कोर्ट की संविधान-पीठ द्वारा 22 अगस्त, 2017 को जो निर्णय दिया गया है, उसमें मुख्य न्यायाधीश जगदीश सिंह खेहर एवं न्यायमूर्ति एस. अब्दुल नजीर द्वारा दिये गये अल्पमत के निर्णय में व्यक्तिगत कानून के सन्दर्भ में कुछ महत्त्वपूर्ण विचार दिये गये हैं। इस निर्णय के पैरा 168-172 का निष्कर्ष यह है कि अनुच्छेद 25 और 44 पर संविधान-सभा में हुई

बहस से साबित है कि हमारे संविधान-निर्माता व्यक्तिगत कानून को मूल अधिकार के रूप में स्थापित करना चाहते थे और निःसन्देह रूप से व्यक्तिगत कानून को संविधान के अन्तर्गत मूल अधिकार का दर्जा प्राप्त हो गया है। इस कारण व्यक्तिगत कानून इस रूप में लागू किये जाने योग्य है।

तीन तलाक का बचाव करते समय अल्पमत वाले प्रथम निर्णय में व्यक्तिगत कानून मानने के अधिकार को मूल अधिकार माना गया है और व्यक्तिगत कानून का सिविल संहिता से भिन्न होने का सन्देश देने का भी प्रयास किया गया है। ऐसा करने के लिए संविधान-सभा में हुए बहस के कुछ अंश का भी सहारा लिया गया है। इस निर्णय के पैरा संख्या 169 में संविधान-सभा में अनुच्छेद 25 (प्रारूप अनुच्छेद 19) पर हुई बहस में भाग लेनेवाले दो माननीय सदस्यों मोहम्मद इस्माइल साहिब एवं पण्डित लक्ष्मी कान्त मैत्रे द्वारा व्यक्त विचारों के कुछ अंश का जिक्र किया गया है और इसी आधार पर इस निर्णय के अगले पैरा संख्या 170 में यह निष्कर्ष निकाला गया है कि हमारे संविधान-निर्माता व्यक्तिगत कानून मानने के अधिकार को मूल अधिकार का भाग बनाने के लिए दृढ़ थे। इसी तरह इस निर्णय के पैरा संख्या 171 में संविधान-सभा में अनुच्छेद 44 (प्रारूप अनुच्छेद 25) पर हुई बहस में भाग लेनेवाले चार माननीय सदस्यों मोहम्मद इस्माइल साहिब, मि. नजीरूद्दीन, मि. महबूद अली बेग साहिब बहादुर एवं मि. पोकर साहिब बहादुर द्वारा व्यक्त विचारों के कुछ अल्पांश का जिक्र किया गया है और इस आधार पर अगले पैरा संख्या 172 में यह निष्कर्ष निकाला गया है कि कोई सन्देह नहीं रह जाता है कि संविधान में व्यक्तिगत कानून मानने के अधिकार को मूल अधिकार का दर्जा प्राप्त है और इस तरह व्यक्तिगत कानून इस रूप में लागू है।

व्यक्तिगत कानून को मूल अधिकार मानने के सम्बन्ध में सुप्रीम कोर्ट के अल्पमत के निर्णय में व्यक्त उपर्युक्त विचार को आगे बढ़ाते हुये अभी कुछ दिन पहले 5 दिसम्बर, 2017 को विधि आयोग के अध्यक्ष न्यायमूर्ति बी.एस. चौहान द्वारा यह बयान दिया गया कि व्यक्तिगत कानून अनुच्छेद 25 के अन्तर्गत संविधान का एक भाग है और इसे समाप्त नहीं किया जा सकता है।

भारतीय संविधान के अन्तर्गत क्या व्यक्तिगत कानूनों को मूल अधिकार माना गया है या किसी रूप में इन्हें संरक्षण प्राप्त है, इस सवाल को लेकर भारतीय समाज, खासकर परम्परावादी मुस्लिम समाज के मध्य गलत धारणा बनी रहती है। हमारे देश की संस्थाओं द्वारा या उसकी तरफ से व्यक्त किये गये विचार समाज में व्याप्त ऐसे किसी गलत धारणा को और बल प्रदान करते हैं।

सुप्रीम कोर्ट के अल्पमत के निर्णय में और विधि आयोग के अध्यक्ष द्वारा व्यक्तिगत कानूनों को संवैधानिक संरक्षण प्राप्त होने के सम्बन्ध में व्यक्त किये गये विचारों की समीक्षा संविधान-सभा की मन्शा की कसौटी पर करना समीचीन है।

व्यक्तिगत कानून पर हमारे संविधान-सभा के विचार

संविधान-सभा में अनुच्छेद 19 (प्रारूप अनुच्छेद 13) पर चर्चा के दौरान मोहम्मद इस्माइल साहिब ने यह संशोधन प्रस्ताव लाया था कि अन्य आजादी के अधिकार की तरह अनुच्छेद 19 में 'व्यक्तिगत कानून मानने की आजादी के अधिकार' को भी मूल अधिकार के रूप में शामिल किया जाय। मोहम्मद इस्माइल साहिब के इस संशोधन प्रस्ताव को संविधान-सभा द्वारा 3 दिसम्बर, 1948 को खारिज कर दिया गया था। अनुच्छेद 19 पर बहस के दौरान श्री एम. अनथसयनम् अयंगर और डॉ. अम्बेडकर द्वारा व्यक्त किये गये विचारों का यहाँ पर उल्लेख करना आवश्यक है, जिसका माननीय न्यायाधीशद्वय द्वारा प्रथम निर्णय के पैरा संख्या 170 व 172 में निष्कर्ष निकाले जाते समय विचार ही नहीं किया गया है।

डॉ. अम्बेडकर व्यक्तिगत कानून मानने के अधिकार को मूल अधिकार के रूप में स्वीकार करने से पैदा होनेवाली कठिनाइयों पर प्रकाश डालते हुए कहते हैं—

> 'अब मैं व्यक्तिगत कानून को बचाने के सवाल पर आता हूँ। मैं समझता हूँ इस विषय पर काफी और पर्याप्त बहस की जा चुकी है जब हम संविधान के निर्देशक सिद्धान्तों में से एक 'सर्वमान्य सिविल संहिता' पर चर्चा किये थे। मैं नहीं सोचता हूँ कि इस पर पुन: सन्दर्भ लिये जाने की कोई आवश्यकता है, लेकिन मुझे यह कहना चाहिए कि यदि संविधान में ऐसे कोई सुरक्षात्मक उपबन्ध जोड़े जाते हैं तो यह भारत की विधायिकाओं को सामाजिक सुधार पर कानून बनाने से अयोग्य करेगा। इस देश में धार्मिक विचार इतने विस्तृत हैं कि वह जन्म से लेकर मृत्यु तक, जीवन के सभी क्षण को प्रभावित कर लेता है। ऐसा कुछ भी नहीं है जहाँ धर्म न हो और यदि हम व्यक्तिगत कानून को बचाते हैं तो मैं इस बारे में निश्चित हूँ कि सामाजिक मामलों पर हम ठहराव की स्थिति में आ जायेंगे। मैं नहीं सोचता हूँ कि यह स्थिति स्वीकार करना सम्भव है। ऐसा कहना असाधारण नहीं है कि हमें धर्म की परिभाषा को सीमित करने का प्रयास इस तरह से करना चाहिए कि शिष्टाचार से जुड़े विश्वास और रीतियाँ जो आवश्यक रूप से धार्मिक ही हैं, से आगे नहीं बढ़ेंगे।

इसी तरह व्यक्तिगत कानून मानने के अधिकार को मूल अधिकार घोषित करनेवाले संशोधन प्रस्ताव का विरोध करते हुए **श्री एम. अनथसयनम् अयंगर** ने संविधान-सभा में कहा था—

> कुछ हमारे मित्र जिन्होंने संशोधन प्रस्तुत किये हैं, वे दो गारण्टी चाहते हैं। पहला यह कि उनके व्यक्तिगत कानून में हस्तक्षेप न हो। मेरा निवेदन है कि प्रगतिशील समाज में यह बिलकुल अव्यावहारिक है। यहाँ तक कि एक विशेष समुदाय के सदस्य यह महसूस कर सकते हैं कि उनके व्यक्तिगत कानून में बदलाव होना चाहिए। हम इस्लाम को लेते हैं। मैं दो या तीन संशोधनों का सन्दर्भ लूँगा, जो उस कानून को बनाने के लिए लाया गया था जैसा शरीयत में था।

1939 में ही केन्द्रीय विधायिका ने कुछ परिस्थितियों में मुस्लिम विवाह-विच्छेद की अनुमति देने के लिए कानून बनाया। मुस्लिम कानून के अन्तर्गत पुरुष को एकपक्षीय अधिकार है कि वह अपने विवाह को तलाक कहकर शून्य घोषित कर ले और इसी तरह 'कुलम्प' के रूप में तलाक के दूसरे तरीके हैं। महिलाओं को सामान्यतया विवाह-विच्छेद करने का अधिकार नहीं है। उसे नपुंसकता जैसे कुछ सीमित आधार पर इसके लिए न्यायालय जाना पड़ता है। इसे अब आसान बनाया गया है। दूसरी बात यह कि एक महिला, जो अपने पति के साथ उसी घर में खुशहाल पारिवारिक जीवन नहीं व्यतीत कर सकती है, को कुछ परिस्थिति में अलग होने का अधिकार है, इस सम्बन्ध में अब तक मुस्लिम विवाह-विच्छेद कानून में प्रावधान नहीं बनाया गया है।... एक समय आ सकता है कि किसी विशेष समुदाय के लोग यह महसूस करें कि समुदाय के हित में प्रगतिशील कानून बनना ही चाहिए। लेकिन यदि हमने यह प्रावधान बना दिया कि व्यक्तिगत कानून में हस्तक्षेप नहीं किया जा सकेगा, तो समुदाय के उस सदस्य के पास कोई अधिकार नहीं रह जायेगा कि वह कानून में सुधार करा सके। इसलिए कोई आवश्यक नहीं है कि हम इसे मूल अधिकार के रूप में शामिल करें। ('निर्माण-पुरुष डॉ. अंबेडकर की संविधान-यात्रा' 2017 संस्करण, पृष्ठ सं० 254)

इसी तरह न केवल अनुच्छेद 19 के सन्दर्भ में बल्कि अनुच्छेद 25 (प्रारूप अनुच्छेद 19) एवं 44 (प्रारूप अनुच्छेद 35) के सन्दर्भ में भी मोहम्मद इस्माइल साहिब द्वारा संशोधन-प्रस्ताव लाया गया था। इन दोनो प्रावधानों के प्रारूप के सम्बन्ध में लाये गये संशोधन-प्रस्तावों पर संविधान-सभा में बहुत विस्तार से बहस हुई थी और प्रत्येक बार बहस के उपरान्त संविधान-सभा द्वारा मोहम्मद इस्माइल साहिब के प्रत्येक संशोधन-प्रस्ताव को अस्वीकार कर दिया गया था।

मि. मोहम्मद इस्माइल साहिब द्वारा प्रारूप अनुच्छेद 19 के खण्ड (2) के बाद नया खण्ड (3) जोड़ने के लिए संशोधन-प्रस्ताव लाया गया। इस प्रस्ताव के अनुसार 'खण्ड (2) की कोई बात किसी नागरिक के अपने समूह या समुदाय, जिसमें वह रहता है या रहने की प्रतिज्ञा करता है, के व्यक्तिगत कानून को मानने के अधिकार को प्रभावित नहीं करेगा।' इस संशोधन-प्रस्ताव को भी संविधान-सभा द्वारा 6 दिसम्बर, 1948 को अस्वीकार कर दिया गया था।

संविधान-सभा में अनुच्छेद 44 (प्रारूप अनुच्छेद 35) के सम्बन्ध में कौन-कौन से संशोधन-प्रस्ताव लाये गये थें और इसके सम्बन्ध में संविधान-सभा सदस्यों द्वारा क्या बहस किया गया था, इस पर विस्तार से चर्चा मैंने अपनी पुस्तक 'निर्माण-पुरुष डॉ. अम्बेडकर की संविधान-यात्रा' में किया है। इस पुस्तक के महत्त्वपूर्ण अंशों (2017 संस्करण, पृष्ठ सं० 169-176) का यहाँ पर उल्लेख करना समीचीन है, ताकि हम इस प्रावधान के सम्बन्ध में संविधान-सभा की मन्शा को समझ सकें। पुस्तक के महत्त्वपूर्ण अंश निम्न हैं —

"प्रारूप अनुच्छेद 35 के प्रावधान से धर्म-आधारित (धर्म आच्छादित) व्यक्तिगत कानूनों को अप्रभावित बनाये रखने के सम्बन्ध में संविधान-सभा के समक्ष तीन अलग-अलग संशोधन-प्रस्ताव प्रस्तुत किये गये थे। इन तीनों संशोधनों के माध्यम से प्रारूप अनुच्छेद 35 में 'परन्तुक' जोड़ने का प्रस्ताव लाया गया था। पहला संशोधन-प्रस्ताव मि. मोहम्मद इस्माइल साहिब द्वारा लाया गया था। मि. साहिब द्वारा प्रस्तावित परन्तुक के अनुसार 'लोगों के किसी समूह, भाग या समुदाय को अपने व्यक्तिगत कानूनों, यदि ऐसा कानून है, को छोड़ने के लिए विवश नहीं किया जायेगा।' मि. साहिब का तर्क था कि अपने व्यक्तिगत कानून को मानने और उससे बँधे रहने का अधिकार मूल अधिकार है। ऐसे कानून को मानना किसी व्यक्ति के जीवन का तरीका हो जाता है। यह उसके धर्म का अंग होता है, यह उसकी संस्कृति का अंग होता है। यदि ऐसे व्यक्तिगत कानूनों को प्रभावित करनेवाला कोई काम होता है तो यह उन लोगों के जीवनपथ में हस्तक्षेप करने के समान है। एक धर्मनिरपेक्ष राज्य में ऐसा कुछ भी नहीं किया जाना चाहिए जो लोगों के जीवनपथ और धर्म में हस्तक्षेप करता हो। ... इसलिए महोदय, मेरा निवेदन है कि इस देश में परस्पर सौहार्द पैदा करने और बढ़ाने के लिए यह आवश्यक नहीं है कि लोगों को अपने व्यक्तिगत कानून को त्यागने के लिए बाध्य किया जाय।

'इसके बाद मि. नजरुद्दीन अहमद द्वारा भी एक अलग 'परन्तुक' जोड़ने के लिए संशोधन-प्रस्ताव लाया गया। प्रस्तावित परन्तुक में उपबन्ध था कि 'किसी समुदाय के व्यक्तिगत कानून, जो किसी विधान द्वारा गारण्टी किया गया है, में बदलाव उस समुदाय की पूर्व सहमति के बिना नहीं किया जायेगा।' अपने संशोधन-प्रस्ताव के समर्थन में मि. नजरुद्दीन अहमद ने तर्क दिया कि यह संशोधन सिर्फ मुसलमानों की दृष्टि से नहीं लाया गया है। अन्य सभी धर्मों के कुछ-न-कुछ अपने धार्मिक कानून हैं और इन सभी के कुछ ऐसे सिविल कानून हैं जिनको उनके धार्मिक विश्वास से अलग नहीं किया जा सकता है। मि. नजरुद्दीन अहमद का दूसरा तर्क था कि यह प्रावधान इसी प्रारूप-संविधान के अनुच्छेद 19 (संविधान का अनुच्छेद 25) के प्रावधान के खिलाफ है, जो सभी नागरिकों को लोक-व्यवस्था, नैतिकता एवं स्वास्थ्य के अधीन अन्तःकरण की आजादी और धर्म को अबाध रूप से मानने, आचरण करने एवं प्रचार करने के मूल अधिकार की गारण्टी देता है।

'तीसरा संशोधन-प्रस्ताव मि. महबूब अली बेग साहिब बहादुर द्वारा लाया गया था। इस प्रस्ताव के माध्यम से प्रस्तावित 'परन्तुक' में कहा गया था कि 'इस अनुच्छेद का कोई प्रावधान नागरिक के व्यक्तिगत कानून को प्रभावित नहीं करेगा।' मि. महबूब अली का तर्क था कि अनुच्छेद 35 में प्रयोग किया गया शब्द 'सिविल संहिता' किसी नागरिक के व्यक्तिगत कानून को अपने में समायोजित नहीं करता है। मुझे आशा है कि ऐसा इस अनुच्छेद के निर्माता भी सोचते होंगे। 'सिविल

संहिता' सम्पत्ति कानून, संविदा कानून, साक्ष्य कानून जैसे कानूनों को ही समायोजित करता है न कि व्यक्तिगत कानूनों को, इसको स्पष्ट करने के लिए प्रस्तावित परन्तुक जोड़ा जाना आवश्यक है। मि. बहादुर ने यह भी तर्क दिया कि मुसलमान का जहाँ तक सवाल है उनके उत्तराधिकार, विरासत, विवाह, विवाह-विच्छेद के कानून उनके धर्म पर पूरी तरह निर्भर हैं।

'संशोधन-प्रस्ताव प्रस्तुत करने के बाद आम बहस में भाग लेते हुए श्री बी. पोकर साहिब बहादुर ने मि. मोहम्मद इस्माइल साहिब के संशोधन-प्रस्ताव का समर्थन करते हुए कहा कि इस संशोधन को केवल मुसलमान समुदाय की नजरिये से न देखा जाये, बल्कि इस देश में विद्यमान सभी समुदायों, जो भिन्न-भिन्न कानून की संहिताओं का पालन कर रहे हैं, के नजरिये से देखा जाये। श्री बी. पोकर ने अपने सम्बोधन में कहा —

> 'अनुच्छेद 35 पर यह बहुत ही सन्तुलित एवं तार्किक संशोधन है। अब मैं सदन से इस संशोधन पर केवल मुस्लिम समुदाय के दृष्टिकोण से ही नहीं, बल्कि दूसरे अन्य समुदाय, जो इस देश में हैं और जो विरासत, विवाह, उत्तराधिकार, विवाह-विच्छेद, विन्यास और ऐसे तमाम मामलों के सम्बन्ध में अपने अलग-अलग कानून-संहिता का पालन करते हैं, के दृष्टिकोण से विचार करने के लिए निवेदन करूँगा। ब्रिटिश इस देश को पराजित कर इसके प्रशासन को पिछले 150 वर्षों से ज्यादा समय से चलाने में सफल हो पाये, इसका एक कारण यह है उन्होंने इस देश में सभी समुदायों को अपने व्यक्तिगत कानूनों से संचालित होने की गारण्टी दिये हुए थे। यह सफलता का एक रहस्य है और न्याय-प्रशासन का आधार है, जिस पर यहाँ तक कि विदेशी शासन भी आधारित था। महोदय, मैं पूछना चाहता हूँ कि क्या हम आजादी, जिसे हमने प्राप्त किया है, के द्वारा अन्तःकरण की आजादी, धार्मिक क्रियाकलाप की आजादी और व्यक्तिगत कानून को मानने की आजादी को छोड़ने जा रहे हैं और सिविल कानूनों की एक संहिता, इसका चाहे जो भी मतलब हो, चाहे इसमें सभी सिविल कानून की शाखाएँ जैसे विवाह कानून, उत्तराधिकार कानून, तलाक कानून शामिल हो, बनाकर हम उसे सम्पूर्ण देश पर लागू करने का प्रयास कर रहे हैं?...
>
> 'यदि यह संस्था धार्मिक अधिकार एवं क्रियाकलाप में हस्तक्षेप करती है, यह भयावह होगा। इन संस्थाओं (हिन्दू संस्थाओं) ने मेरी तुलना में ज्यादा कठोर भाषा का प्रयोग किया है। इसलिए महोदय, मैं सदन से निवेदन करूँगा कि जो मैंने कहा है, उसे केवल मुस्लिम समुदाय के दृष्टिकोण से विचार न करें। मैं जानता हूँ कि हिन्दू समुदाय के विभिन्न मतों के मध्य विरासत के कानून और अन्य मामलों में बहुत मतभिन्नताएँ हैं। क्या यह सदन इन सभी विभिन्नताओं को समाप्त करने औ' उनमें समानता लाने जा रही है? मैं पूछता

हूँ कि 'यूनिफॉर्म' से आपका क्या तात्पर्य है और किस विशेष कानून को और किस विशेष समुदाय के कानून को आप आदर्श बनाने जा रहे हैं? इस तरह के प्रावधान को बनाने में आप अपने मस्तिष्क में क्या रखे हैं? यहाँ 'मिताक्षरा' और 'दायभाग' व्यवस्थाएँ हैं; और भी अन्य व्यवस्थाएँ हैं, जो अलग-अलग समुदायों द्वारा मान्य किया जाता है। वह क्या है, जिसको आप आधार बना रहे हैं? क्या हमारे लिये कुछ भी करने के लिए खुला है? इस एक प्रावधान से आप सम्पूर्ण देश को और पूरी व्यवस्था को चक्कर में डाल रहे हैं। ऐसा करने की कोई आवश्यकता नहीं है।...

'ऐसे बहुत-सारे समुदाय हैं, जो सैकड़ों-हजारों वर्षों से अलग-अलग प्रथाओं को मानते आ रहे हैं। कलम के एक झोंके से आप इनको समाप्त करना चाहते हैं और समानता लाना चाहते हैं। क्या लक्ष्य हासिल होगा? लोगों के अन्तःकरण की हत्या करने और उनके धार्मिक अधिकार एवं क्रियाकलाप को कुचलने का अनुभव कराने के सिवाय इस समानता से आप कौन-सा लक्ष्य हासिल करेंगे? ऐसे भयावह प्रावधान को संविधान में स्थान नहीं मिलना चाहिए। मेरा निवेदन है महोदय, हिन्दू समुदाय में भी कई ऐसे वर्ग हैं, जो इसका विरोध कर रहे हैं। ...'

'मि. हुसैन इमाम ने भी प्रारूप अनुच्छेद 35 (अनुच्छेद 44) के प्रावधान का विरोध करते हुए कहा कि इतने बड़े एवं विशाल जनसंख्या वाले देश में यह लगभग असम्भव है कि आप एक तरह के किसी चीज को उस पर थोप दें। उत्तर दिशा में हम अति-शीत हैं तो दक्षिण में अति-उष्ण हैं, आसाम में अति-वर्षा होती है तो राजस्थान में मरुस्थल है। ऐसी विभिन्नता वाले देश के लिए सिविल कानून समान रूप से लागू करना असम्भव है।...धर्मनिरपेक्ष राष्ट्र का मतलब धर्मविरुद्ध होना नहीं है। इसलिए यह सुझाव है कि मसौदा-समिति के सदस्यों के लिए यह उत्तम नीति होगी कि वह इस प्रावधान में ऐसी सुरक्षात्मक व्यवस्था लायें जिससे लोगों की सभी आशंकाएँ दूर हो सकें और मुझे विश्वास है कि डॉ. अम्बेडकर की प्रतिभा इसका समाधान खोजने में अवश्य सफल होगी।

'इसके बाद प्रारूप अनुच्छेद 35 पर आम बहस में भाग लेने के लिए श्री के. एम. मुन्शी को बुलाया गया। श्री मुन्शी ने देशहित में जीवन के पृथक्करणीय दृष्टिकोण को भुलाने की और धर्मनिरपेक्ष भाग को विनियमित, एकीकृत और संशोधित करने की आवश्यकता पर बल देते हुए कहा—

'इस प्रावधान पर पहली बार बहस नहीं हो रही है। इसके पहले कई समितियों में इस पर चर्चा की जा चुकी है। आज इस प्रावधान के विरुद्ध मुख्यतः दो आधार लिये जा रहे हैं। पहला यह कि इसके प्रावधान अनुच्छेद 19 में प्रदत्त मूल अधिकारों का अतिक्रमण करते हैं और दूसरा यह कि यह अल्पसंख्यकों के लिए निर्दयी है।

'अनुच्छेद 19 (संविधान का अनुच्छेद 25) के सम्बन्ध में इस सदन ने इसे स्वीकार किया है और बिलकुल स्पष्ट किया है कि— 'इस अनुच्छेद की कोई बात किसी ऐसी विद्यमान विधि के प्रवर्तन पर प्रभाव नहीं डालेगी या राज्य को धार्मिक आचरण से सम्बद्ध ... अन्य धर्मनिरपेक्ष क्रियाकलापों को; (ख) सामाजिक कल्याण और सुधार के लिए ... विनियमित या निर्बन्धित करने के लिए कोई ऐसा कानून बनाने से नहीं रोकेगी।' इसलिए इस सदन ने पहले ही इस सिद्धान्त को स्वीकार कर लिया है कि यदि एक धार्मिक आचरण, धर्मनिरपेक्ष-क्रियाकलाप या सामाजिक सुधार या सामाजिक कल्याण के दायरे में आता है तो यह संसद् के लिए खुला है कि वह अल्पसंख्यकों के मूल अधिकार का अतिक्रमण किये बिना इस बारे में कानून बनाये। यह याद रखना चाहिए कि यदि इस प्रावधान को न भी बनाया जाय तो इसका मतलब यह नहीं है कि संसद् भविष्य में सिविल संहिता पर कानून बनाने का अधिकार नहीं रखेगा। इस अधिकार पर केवल एकमात्र निर्बन्धन प्रारूप अनुच्छेद 19 होगा और मैं पहले ही कह चुका हूँ कि अनुच्छेद 19, जिसे इस सदन द्वारा सर्वसम्मति से स्वीकार किथा जा चुका है, धर्मनिरपेक्ष क्रिया-कलापो पर कानून बनाने की अनुमति देता है। इस अनुच्छेद का एकमात्र उद्देश्य है कि जब भी संसद् उचित समझे या संसद् में बहुमत जब भी उचित समझे, वह देश के व्यक्तिगत कानून का एकीकरण करने का प्रयास कर सकता है।'

'सिविल संहिता का अल्पसंख्यकों के खिलाफ निर्दयी होने के आरोपों का जवाब देते हुए श्री मुन्शी ने आगे कहा —

'एक और तर्क दिया गया है कि सिविल संहिता का निर्माण अल्पसंख्यकों के लिए निर्दयी होगा। क्या वास्तव में यह निर्दयी है? किसी भी प्रगतिशील मुस्लिम देश में अल्पसंख्यकों के व्यक्तिगत कानूनों को इस तरह मान्यता नहीं दिया गया है, जो सिविल संहिता के निर्माण को रोकता हो। टर्की या मिस्र का उदाहरण लें। इन देशों में अल्पसंख्यकों को ऐसा अधिकार रखने की अनुमति नहीं है। लेकिन मैं इससे आगे जाता हूँ। जब शरीयत कानून पारित किया गया था या जब प्राचीन शासन-व्यवस्था में केन्द्रीय विधायिका में केन्द्रीय कानून पारित किया गया था तो 'खोजा' और 'कुच्ची मेमन्स' बहुत ही असन्तुष्ट थे।

'तब वे हिन्दू मान्यताओं को मानते थे। ... वे शरीयत को स्वीकार नहीं करना चाहते थे और तब भी कुछ मुस्लिम सदस्य, जो शरीयत कानून को सभी समुदायों पर थोपना चाहते थे, केन्द्रीय विधायिका के कानून के माध्यम से ऐसा करने में सफल रहे। बहुत अनचाहे मन से 'खोजा' और 'कुच्ची मेमन्स' को झुकना पड़ा। तब अल्पसंख्यकों के अधिकार कहाँ थे? जब आप किसी समुदाय को एकीकृत करते हैं तब आपको उन हितों का ध्यान देना पड़ता है, जो समस्त समुदाय को लाभ दे सके न कि इसके किसी एक भाग की

मान्यताओं को। इसलिए यह कहना उचित नहीं है कि इस तरह का अनुच्छेद बहुसंख्यकों का आतंक है। यदि आप यूरोप के उन देशों को देखेंगे, जिनके पास सिविल संहिता है, विश्व के जिस भी भाग से जो लोग वहाँ पर गये, उन्हें और प्रत्येक अल्पसंख्यकों को सिविल संहिता को स्वीकार करना पड़ता है। इसे अल्पसंख्यकों के प्रति निर्दयी नहीं कहा जाता है।

'इसलिए विषय यह है कि क्या हम अपने व्यक्तिगत कानूनों को इस तरह एकीकृत और एकसमान करने जा रहे हैं जिससे कालक्रम में पूरे देश का जीवनपथ एक समान और धर्मनिरपेक्ष हो सके। हम धर्म को व्यक्तिगत कानूनों से, जिसे सामाजिक सम्बन्ध कहा जा सकता है या उत्तराधिकार या विरासत से सम्बन्धित पक्षकारों के अधिकारों से अलग करना चाहते हैं। इन सब चीजों का धर्म से क्या सम्बन्ध है। मैं वास्तव में नहीं समझ पाता हूँ। ... हम सब एक प्रगतिशील समाज हैं। हम सब इस दौर में हैं, जहाँ धार्मिक क्रियाकलापों में हस्तक्षेप किये बिना हमें देश को अवश्य ही एकीकृत करना चाहिए। यदि बीते दिनों में धार्मिक क्रियाकलाप ने जीवन के सभी क्षेत्रों को अपने दायरे में ले लिया है, हमें ऐसा करने से मना करने का निर्णय लेना पड़ेगा और कहना होगा कि ये मामले धार्मिक नहीं हैं, ये पूरी तरह धर्मनिरपेक्ष कानून के विषय हैं। इसी बात पर यह अनुच्छेद बल देता है।

'अब उन नुकसान पर ध्यान करते हैं, जिसे सिविल संहिता न होने के कारण उठाना होगा। हिन्दुओं का उदाहरण लेते हैं। हमारे पास भारत के कुछ भागों में लागू होनेवाला मयुखा का कानून है; दूसरे भागों के लिए मिताक्षरा है; और बंगाल में दायभाग का कानून हमारे पास है। इस तरह हिन्दुओं में भी पृथक्-पृथक् कानून हैं और बहुत-से हमारे प्रान्तों एवं राज्यों ने अपने लिये पृथक् हिन्दू कानूनों को बनाना प्रारम्भ भी कर दिया है। क्या हम ऐसे अलग-अलग कानूनों को इस आधार पर अनुमति देने जा रहे हैं कि यह देश के व्यक्तिगत कानून को प्रभावित करता है? इसलिए यह मात्र अल्पसंख्यकों का सवाल नहीं है, बल्कि यह बहुसंख्यकों को भी प्रभावित करता है।

'मैं जानता हूँ कि बहुत-से हिन्दू भी यूनिफॉर्म सिविल संहिता को नहीं पसन्द करते हैं क्योंकि वे भी उसी तरह का विचार रखते हैं, जैसा कि पूर्व में बोलने वाले माननीय मुस्लिम सदस्यों ने व्यक्त किया है। वे भी मानते हैं कि विरासत, उत्तराधिकार का कानून उनके धर्म का भाग है। यदि ऐसा है तो आप कभी भी महिलाओं को समानता का अधिकार नहीं दे सकते हैं। किन्तु आपने पहले ही इस सम्बन्ध में मूल अधिकार को पारित कर चुके हैं और आपके पास एक अनुच्छेद है, जो लिंग के आधार पर भेदभाव को मना करता है। हिन्दू कानून को देखते हैं। आप महिलाओं के विरुद्ध बहुत-से भेदभाव पायेंगे और यदि यह हिन्दू धर्म या हिन्दू धार्मिक क्रियाकलाप का भाग है, तो आप

एक ऐसा कानून नहीं पारित कर सकते हैं, जो हिन्दू महिलाओं की स्थिति को पुरुषों के बराबरी पर लाये। इसलिए कोई कारण नहीं है कि क्यों पूरे भारत भूभाग के लिए सिविल संहिता नहीं होनी चाहिए।

'एक महत्त्वपूर्ण विचार जो हमें अपने दिमाग में रखना है और मैं अपने मुस्लिम मित्रों को अहसास कराना चाहता हूँ कि जितना ही जल्दी हम जीवन के पृथक्करणीय दृष्टिकोण को भूल जायेंगे, देश के लिए उतना ही अच्छा होगा। धर्म उस परिधि तक सीमित होना चाहिए जो नियमत: धर्म की तरह दिखता है और बाकी जीवन अवश्य ही इस तरह से विनियमित, एकीकृत और संशोधित होना चाहिए कि हम जितनी जल्दी सम्भव हो, एक मजबूत एवं एकीकृत राष्ट्र के रूप में निखर सकें। देश में राष्ट्रीय एकता को मजबूत करना हमारी पहली समस्या और सबसे महत्त्वपूर्ण समस्या है। हम सोचते हैं कि हमने राष्ट्रीय एकता पा लिया है। किन्तु बहुत-से ऐसे कारक हैं— महत्त्वपूर्ण कारक हैं, जो अभी भी हमारे राष्ट्रीय एकीकरण के लिए गम्भीर खतरा बने हुए हैं और यह बहुत आवश्यक है कि हमारे सम्पूर्ण जीवन, जो धर्मनिरपेक्षता के दायरे में आते हैं को अवश्य ही, जितना जल्दी हो सके, एकीकृत किया जाय ताकि हम पूरी क्षमता के साथ कह सकें कि हम केवल कहने के लिए एक राष्ट्र नहीं हैं बल्कि जिस तरह हम अपने एकीकृत व्यक्तिगत कानूनों द्वारा संचालित होते हैं हम एक मजबूत और एकीकृत राष्ट्र हैं।...

'ब्रिटिश शासन के अधीन रहने के दौरान हमने इस तरह का दिमाग बना लिया है कि व्यक्तिगत कानून धर्म का भाग है। इसे ब्रिटिश लोगों और ब्रिटिश न्यायालयों द्वारा पोषित भी किया गया है। हमें निश्चय ही इससे ऊपर उठना होगा।... अलाउद्दीन खिलजी, जो यद्यपि मुस्लिम सल्तनत की स्थापना करनेवाला पहला शासक था, ने बहुत-सारे ऐसे बदलाव किये जो शरीयत कानून के खिलाफ था। जब उसके द्वारा किये गये इस सुधार का दिल्ली के काजियों द्वारा विरोध किया गया तो उसने जवाब दिया कि 'मैं एक अज्ञानी आदमी हूँ और मैं इस देश में इसकी भलाई के लिए शासन कर रहा हूँ। मैं निश्चिन्त हूँ कि मेरी अज्ञानता और अच्छे आशय को देखते हुए अल्लाह मुझे माफ करेगा, जब वह पायेगा कि मैंने शरीयत के अनुसार कार्य नहीं किया है।' यदि अलाउद्दीन खिलजी यह नहीं स्वीकार कर सका, तो फिर क्या आधुनिक सरकार ऐसी स्थिति स्वीकार कर सकती है कि धार्मिक अधिकार के अन्तर्गत व्यक्तिगत कानून या बहुत-सारे वे मामले जिन्हें हम दुर्भाग्य से अपने धर्म का भाग बताने का प्रयास करते हैं, आते हैं।'

'इसके उपरान्त श्री अल्लादी कृष्णास्वामी अय्यर ने भी श्री मुन्शी के विचारों से सहमति व्यक्त करते हुए अनुच्छेद 35 के प्रावधान का समर्थन किया और कहा—

'एक सिविल संहिता, जैसा कि कहा जा चुका है, सिविल सम्बन्धों के प्रत्येक विभाग, संविदा के कानून के, सम्पत्ति के कानून के, उत्तराधिकार के कानून के, विवाह के कानून के और समान मामलों के सम्बन्ध में है। इस सामान्य अवधारणा कि राज्य भारत भूभाग के लिए एक यूनिफार्म सिविल संहिता बनाने का प्रयास करेगा, पर कैसे आपत्ति किया जा सकता है?

'दूसरी आपत्ति थी कि यदि एक यूनिफॉर्म सिविल संहिता बन जायेगा तो धर्म खतरे में होगा और समुदाय मैत्रीयता के साथ नहीं रह सकते हैं। इस अनुच्छेद का उद्देश्य ही मैत्रीयता लाना है। यह मैत्रीयता को समाप्त नहीं करता है। विचार यह है कि उत्तराधिकार या अन्य मामलों की पृथक व्यवस्थाएँ ऐसे कारक हैं, जो भारत के तमाम लोगों में भिन्नता पैदा करती हैं। इसका उद्देश्य है कि ऐसे मामलों में एक समान सहमति तक पहुँचने का प्रयास करना है। यह ऐसा नहीं है कि एक विधिक व्यवस्था दूसरी विधिक व्यवस्था को प्रभावित नहीं कर रही है या दूसरी विधिक व्यवस्था से प्रभावित नहीं हो रही है। आज बहुत-सारे मामलों में हिन्दू संहिता के प्रावधान में केवल हिन्दू कानून की ही नहीं बल्कि दूसरी अन्य व्यवस्थाओं की अच्छी बातों को ग्रहण किया गया है। उत्तराधिकार कानून रोमन और इंग्लिश दोनों व्यवस्थाओं पर आधारित है। इसलिए यदि किसी व्यवस्था को अपने में विकास के तत्त्व को बनाये रखना है तो इसे खुद को परिपूर्ण मानने से बचना होता है। हमारे पूर्वज एक-दूसरे से जुड़े हुए लोकतान्त्रिक एकीकृत राष्ट्र के बारे में नहीं सोच सके। हमेशा अपने अतीत से चिपके रहना उपयोगी नहीं है। हम अपने इस अतीत से आगे बढ़कर एक ऐसा भारत चाहते हैं जो एक राष्ट्र के रूप में एक-दूसरे से जुड़ा हुआ और एकीकृत हो। क्या हम एक राष्ट्र के रूप में एक-दूसरे को जुड़ा रखनेवाले कारकों का सहयोग कर रहे हैं या इस देश को एक प्रतियोगी समुदायों की कड़ी के रूप में बनाये रखना चाहते हैं? यह विचार करने का विषय है।

'...जब ब्रिटिश देश की सत्ता पर काबिज हुए तो उन्होंने कहा कि हम इस देश में सभी नागरिकों, चाहे अंग्रेज हों या हिन्दू हों या मुस्लिम हों, पर समान रूप से लागू होनेवाले एक आपराधिक कानून को लागू करने जा रहे हैं। क्या तब मुस्लिम अपवाद बने रह पाये थे और क्या वे आपराधिक कानून की एक व्यवस्था को लागू करने के लिए ब्रिटिश हुकूमत के खिलाफ विद्रोह कर सके थे? इसी तरह हमारे पास संविदा कानून है, जो मुसलमान और हिन्दू के बीच या मुसलमान और मुसलमान के बीच होनेवाले अन्तरण पर लागू होता है। वे कुरान के कानून द्वारा नहीं बल्कि निरपवाद रूप से एंग्लो-इण्डियन विधिशास्त्र द्वारा संचालित होते हैं। इसी तरह अन्तरण के कानून में तमाम सिद्धान्त ऐसे हैं, जो इंग्लिश विधिशास्त्र से लिये गये हैं।...

'यूरोपीय देशों में मुस्लिम हैं, हिन्दू हैं, कैथोलिक हैं, ईसाई हैं, पारसी हैं। मैं मि. पोकर से जानना चाहता हूँ कि क्या फ्रान्स में, जर्मनी में, इटली में या अन्य यूरोपीय देशों में भिन्न-भिन्न व्यक्तिगत कानून बने रह पाये हैं? क्या वहाँ पर उत्तराधिकार के कानून एकीकृत नहीं हैं? उन्हें मुस्लिम विधिशास्त्र पर विस्तारपूर्वक अध्ययन करना चाहिए और पता करना चाहिए कि क्या इन देशों में एकसमान कानून लागू है या भिन्न-भिन्न कानून।...'

'प्रारूप अनुच्छेद 35 के सम्बन्ध में लाये गये संशोधन-प्रस्तावों एवं इन प्रस्तावों पर की गयी बहस में प्रारूप-प्रावधान का मुख्यतः तीन आधारों पर विरोध किया गया था, जो निम्न हैं—

1. पहला यह कि भारत में मुसलमानों का व्यक्तिगत कानून अपरिवर्तनीय रहा है और बहुत पहले से समान रूप से लागू है।
2. दूसरा यह कि व्यक्तिगत कानून पूर्णतया धार्मिक मामला है, इसमें किसी तरह का हस्तक्षेप धर्मनिरपेक्षता के सिद्धान्त के विरुद्ध और धार्मिक स्वतन्त्रता के अधिकार का उल्लंघन है।
3. तीसरा यह कि सिविल संहिता के निर्माण के दौरान अन्ततः अल्पसंख्यको को ही अपने व्यक्तिगत कानून से समझौता करना पड़ेगा, ऐसी स्थिति में प्रारूप अनुच्छेद के अन्तर्गत राज्य को सिविल संहिता बनाने और थोपने की छूट देना निर्दयतापूर्ण होगा।

'प्रारूप अनुच्छेद 35 पर सभी पक्षों का बहस हो जाने के बाद अन्त में जवाब देने के लिए डॉ. अम्बेडकर को बुलाया गया। अपने जवाब में डॉ. अम्बेडकर ने प्रारूप-प्रावधान को लेकर पैदा हुए भ्रम को दूर करने का सफल प्रयास किया। उन्होंने ऐसे कई कानूनों का दृष्टान्त दिया, जो न केवल इस देश के सभी धर्मों पर समान रूप से लागू हैं, बल्कि इसे सभी धर्मों द्वारा स्वीकार भी किया गया है। उन्होंने तर्क देते हुए इस विचार को भी नकार दिया कि भारत में मुसलमानों का व्यक्तिगत कानून अपरिवर्तनीय रहा है और बहुत पहले से समान रूप से लागू हैं। डॉ. अम्बेडकर ने यह भी तर्क दिया कि प्रारूप-प्रावधान के अन्तर्गत संसद् के पास यह भी विकल्प होगा कि वह यूनिफॉर्म 'सिविल संहिता' के सम्बन्ध में बनाये गये प्रावधान को लागू करते समय इसे वैकल्पिक बनाये रखें। उनके इस तर्क ने संविधान-सभा के सदस्यों, खासतौर से अल्पसंख्यक सदस्यों के मन में उपजे सभी भ्रम को लगभग समाप्त कर दिया। डॉ. अम्बेडकर द्वारा प्रारूप-प्रावधान के बचाव का और संविधान-सभा सदस्यों खासतौर से अल्पसंख्यक सदस्यों को सन्तुष्ट करने का यह तरीका अनोखा था। प्रारूप-प्रावधान का बचाव करते हुए डॉ. अम्बेडकर ने कहा—

'उपाध्यक्ष महोदय, मैं इस अनुच्छेद पर रखे गये संशोधनों को स्वीकार नहीं कर सकता। इस विषय पर बोलते हुए मैं इस प्रश्न के मेरिट को नहीं छूता

हूँ कि इस देश में 'यूनिफॉर्म सिविल संहिता' की आवश्यकता होनी चाहिए या नहीं। इस विषय पर मेरे मित्र मि. मुन्शी जी और श्री अल्लादी कृष्णास्वामी अय्यर ने भरपूर प्रकाश डाला है। जब मूल अधिकार पर संशोधन रखा जायेगा, उस समय इस विषय पर पूर्ण बयान देना मेरे लिये सम्भव होगा। इसलिए इस विषय पर यहाँ बात नहीं करूँगा।

'मेरे मित्र मि. हुसैन इमाम ने संशोधन-प्रस्तावों का समर्थन करते हुए पूछा कि क्या इतने विशाल देश के लिए कानूनों का एक सर्वमान्य संहिता प्राप्त करना सम्भव और वांछनीय है? अब मुझे अवश्य ही स्वीकारना चाहिए कि मुझे इस बयान पर बहुत आश्चर्य था। इसका सीधा-सा कारण है कि मानवीय सम्बन्ध से जुड़े लगभग सभी क्षेत्रों के सन्दर्भ में इस देश में समान कानून संहिताएँ हैं। हमारे पास 'दण्ड संहिता' और 'आपराधिक प्रक्रिया संहिता' के रूप में एक समान और पूर्ण आपराधिक संहिता है जो पूरे देश में लागू होता है। हमारे पास 'सम्पत्ति अन्तरण कानून' है जो सम्पत्ति के सम्बन्ध में पूरे देश में लागू है। 'परक्राम्य लिखत कानून' है और ऐसे अनेक कानूनों को मैं गिना सकता हूँ जो सिद्ध करते हैं कि व्यावहारिक रूप से इस देश में एक सिविल संहिता है, जिसके प्रावधान सर्वमान्य हैं और एक समान रूप से पूरे देश में लागू हैं। जिस क्षेत्र में यूनिफॉर्म सिविल कानून लागू नहीं होता है, वह विवाह और उत्तराधिकार का क्षेत्र है। यह एक छोटा-सा क्षेत्र है जिस पर हम समान कानून नहीं बना सके हैं और यह इच्छा है कि अनुच्छेद 35 को संविधान का भाग बनाकर बदलाव लाना चाहते हैं। इसलिए यह तर्क कि क्या हमें इस दिशा में प्रयास करना चाहिए, हमें भूल-सा लगता है क्योंकि हम इस देश में लगभग सभी क्षेत्रों को यूनिफॉर्म सिविल संहिता के अन्तर्गत ला चुके हैं। इसलिए अब यह पूछना कि क्या हम ऐसा कर सकते हैं, बहुत देर से पूछा गया सवाल है। जैसा मैं कहता हूँ हम पहले ही ऐसा कर चुके हैं।

'संशोधन के बारे में आता हूँ। इस सम्बन्ध में दो बात मैं कहना चाहता हूँ। मुझे पहली बात उन सदस्यों से कहना है जो इन संशोधनों के माध्यम से कहते हैं कि मुस्लिम व्यक्तिगत कानून, जहाँ तक इस देश का सम्बन्ध है, अपरिवर्तनीय है और सम्पूर्ण भारत में समान रहा है। मैं इस कथन को चुनौती देना चाहता हूँ। मैं सोचता हूँ कि इस संशोधन पर बोलने वाले मेरे बहुत-से मित्र बिलकुल भूल चुके हैं कि 1935 तक नार्थ-वेस्ट फ्राण्टियर प्रान्त में शरीयत कानून लागू नहीं थे। गोद लेने और दूसरे अन्य मामलों में इन पर हिन्दू कानून ही लागू होते थे। 1939 में केन्द्रीय विधायिका ने नार्थ-वेस्ट फ्राण्टियर प्रान्त में मुसलमानों पर से हिन्दू कानून को हटाया और शरीयत कानून को लागू किया। इतना ही नहीं है। मेरे आदरणीय मित्र भूल चुके हैं कि नार्थ-वेस्ट फ्राण्टियर प्रान्त के अलावा 1937 तक शेष भारत के विभिन्न भागों, जैसे संयुक्त प्रान्त, मध्य प्रान्त

और बम्बई में मुसलमान, एक बड़ी हद तक उत्तराधिकार के मामले में हिन्दू कानून से संचालित होते थे। इनमें समानता के धरातल पर लाने के लिए विधायिका को 1937 में हस्तक्षेप करना पड़ा और कानून लाकर शेष भारत के उन मुसलमानों के लिए, जो शरीयत कानून मानते थे, शरीयत कानून लागू किया गया।

'मेरे मित्र मा. करुणाकर मेनन ने मुझे सूचना दी है कि उत्तरी मालाबार में 'मरुमक्कथयम कानून' न केवल हिन्दुओं पर बल्कि सभी मुसलमानों पर लागू होता था। यह याद रहना चाहिए कि मरुमक्कथयम कानून एक मातृप्रधान कानून है, न कि पितृप्रधान कानून।

'उत्तरी मालाबार में मुसलमान अब तक मरुमक्कथयम कानून को मान रहे थे। इसलिए यह कहने का कोई औचित्य नहीं है कि मुस्लिम कानून, जिसको वे प्राचीन समय से मानते रहे हैं, वह एक अपरिवर्तनीय कानून है। वह कानून जो कुछ भागों में लागू नहीं था, उन पर वह दस वर्ष पूर्व लागू हुआ है। इसलिए यह अनिवार्य पाया गया कि एक ऐसे सिविल संहिता का विकास किया जाय, जो धर्म से निरपेक्ष रहकर सभी नागरिकों पर समान रूप से लागू हो। हिन्दू कानून का कुछ भाग, इसलिए नहीं कि यह हिन्दू कानून में है बल्कि इसलिए कि वह सबसे उपयुक्त है, अनुच्छेद 35 द्वारा प्रस्तावित किये गये नये सिविल संहिता में शामिल किये जायेंगे। इस बात को लेकर मैं निश्चिन्त हूँ कि मुसलमानों के लिए खुला नहीं होगा कि वह कह सकें कि 'सिविल संहिता' के निर्माताओं ने मुस्लिम समुदाय की भावनाओं को गम्भीर चोट पहुँचायी है।

'मेरी दूसरी बात इन सदस्यों को विश्वास दिलाना है। मैं इस मामले में उनकी भावनाओं को पूरी तरह महसूस करता हूँ। लेकिन मैं समझता हूँ कि उन्होंने अनुच्छेद 35 को बहुत ज्यादा पढ़ा है जो मात्र प्रस्ताव करता है कि राज्य देश के नागरिकों के लिए एक सिविल संहिता बनाने का प्रयास करेगा। ऐसा नहीं कहा गया है कि संहिता के निर्माण के बाद राज्य इसे नागरिकों पर इसलिए लागू कर देगा क्योंकि वे नागरिक हैं। यह पूरी तरह सम्भव है कि भावी संसद् शुरूआत करते समय यह प्रावधान बनाये कि संहिता उन लोगों पर लागू होगी जो इससे शासित होने की घोषणा करते हैं ताकि शुरू में कानून का लागू होना स्वयं की इच्छा पर निर्भर हो। संसद् ऐसे किसी तरीके से इसके आधार का पता लगा सकता है। यह कोई आदर्श तरीका नहीं है। ऐसा तरीका शरीयत एक्ट के सन्दर्भ में 1937 में अपनाया गया था और इसको नार्थ-वेस्ट फ्रण्टियर प्रान्त के अलावा अन्य भागों में लागू किया गया था। कानून कहता है कि यहाँ एक शरीयत कानून है जो उन मुसलमानों पर लागू होना चाहिए जो यह चाहते हैं कि उन्हें शरीयत कानून से बँधना चाहिए और वे इसके लिए राज्य के एक अधिकारी के पास जाकर यह घोषणा करे कि वह इससे शासित

होने को इच्छुक हैं और ऐसी घोषणा के बाद यह कानून उन पर और उनकी पीढ़ियों पर लागू होगा। इस तरह का प्रावधान बनाना संसद् के लिए पूरी तरह सम्भव होगा। मेरे मित्रों का भय अब समाप्त हो जायेगा। इसलिए मेरा निवेदन है कि इन संशोधनों में कोई सार नहीं है। मैं इनका विरोध करता हूँ।'

'डॉ. अम्बेडकर के उक्त सम्बोधन के बाद संविधान-सभा ने सर्वसम्मति से 23 नवम्बर, 1948 को प्रारूप अनुच्छेद 35 (संविधान का अनुच्छेद 44) पर लाये गये सभी संशोधन-प्रस्तावों को अस्वीकार कर प्रारूप-प्रावधान को इसके मूल स्वरूप में अंगीकृत कर लिया।''

संविधान-निर्माताओं द्वारा व्यक्त उक्त विचारों एवं संविधान-सभा द्वारा लिये गये निर्णय से यह स्पष्ट है कि व्यक्तिगत कानून मानने के अधिकार को मूल अधिकार के रूप में संवैधानिक संरक्षण प्राप्त होने का विचार संविधान-सभा की मन्शा और संविधान के मूल ढाँचे के विपरीत है।

अनुच्छेद 25 पर बहस के दौरान 6 दिसम्बर, 1948 को पण्डित लक्ष्मीकान्त मैत्रे द्वारा व्यक्त जिस विचार का माननीय न्यायाधीशद्वय द्वारा उल्लेख किया गया है वह धार्मिक स्वतन्त्रता वाले प्रावधान का बचाव करने के पक्ष में था न कि व्यक्तिगत कानून का। एक जिम्मेदार नागरिक के रूप में इस तथ्य को चुनौती दी जा सकती है कि अपने भाषण में पण्डित लक्ष्मीकान्त मैत्रे ने व्यक्तिगत कानून मानने की आजादी को संविधान में मूल अधिकार के रूप में स्थापित करने का कभी समर्थन किया था।

यदि अपना निर्णय लिखते समय माननीय मुख्य न्यायाधीश जगदीश सिंह खेहर एवं न्यायमूर्ति एस. अब्दुल नजीर द्वारा डॉ. अम्बेडकर, श्री के. एम. मुन्शी, श्री अल्लादी कृष्णास्वामी अय्यर, श्री एम. अनथसयनम् अयंगर के दिये गये तर्कों का भी विचार किया गया होता तो तो शायद पैरा संख्या 146, 170 व 172 का स्वरूप बिल्कुल अलग होता और व्यक्तिगत कानून को मूल अधिकार मानने के सम्बन्ध में निकाले गये निष्कर्ष से बचा जा सकता था।

संविधान सभा के विचार का महत्त्व

तीन तलाक के सम्बन्ध में कानून बनाने का सन्दर्भ बहुत-कुछ यूनिफार्म सिविल संहिता के निर्माण का सन्दर्भ है। यूनिफार्म सिविल संहिता के निर्माण का मतलब है कि अलग-अलग धर्म-आधारित कानूनों को समाप्त कर इसके स्थान पर एक सर्वमान्य धर्मनिरपेक्ष लिंगनिरपेक्ष 'भारतीय सिविल संहिता' का निर्माण करना है। इस सम्बन्ध में संविधान-सभा द्वारा लिये गये निर्णय का महत्त्व इसलिए ज्यादा है क्योंकि उनकी सोच आज के हमारे नीति-निर्माताओं की सोच की तुलना में ज्यादा निष्पक्ष और देशहित में होता था। उनके सामने वोटबैंक एवं पार्टीहित की चिन्ता नहीं थी, जैसा कि आज के हमारे नीति-निर्माताओं को रहती है।

संविधान निर्माण के समय प्रारूप-समिति द्वारा प्रस्तावित किये गये संविधान-संशोधन-प्रक्रिया की जब आलोचना की जा रही थी और तत्कालीन प्रधानमन्त्री नेहरू जी जब संशोधन प्रक्रिया को आसान एवं लचीला बनाने की वकालत कर रहें थें, उस समय संविधान-सभा की निष्पक्षता और इसके द्वारा लिये गये निर्णय के महत्त्व को रेखांकित करते हुए डॉ. अम्बेडकर द्वारा जो बात कही गयी, उसका यहाँ उल्लेख करना प्रासंगिक है। 'संविधान-सभा' और 'राजनीतिक पार्टियों से बनने वाले संसद्' के बीच जो बारीक अन्तर है उसे राजनीतिक हित एवं चुनावी स्वार्थ से जोड़ते हुए डॉ. अम्बेडकर द्वारा जो विचार दिया गया, वह तीन तलाक पर बनाये जानेवाले कानून और व्यापक स्वरूप में बनने वाले यूनिफार्म सिविल संहिता के सन्दर्भ में बहुत महत्त्वपूर्ण है। डॉ. अम्बेडकर के शब्दों में —

> 'जिसे संशोधन-पद्धति की 'बेहूदगी' कहा गया है, वह 'संविधान-सभा' तथा संविधान के अन्तर्गत चुनी जानेवाली 'भावी संसद्' की स्थिति के बारे में मिथ्या धारणा पर आधारित है। संविधान का निर्माण करते समय संविधान-सभा के समक्ष किसी पक्ष-विशेष को लेकर पूर्वाग्रह नहीं है। एकमात्र अच्छा और कार्य करनेवाला संविधान बनाने के अलावा और कोई दूसरा स्वार्थ नहीं है। संविधान के अनुच्छेदों पर विचार करते समय इसकी नजर किसी विशेष लक्ष्य पर नहीं रहती है। यदि भावी संसद् एक संविधान-सभा के रूप में संविधान में संशोधन करने के लिए बैठती है, तो उसके सदस्य पक्ष-विशेष के लिए कार्य करेंगे और उनका प्रयास होगा कि ऐसे संशोधन पेश करें, जिनके पारित हो जाने पर वे अपने पक्ष के ऐसे कानूनों को आसानी से पारित करा सकें, जिनको पारित कराने में संविधान के कुछ प्रावधान विशेष बाधक सिद्ध हुए हैं। संसद् का अपना स्वार्थ होगा, जबकि संविधान-सभा का ऐसा कोई स्वार्थ नहीं है। संविधान-सभा और भावी संसद् में यही अन्तर है।
>
> 'इससे यह बात स्पष्ट हो जाती है कि क्यों इस संविधान-सभा पर, जो सीमित मतदान से चुनी गयी है, सामान्य बहुमत के द्वारा संविधान पारित करने के मामले में भरोसा किया जा सकता है और क्यों भावी संसद् पर, जिनका चुनाव वयस्क मतदान के आधार पर होगा, उसी सामान्य बहुमत द्वारा संविधान का संशोधन करने के मामले में विश्वास नहीं किया जा सकता।''

निश्चित तौर पर डॉ. अम्बेडकर द्वारा व्यक्त किये गये उक्त विचार यूनिफार्म सिविल संहिता और व्यक्तिगत कानूनों के अधिकार के सन्दर्भ में बिलकुल सत्य साबित हुआ है। संविधान-सभा जब व्यक्तिगत कानूनों को समाप्त कर इसके स्थान पर एक यूनिफार्म सिविल संहिता की वकालत कर रही थी, तो उसके सामने कोई राजनीतिक स्वार्थ नहीं था, बल्कि सिर्फ और सिर्फ देशहित था। किन्तु पिछले 68 वर्षों से यदि हमारे नीति-निर्माता एवं कानून-निर्मात्री-संस्था यूनिफार्म सिविल संहिता को बनाने में विफल रही है तो उसके पीछे एकमात्र वजह यह है कि इनके लिए देशहित

के बजाय सत्ताहित को साधना ज्यादा महत्त्वपूर्ण है। जब हमारे नीति-निर्माता व्यक्तिगत कानूनों को बनाये रखने की धारणा को अपने आचरण से मौन-स्वीकृति प्रदान करते हैं, तो उसका एक और एकमात्र कारण सत्ताहित को साधना होता है। यह आचरण चाहे शाहबानो बेगम के निर्णय के बाद भरण-पोषण कानून बनाकर प्रदर्शित किया गया हो या शमीम आरा का निर्णय आने के बाद तलाक के लिए तार्किक आधार होने की आवश्यकता के लिए कानून न बनाकर प्रदर्शित किया गया हो या फिर अब शायरा बानो का निर्णय आने के बाद तीन तलाक के लिए तात्कालिक लाभवाला कानून बनाकर और दूरगामी विधिक विकासवाला कानून न बनाकर प्रदर्शित किया गया हो, सत्तालोभ हमेशा केन्द्रविन्दु में रहता है। ऐसे आचरण देश की एकता एवं अखण्डता के लिए हमेशा खतरनाक ही साबित होते हैं।

●

11

तीन तलाक कानून की निराशाजनक स्थिति

शायरा बानो मामले में सुप्रीम कोर्ट का निर्णय आने के कुछ ही दिन बाद केन्द्र सरकार 'मुस्लिम महिला विवाह अधिकार संरक्षण विधेयक, 2017' (तीन तलाक कानून) लेकर आ गयी। इस विधेयक के माध्यम से तत्काल तीन तलाक यानी तलाक-उल-बिद्दत को गैर जमानतीय एवं संज्ञेय अपराध घोषित करते हुए इसके खिलाफ तीन साल तक की सजा का प्रावधान बनाया गया है। इस विधेयक के उद्देश्य में लिखा गया है कि सुप्रीम कोर्ट का आदेश आने के बावजूद तलाक-उल-बिद्दत होने की कई घटनाएँ देखने को मिली हैं। इसलिए मुस्लिम महिलाओं को तलाक-उल-बिद्दत के उत्पीड़न से बचाने के लिए यह कानून लाना आवश्यक हो गया है। इस विधेयक में तीन तलाक से पीड़ित महिलाओं को उनके जीविकोपार्जन के लिए पति द्वारा निर्वाह-भत्ता दिलाये जाने का भी प्रावधान है। विधेयक प्रस्तुत करते हुए विधि मन्त्री द्वारा सुप्रीम कोर्ट के निर्णय के उस भाग का भी उल्लेख किया गया, जिसमें मुख्य न्यायाधीश के अल्पमत वाले निर्णय में उचित कानून बनाने का निर्देश दिया गया है।

सुप्रीम कोर्ट द्वारा तीन तलाक अवैध घोषित होने के बावजूद भी इस देश में तीन तलाक की घटनाएँ देखने को मिलना ढीठ होने जैसी स्थिति है। इससे निपटने के लिए कड़े कानून बनने ही चाहिए। किन्तु कानून-निर्माण-प्रक्रिया में ईमानदारी भी आवश्यक है। न्यायपालिका जब कोई निर्णय दे रही होती है तो उसकी अपनी एक सीमा होती है। वह याचिका में माँगे गये प्रार्थना की सीमा को लाँघ नहीं सकती है। किन्तु कानून-निर्माण में ऐसी कोई सीमा नहीं होती है। जब आप कानून बना रहे होते हैं, तो आपको समग्रता के साथ उन सभी पहलुओं पर विचार करना चाहिए, जो उस विषय से जुड़े हुए हैं। आप केवल फौरी राहत देने या श्रेय लेने के लिए कानून नहीं बना रहे होते हैं, बल्कि कानून निर्माण के समय गुणवत्तायुक्त विधिक विकास, स्वस्थ समाज की रचना और राष्ट्रहित का लक्ष्य महत्त्वपूर्ण होते हैं। किन्तु दुर्भाग्य से तीन तलाक के खिलाफ लाये गये विधेयक में इन तीनों बातों का बिल्कुल अभाव दिखा।

तीन तलाक मामले में सुप्रीम कोर्ट के समक्ष सुनवायी के समय याचिकाकर्त्ता एवं भारत संघ द्वारा ट्यूनिशिया, संयुक्त अरब अमीरात, यमन, अल्जीरिया, मिस्र, इराक, जार्डन, कुवैत, लेबनान, लीबिया, मोरक्को, सूडान, सीरिया, इण्डोनेशिया, मलेशिया, फिलिपीन्स, टर्की, पाकिस्तान, बाँग्लादेश जैसे उन मुस्लिम देशों का हवाला दिया गया, जहाँ पर तत्काल तीन तलाक लागू नहीं है। किन्तु प्रथम निर्णय के पैराग्राफ संख्या 142 में इस आधार का लाभ याचिकाकर्त्ता को नहीं मिल पाया क्योंकि इन सभी देशों ने तीन तलाक के सम्बन्ध में किसी-न-किसी स्वरूप में कानून बना रखे हैं। याचिकाकर्त्ताओं द्वारा हिन्दू धर्म में कभी विद्यमान रहे और बाद में समाप्त कर दिये गये सती प्रथा, देवदासिनी प्रथा और बहुविवाह की प्रथा का भी हवाला दिया गया, किन्तु प्रथम निर्णय के पैराग्राफ संख्या 125 में यह अभिर्निधारित किया गया कि इन सभी प्रथाओं को कानून बनाकर ही समाप्त किया जा सका है, इसलिए इस आधार पर तीन तलाक के सन्दर्भ में न्यायिक हस्तक्षेप करने की माँग स्वीकरणीय नहीं है।

निष्कर्षतः समस्या का निराकरण विधायिका द्वारा कानून का निर्माण करके ही किया जा सकता है। इसकी भरपाई न्यायालय द्वारा फैसलों के माध्यम से नहीं किया जा सकता है।

संसद् के समक्ष तीन तलाक के खिलाफ विधेयक प्रस्तुत करते समय विधि मन्त्री श्री रविशंकर प्रसाद द्वारा शायरा बानो मामले के जिस निर्णय का जिक्र किया जा रहा था वह माननीय मुख्य न्यायाधीश जगदीश सिंह खेहर एवं न्यायमूर्ति एस. अब्दुल नजीर के अल्पमत के निर्णय का पैराग्राफ संख्या 198 एवं 199 था। इस निर्णय का पैराग्राफ संख्या 198 एवं 199 कहता है—

> '198. यहाँ तक कि ए.आइ.एम.पी.एल.बी. (आल इण्डिया मुस्लिम पर्सनल लॉ बोर्ड) द्वारा यह स्वीकार किया गया है कि विधायिका इस स्थिति का निस्तारण कर सकती है। यह कथन संविधान के अनुच्छेद 25 (2) और अनुच्छेद 44 सपठित संविधान की सातवीं अनुसूची की समवर्ती सूची की प्रविष्टि 5 के संयुक्त पाठन पर आधारित है। कोई सन्देह नहीं है और यह हमारा निश्चित निष्कर्ष है कि इस स्थिति का निस्तारण कानून के माध्यम से किया जा सकता है। हम समझते हैं कि विधायिका को इस बिन्दु पर कानून बनाने का परामर्श देना उचित नहीं है। फिर भी जैसी स्थिति वर्तमान मामले में है, वह कुछ अलग प्रतीत होती है। यहाँ पर दोनों पक्षों द्वारा व्यक्त विचारों में अन्तर्विरोध नहीं है। भारत संघ याचिकाकर्त्ता के पक्ष के समर्थन में हमारे समक्ष खड़ा है। भारत संघ द्वारा अपनाया गया रास्ता हमारे लिये यह अनुमान लगाने के लिए पर्याप्त है कि भारत संघ याचिकाकर्त्ता के साथ खड़ा है। **दुर्भाग्य से संघ हमारा हाथ पकड़ रहा है, जो वस्तुतः उसके पास ही है।**
>
> '199. हम सन्तुष्ट हैं कि यह मामला ऐसी स्थिति पैदा करता है, जहाँ संविधान के अनुच्छेद 142 के अन्तर्गत इस न्यायालय द्वारा यथोचित दिशानिर्देश

जारी करने के विवेकाधिकार का प्रयोग किया जाना चाहिए। इसलिए हम भारत सरकार को निर्देशित करते हैं कि वह उचित विधान बनाने पर विचार करे, खासतौर पर 'तलाक-ए-बिद्दत' के सन्दर्भ में। हम आशा एवं अपेक्षा करते हैं कि **आनेवाला यह विधान व्यक्तिगत कानून – 'शरीयत' में हुए सुधारों, जैसा कि वैश्विक पटल पर, यहाँ तक कि इस्लामिक धर्म-आधारित देशों में भी कानूनों के माध्यम से किया गया है, पर भी विचार करेगा। जब भारत में ब्रिटिश सरकार द्वारा कानून के माध्यम से मुस्लिम के परेशानी में सहयोग किया गया है और जब मुस्लिम समुदाय द्वारा उपचारात्मक उपाय अपनाया गया है तो स्वतन्त्र भारत में पीछे रह जाने का हम कोई कारण नहीं पाते हैं। भारत में दूसरे धर्मों के सन्दर्भ में उपाय अपनाया जा चुका है (देखें रिफार्म टू पर्सनल लॉ इन इण्डिया) किन्तु मुस्लिमों के लिए नहीं। इसलिए हम विधायिका से इस अति महत्त्वपूर्ण मामले में विवेकयुक्त विचार लाने का आग्रह करते हैं। हम सभी राजनीतिक पार्टियों से भी प्रार्थना करेंगे कि वे इतने महत्त्वपूर्ण विषय पर विधान बनाने के दौरान अपने व्यक्तिगत दलगत हित को एक तरफ रखें।'**

माननीय न्यायाधीशद्वय का इशारा स्पष्ट था कि शरीयत में सुधार किया जाना बिल्कुल सम्भव है। अनुच्छेद 44 के अनुपालन में सिविल संहिता बनाने के लिए विधायिका सक्षम व जवाबदेह हैं और इस मामले में वे गेंद को न्यायपालिका के पाले में नहीं डाल सकते हैं। वस्तुत: निर्णय का उपर्युक्त भाग यूनिफार्म सिविल संहिता के निर्माण के सन्दर्भ में विधायिका एवं कार्यपालिका को अपने अन्दर झाँकने के लिए मजबूर कर सकता है।

इसी तरह द्वितीय निर्णय के माध्यम से तीन तलाक को अवैध घोषित करनेवाले न्यायमूर्ति जोसफ कुरियन ने भी विधायिका को उसके दायित्व एवं अधिकारों का बोध कराते हुए कानून/संहिता बनाने के लिए इन अधिकारों का प्रयोग किये जाने पर बल दिया। न्यायमूर्ति जोसफ कुरियन के शब्दों में —

'25. जब इस तरह के मामले सामने आते हैं तो अक्सर चर्चा के दौरान धर्म को अन्य संविधानिक अधिकारों के खिलाफ घुसा दिया जाता है। मैं विश्वास करता हूँ कि इनके बीच समन्वय सम्भव है, किन्तु भिन्न-भिन्न हितों के मध्य सामंजस्य स्थापित करना विधायिका के अधिकार में है। निश्चित रूप से संविधानिक परिधि में रहकर भारतीय संविधान द्वारा गारण्टी किये गये धार्मिक अधिकार को चोट पहुँचाये बिना इस अधिकार का प्रयोग किया जाना चाहिए। तथापि कानून निर्माण के लिए दिशानिर्देश देना न्यायालय के लिए उचित नहीं है।'

सुप्रीम कोर्ट के तीन माननीय न्यायाधीशों द्वारा कानून बनाने के सन्दर्भ में व्यक्त किये गये दिशानिर्देश/सुझाव यूनिफार्म सिविल संहिता के परिप्रेक्ष्य में बहुत ही महत्त्वपूर्ण हैं। ये सुझाव भले ही आदेशात्मक शब्दों में न हों, जो कि भारतीय संविधान

के अनुच्छेद 37 में स्वीकार किये गये ढाँचे के अन्तर्गत हो भी नहीं सकता है, किन्तु इनके मायने बहुत ही महत्त्वपूर्ण है।

उपर्युक्त निर्णय से स्पष्ट है कि मुख्य न्यायाधीश जगदीश सिंह खेहर एवं न्यायमूर्ति एस. अब्दुल नजीर तथा न्यायमूर्ति जोसफ कुरियन ने नीति-निर्माताओं को अपनी इच्छाशक्ति दिखाने के लिए पूरी जगह दे रखा है। 284 पैराग्राफों एवं 395 पृष्ठों में लिखे गये इस निर्णय के जिस पैराग्राफ को मैं पूरे निर्णय की आत्मा कहना चाहूँगा वह है पैराग्राफ संख्या 199। दुर्भाग्य से यह पैरा बहुमत वाले निर्णय का भाग नहीं बन पाया। इसके बावजूद कि यह पैरा अल्पमत वाले निर्णय का भाग है, यह इस देश का सौभाग्य है कि इसको लिखने वाले माननीय न्यायाधीशगण देश के दो प्रमुख धर्म — सिख और मुस्लिम धर्म से ताल्लुक रखते हैं। इन्होंने न केवल अपने निर्णय के पैराग्राफ संख्या 198 में अनुच्छेद 25 एवं 44 के प्रावधान को विधान बनाने के लिए केन्द्रबिन्दु माना है, बल्कि पैराग्राफ संख्या 199 के माध्यम से यह भी स्पष्ट किया है कि शरीयत (मुस्लिम कानूनों) में सुधार सम्भव है और इसके लिए दूसरे मुस्लिम देशों में किये गये सुधार और इसी देश में ब्रिटिश हुकूमत के दौरान किये गये सुधार से नसीहत लेने की आवश्यकता है। न केवल दूसरे देशों में एवं ब्रिटिश हुकूमत के दौरान भारत में किये गये मुस्लिम कानूनों में सुधार का बल्कि आजाद भारत में दूसरे धर्मों के व्यक्तिगत कानूनों में किये गये सुधार का भी जिक्र करते हुए न्यायाधीशद्वय द्वारा टिप्पणी की गयी कि 'किन्तु मुस्लिम धर्म में ऐसा नहीं किया जा सका है।'

सवाल पैदा होता है कि उक्त तीन तलाक विधेयक लाने के पूर्व क्या केन्द्र सरकार ने शरीयत कानून में किये गये उन सुधारों या बदलावों का अध्ययन किया, जो तमाम इस्लामिक देशों में या ब्रिटिश हुकूमत के दौरान इसी देश में किये गये हैं। यदि निर्वाहभत्ता के प्रावधान को छोड़ दें, यद्यपि यह भी मृग-मरीचिका की तरह ही है, तो शायद इसका जवाब 'नहीं' में होगा। यदि मोदी सरकार द्वारा शायरा बानो के निर्णय को व्यापक एवं वास्तविक स्वरूप में लिया जाता तो शायद कानून बनाते समय हम यूनिफार्म सिविल संहिता के ज्यादा निकट होते। किन्तु दुर्भाग्य से ऐसा नहीं हो सका। फिर भी यदि मात्र तीन तलाक का ही सन्दर्भ था, तो मोदी सरकार से इस देश का प्रगतिशील वर्ग कुछ उम्मीद कर सकता था। कम-से-कम तीन तलाक विधेयक, 2017 में निम्न प्रावधानों की उम्मीद तो कर ही सकता था—

1. कुवैत, जार्डन, लेबनान, सूडान, सीरिया, यमन के कानून की तरह यह व्यवस्था अवश्य ही बनायी जाती कि नशे की हालत में या दबाव में या मानसिक अस्थिरता की स्थिति में या क्रोध में या उकसावे में किये गये मौखिक तलाक मान्य नहीं होंगे;
2. टर्की, ट्यूनिशिया के कानून की तरह यह व्यवस्था अवश्य ही बनायी जाती कि मौखिक तलाक के लिए कोई-न-कोई तार्किक आधार अवश्य ही होना चाहिए;
3. इराक, मोरक्को, पाकिस्तान, बाँग्लादेश के कानून की तरह यह व्यवस्था अवश्य

ही बनायी जाती कि यदि कोई व्यक्ति मौखिक तलाक से वैवाहिक सम्बन्ध समाप्त करना चाहता है तो उसें न्यायालय में इसे लागू कराने के लिए दावा दाखिल करना होगा;

4. मोरक्को, सीरिया, ट्यूनिशिया, इण्डोनेशिया, मलेशिया, पाकिस्तान, बाँग्लादेश के कानून की तरह यह व्यवस्था अवश्य ही बनायी जाती कि मौखिक तलाक के बाद न्यायालय अपनी देख-रेख में मध्यस्थता का प्रयास सुनिश्चित करेगा;
5. मलेशिया के कानून की तरह यह व्यवस्था अवश्य ही बनायी जाती ताकि मध्यस्थता के प्रयास विफल होने पर भरण-पोषण एवं सम्पत्तियों के बँटवारे के सम्बन्ध में न्यायालय उचित निर्णय कर सके; इत्यादि-इत्यादि।

यूनिफार्म सिविल संहिता विषय पर लिखी गयी अपनी पुस्तक — 'भारतीय सिविल संहिता के सिद्धान्त : अनुच्छेद 44 के क्रियान्वयन के अनुक्रम में' (2017 प्रथम संस्करण, पृष्ठ संख्या 189) में स्वयं लेखक द्वारा तलाक यानी मौखिक विवाह-विच्छेद के सम्बन्ध में कई महत्त्वपूर्ण सुझाव सुझाये गयें हैं। इस पुस्तक की एक प्रति भी प्रधानमन्त्री श्री नरेन्द्र मोदी जी को भेजी गयी है। उम्मीद है कि यूनिफार्म सिविल संहिता जैसे संवेदनशील मसले पर लिखी गयी यह पुस्तक हमारे नीति-निर्माताओं का ध्यान अवश्य ही खींच पायेगी। तलाक के सन्दर्भ में पुस्तक के निम्न महत्त्वपूर्ण अंश का यहाँ उल्लेख करना प्रासंगिक है —

'... यदि मौखिक विवाह-विच्छेद अर्थात् तलाक की व्यवस्था में कुछ भी आदर्श का तत्त्व है, तो इसे तार्किक निर्बन्धनों के साथ 'भारतीय सिविल संहिता' में स्वीकार करके लिंगनिरपेक्ष एवं धर्मनिरपेक्ष रूप से लागू किया जा सकता है। इसका लाभ केवल पति को ही नहीं, बल्कि पत्नी को भी मिलनी चाहिए; केवल मुस्लिम को ही नहीं, बल्कि हिन्दू, सिख, ईसाई, पारसी सभी को मिलनी चाहिए। किन्तु मौखिक विवाह-विच्छेद (तलाक) की व्यवस्था को स्वीकार करने के पहले हमें इसका दुरुपयोग होने से बचाने के लिए कुछ शर्तों व निर्बन्धनों का निर्धारण करना पड़ेगा। ऐसी ही कुछ शर्त व निर्बन्धन निम्न हो सकते हैं—

1. मौखिक विवाह-विच्छेद (तलाक) के लिए भी उसी तरह किसी आधार का होना आवश्यक होगा, जिस तरह न्यायालयीय विवाह-विच्छेद के लिए आवश्यक होता है।;
2. मौखिक तलाक के पूर्व पति एवं पत्नी के एक-एक संरक्षक की उपस्थिति में सुलह-समझौते का प्रयास किया जाय।;
3. मौखिक तलाक किन्हीं दो जिम्मेदार गवाहों के समक्ष किसी एक पक्ष द्वारा या दोनों पक्षों द्वारा आपसी सहमति से दिया गया हो।;
4. जो भी पक्षकार एकपक्षीय मौखिक तलाक चाहता है, उसे 'तलाक-पेनाल्टी' के रूप में दूसरे पक्षकार के हक में बड़ा आर्थिक दायित्व चुकाना होगा,

जिसकी न्यूनतम धनराशि एवं इसको निर्धारित करने का मापदण्ड तय किया गया होगा।;

5. न्यायालयीय विवाह-विच्छेद की तरह मौखिक विवाह-विच्छेद की स्थिति में भी पति और पत्नी के मध्य सभी तरह की सम्पत्तियों का बँटवारा सुनिश्चित किया जायेगा।;

6. मौखिक विवाह-विच्छेद (तलाक) के खिलाफ अपीलीय न्यायालय में अपील करने का अधिकार उसी तरह प्राप्त होगा, जिस तरह किसी सक्षम न्यायालय के विवाह-विच्छेद की डिक्री के खिलाफ पीड़ित पक्ष को अपील करने का अधिकार होता है। अपीलीय न्यायालय को मौखिक तलाक के खिलाफ अपील की सुनवायी के दौरान वे सभी शक्तियाँ प्राप्त होंगी, जो विवाह-विच्छेद की डिक्री के खिलाफ अपील में प्राप्त होती है। अपीलीय न्यायालय मौखिक विवाह-विच्छेद में प्रथम-दृष्ट्या अनियमितता पाने पर अन्तरिम रोक भी लगा सकती है।'

सुप्रीम कोर्ट के निर्णय के आलोक में जब विधेयक बनाया जा रहा था, तो यह उम्मीद की जा सकती थी कि हमारे नीति-निर्माता उक्त सभी बिन्दुओं पर कार्य करते। भले ही इनमें यूनिफार्म सिविल संहिता के लिए आगे बढ़ने की इच्छाशक्ति न हो, किन्तु तीन तलाक पर ईमानदारी से एक समग्र एवं पारदर्शी कानून बनाने की दिशा में पहल की जा सकती थी। ऐसी पहल की जा सकती थी ताकि विवाह-विच्छेद के किसी भी मौखिक स्वरूप — चाहे तलाक-उल-बिद्दत हो या तलाक-ए-अहसन या तलाक-ए-हसन हो — का दुरुपयोग न होने पाये। इसके लिए उसे उसी तरह तमाम यथोचित निर्बन्धन एवं शर्त लगाने चाहिये थी, जिस तरह दूसरे मुस्लिम देशों में लगाया गया है।

यह सही है कि तलाक-उल-बिद्दत यानी तत्काल तीन तलाक का विकल्प होने के कारण मौखिक तलाक के दूसरे स्वरूपों यानी तलाक-ए-अहसन व तलाक-ए-हसन का प्रयोग कम किया जाता रहा है। फिर भी यह नहीं सोचा जाना चाहिए कि तलाक-उल-बिद्दत समाप्त हो जाने के बाद दूसरे मौखिक तलाक अर्थात् तलाक-ए-अहसन व तलाक-ए-हसन के दुरुपयोग की सम्भावना नहीं रहेगी। यह भी नहीं कहा जा सकता कि इन दोनों स्वरूप वाले तलाक से पीड़ित होनेवाली महिलाएँ तलाक-उल-बिद्दत से पीड़ित महिलाओं से बेहतर स्थिति में रहती हैं या रहेंगी। सिवाय तीन महीने अवधि की अन्तराल का इन्तजार करने के अलावा तलाक-ए-अहसन एवं तलाक-ए-हसन में वे सभी बातें समान होती हैं, जो तलाक-उल-बिद्दत में रहती हैं। मौखिक स्वरूप होने के कारण इन सभी के दुरुपयोग होने की सम्भावना हमेशा बनी रहती है। तब जबकि एक मुस्लिम मर्द के पास बहुविवाह करने की आजादी हो, दुरुपयोग करने की सम्भावना और भी बढ़ जाती है। जो मुस्लिम पति 'तलाक-उल-बिद्दत' के जरिये अपने अधिकारों का दुरुपयोग करने की सोच रखता

है वह अब तलाक के इन दूसरे तरीकों—तलाक-ए-अहसन या तलाक-ए-हसन—का इस्तेमाल करके करेगा। अन्तर केवल इतना भर होगा कि अब उसे तीन महीने का इन्तजार करना पड़ेगा। वह इन्तजार भी कर लेगा और अपनी इच्छानुसार चार बीबी रखने की छूट का लाभ भी उठा लेगा।

अब तो तलाक-उल-बिद्दत का सुप्रीम कोर्ट द्वारा अवैध करार किये जाने के बाद इसकी काट के लिए कुछ मुफ्तियों द्वारा एक नये किस्म के तलाक—'तलाक-ए-बाइन' का इजाद कर लिया गया है। इस नये किस्म के तलाक के अन्तर्गत केवल एक या दो बार तलाक कहने की आवश्यकता होती है। दोनों में अन्तर यह बताया जाता है कि तीन तलाक के बाद यदि शौहर तलाकशुदा बीबी को दोबारा अपनाना चाहता है तो उस बीबी को हलाला से गुजरना होता है। जबकि तलाक-ए-बाइन में हलाला की आवश्यकता नहीं है अर्थात् ऐसे तलाक के बाद शौहर तलाकशुदा बीबी को बिना हलाला के अपनी जिन्दगी में वापस ला सकता है। न्यूज चैनल 'आज-तक' के स्टिंग आपरेशन में यह बात सामने आया है। न्यूज चैनल के अनुसार उत्तर प्रदेश के गाजियाबाद के मदरसे जीनत उल इस्लाम के मुफ्ती का दावा है कि तलाक-ए-बाइन के लिए आवश्यक नहीं है कि तलाक देनेवाली की बीबी उसके सामने हो। कोई भी आदमी कहीं भी और किसी भी समय अपनी बीबी को तलाक दे सकता है, चाहे वह बीबी सुने या न सुने। बस उस तक खबर पहुँच जानी चाहिए कि उसे उसके शौहर ने तलाक-ए-बाइन कह दिया है। तीन तलाक विधेयक की सोंच इस नये किस्म के तलाक तक नहीं पहुँच पाया, जबकि इसका इजाद विधेयक लाये जाने के पहले ही किया जा चुका था।

यदि पुस्तक 'भारतीय सिविल संहिता के सिद्धान्त : अनुच्छेद 44 के क्रियान्वयन के अनुक्रम में' में सुझाये गये सुझाव संख्या 6 कि मौखिक विवाह-विच्छेद (तलाक) के खिलाफ अपीलीय न्यायालय में अपील करने का अधिकार उसी तरह प्राप्त होगा, जिस तरह किसी सक्षम न्यायालय के विवाह-विच्छेद की डिक्री के खिलाफ पीड़ित पक्ष को अपील करने का अधिकार होता है, को तीन तलाक कानून में स्वीकार कर लिया जाय और तलाक की भी न्यायिक जवाबदेही तय कर दिया जाय और साथ-ही-साथ बहुविवाह की व्यवस्था को संयमित बहुविवाह का कानूनी स्वरूप प्रदान कर दिया जाय, तो शायद ही किसी मुस्लिम पति द्वारा सुप्रीम कोर्ट के आदेश के बावजूद तीन तलाक या विवाह-विच्छेद के किसी मौखिक स्वरूप का दुरुपयोग किया जा सकता है। तीन तलाक को अपराध घोषित करने से लाख गुना ज्यादा कारगर उपाय मौखिक विवाह-विच्छेद की न्यायिक जवाबदेही सुनिश्चित करने की व्यवस्था होता। किन्तु समस्या यह है कि कानून निर्माण में हमें सनसनी ज्यादा सुहाने लगा है।

यह समझ के बाहर है कि तलाक के दूसरे मौखिक तरीकों यानी तलाक-ए-अहसन व तलाक-ए-हसन को तीन तलाक विधेयक के दायरे से क्यों बाहर रखा गया है? इस विधेयक में तलाक-उल-बिद्दत से पीड़ित महिलाओं को उनके जीविकोपार्जन

के लिए पति द्वारा निर्वाहभत्ता दिलाया जाना प्रस्तावित है, किन्तु क्या ऐसी ही व्यवस्था उन महिलाओं के लिए नहीं सोचा जाना चाहिए था, जो तलाक-ए-अहसन या तलाक-ए-हसन से पीड़ित हैं? आखिर तलाक-ए-अहसन या तलाक-ए-हसन का भी इस्तेमाल एक मुस्लिम पति द्वारा एकपक्षीय तरीके से ही किया जाता है और अन्तिम निर्णय लेना भी उसी के हाथ में होता है। इन सारे पहलुओं की उपेक्षा करनेवाले इस विधेयक में शायद ही ऐसी कोई बात निकलकर आये, जिसके आधार पर यह कहा जा सके कि यह विधिक विकास की दिशा में या स्वस्थ समाज के निर्माण में या राष्ट्रहित का लक्ष्य प्राप्त करने की दिशा में कोई आदर्श साबित होनेवाला होगा।

यदि केन्द्र सरकार से यह पूछा जाय कि क्या उसने 'मुस्लिम महिला विवाह अधिकार संरक्षण विधेयक, 2017' (तीन तलाक कानून) का प्रारूप बनाते समय इन सब पहलुओं पर ध्यान दिया था, तो सिवाय यह कहने के कि सुप्रीम कोर्ट ने जिस सन्दर्भ में निर्णय दिया था उतना किया गया, शायद और कोई सन्तोषजनक जवाब हो। सवाल पैदा होता है कि ऐसे संवेदनशील मामलों में हम कब अपनी स्वतन्त्र इच्छाशक्ति का प्रदर्शन कर पायेंगे। कब तक हम ऐसे संवेदनशील मामलों में केवल श्रेय लेने और मुस्लिम महिला की सहानुभूति पाने के लिये कानून-निर्माण करते रहेंगे?

तीन तलाक को अपराध घोषित करने के लिये लाये गये विधेयक को लेकर संस्था 'लोक सर्वोदय फाउण्डेशन' द्वारा 'मिशन अनुच्छेद 44 : एक राष्ट्र, एक सिविल कानून' के अन्तर्गत 31 जनवरी, 2018 को एक आपत्ति दाखिल किया गया है। इस आपत्ति में माँग की गयी है कि तीन तलाक के साथ-साथ मुस्लिम कानून में अनुमन्य अन्य सभी मौखिक तलाक के तरीकों को समाप्त किया जाय। यदि किसी स्थिति में किसी भी मौखिक स्वरूप वाले विवाह-विच्छेद के अधिकार को मान्य किया जा रहा है, तो इस अधिकार को सभी भारतीयों, चाहे हिन्दू हो या मुसलमान या ईसाई या सिख या पारसी या चाहे पुरुष हो या महिला, को समान रूप से प्रदान किया जाय तथा इसके साथ ऐसे उपाय किये जायें, ताकि मौखिक विवाह-विच्छेद का दुरुपयोग न हो सके।

व्यक्तिगत कानून मानने के अधिकार को मूल अधिकार के रूप में स्वीकार करनेवाले विषय को यदि छोड़ दिया जाय तो शायद मैं ही नहीं, बल्कि पूरा देश मुख्य न्यायाधीश जगदीश सिंह खेहर एवं न्यायमूर्ति एस. अब्दुल नजीर के उस निर्णय को लागू कराना चाहेगा, जो संहिता/कानून बनाने के सन्दर्भ में लिखी गयी है। किन्तु दुर्भाग्य से यह महत्त्वपूर्ण दिशानिर्देश अल्पमत वाले निर्णय का भाग बनकर रह गया है और इसके प्रत्यक्ष लाभ से यह देश वंचित हो गया। यद्यपि न्यायमूर्ति जोसफ कुरियन द्वारा विधायिका को दी गयी नसीहत को इसमें जोड़ दिया जाय तो बहुमत कानून बनाने पर जोर देता प्रतीत होता है, किन्तु फिर भी यह विधायिका की नैतिकता का ही विषय बनकर रह जाता है और हमारे नीति-निर्माताओं के लिए चैन की साँस लेने का बहाना।

सवाल पैदा होता है कि क्या हमारी विधायिका सुप्रीम कोर्ट के आग्रह को स्वीकार कर अपने विवेकयुक्त विचार का प्रयोग कर पायेगी? क्या हमारे देश की राजनीतिक पार्टियाँ सुप्रीम कोर्ट की नसीहत कि विधान (संहिता) बनाने के लिए वे अपने दलगत हित को एक तरफ रखें, को ईमानदारी से स्वीकार कर पायेंगें?

समय-समय पर भारतीय न्यायालयों के समक्ष आनेवाले अनगिनत मामले सिद्ध करते हैं कि इस देश के भीतर का समाज यूनिफॉर्म 'सिविल संहिता' के अभाव के कारण होनेवाले दुष्प्रभाव से कभी भी अछूता नहीं रहा है। एक संवेदनशील शासन से यह उम्मीद की जानी चाहिए कि वह कानून बनाने के पूर्व सम्बन्धित विषय पर विस्तृत जानकारी एकत्रित करे और इनके प्रत्येक पहलू पर अनुसन्धान करे। 2017 का विधेयक लाने के पहले केन्द्र सरकार को भी तीन तलाक एवं इसके कुप्रभावों से जुड़े आँकड़े एकत्रित कर इनका अध्ययन करना चाहिए था। किन्तु संवेदनशीलता का दम्भ भरने वाले हमारे राजनीतिक तन्त्र के पास शायद ही इसका कोई आँकड़ा हो कि संविधान लागू होने के बाद से शायरा बानो का निर्णय आने तक इस 68 वर्ष की अवधि के दौरान कितनी मुस्लिम महिलाओं को तीन तलाक का और तीन तलाक के कारण बाध्यकारी हलाला के कोपभाजन का शिकार बनना पड़ा है और उसका तलाकशुदा महिलाओं एवं इनके बच्चों के जीवन पर कितना दुष्प्रभाव पड़ा है।

एक ऐसे समाज की कल्पना, जहाँ कोई विवाद न हो, एक पूर्ण आदर्श स्थिति है। ऐसी आदर्श स्थिति प्रत्येक देश के लिए महत्त्वपूर्ण होती है। किन्तु समाज में विवाद पैदा नहीं होगा, यह सोचना भी अतिशयोक्ति है। 'विधि के शासन' में विश्वास करनेवाले किसी भी राज्य (देश) के लिए यह आवश्यक होता है कि वह ऐसे सभी सम्भावित विवादों का उपाय स्पष्ट, पारदर्शी एवं प्रभावशाली कानून के माध्यम से करे। समाज में पैदा होनेवाली एक-एक विवाद मुकदमे के रूप में निपटने के लिए न्यायपालिका के समक्ष आयें, इसकी तुलना में बेहतर होता है कि इस तरह का स्पष्ट एवं पारदर्शी कानून बनाया जाय, ताकि स्वयं पक्षकारों को निर्णय लेने में आसानी हो। इसके कारण बहुत-सारे विवाद अपने-आप ही सुलझ जाते हैं और न्यायालयीय बोझ भी कम होता है। 'विधि के शासन' के लिए यह आदर्श स्थिति है।

केन्द्र सरकार द्वारा लाये गये तीन तलाक विधेयक के सन्दर्भ में क्या यह कहा जा सकता है कि इस कानून के लागू हो जाने के बाद बाकी तलाक — तलाक-ए-अहसन एवं तलाक-ए-हसन से जुड़े मामलों का या फिर मुफ्तियों द्वारा इजाद किये गये नये किस्म के तलाक — तलाक-ए-बाइन का कानूनी समाधान हो जायेगा? यद्यपि नहीं। क्या हम उस दिन का इन्तजार कर रहे हैं कि तलाक-उल-बिद्दत के बाद तलाक-ए-अहसन व तलाक-ए-हसन का दुरुपयोग होना प्रारम्भ हो जाय या फिर मुफ्ती नये किस्म के तलाक — तलाक-ए-बाइन का इजाद कर इसका दुरुपयोग करना प्रारम्भ कर दे और जब ऐसे दुरुपयोग की शिकायत पर सुप्रीम कोर्ट कोई निर्णय दे दे तो फिर हमारे नीति-निर्माताओं को पुनः अपनी इच्छाशक्ति, शायद मिथ्या

इच्छाशक्ति, का प्रदर्शन का अवसर मिल जाय। सवाल पैदा होता है कि आखिर कब तक हम चीजों को समग्रता के बजाय खण्ड-खण्ड करके देखते रहेंगे। तीन तलाक ही नहीं, ऐसे तमाम विषय हैं, जिससे जुड़ी विसंगतियों का समग्रता के साथ समाधान करने के लिए हमारे संविधान-निर्माताओं द्वारा अनुच्छेद 44 के माध्यम से यूनिफॉर्म 'सिविल संहिता' की अवधारणा की गयी है। किन्तु यह इस देश का दुर्भाग्य है कि इन 68 वर्षों के दौरान हमारे संविधानोत्तर नीति-निर्माताओं द्वारा कभी भी इसे यथोचित महत्त्व नहीं दिया जा सका।

तीन तलाक और विधि आयोग की भूमिका

1972 में पाथुमल बीवी के मामले में **न्यायमूर्ति वी. खालिद** द्वारा जब तलाक के तरीके को क्रूर बताया जा रहा था, उसी समय यदि विधि आयोग द्वारा तलाक प्रक्रिया को पारदर्शी व निष्पक्ष बनाने के लिए कानून निर्माण की दिशा में कोई संस्तुति की गयी होती और सरकार द्वारा कानून बनाया गया होता तो शायद रूकिया खातून जैसे तमाम मामले पैदा नहीं हो पाते या 1981 में रूकिया खातून के मामले में गोवाहाटी हाईकोर्ट के **न्यायमूर्ति बहारूल इस्लाम** द्वारा जब तलाक के लिए तार्किक कारण एवं मध्यस्थता के प्रयास का होना आवश्यक बताया जा रहा था, उसी समय यदि विधि आयोग द्वारा इसके लिए कानून बनाने की दिशा में कोई संस्तुति किया गया होता और सरकार द्वारा कानून बनाया गया होता तो शमीम आरा जैसे तमाम मामले पैदा नहीं हो पाते या 2002 में शमीम आरा मामले में सुप्रीम कोर्ट द्वारा तीन तलाक को पारदर्शी बनाने के सम्बन्ध में जब निर्णय दिया गया था, उसी समय यदि विधि आयोग द्वारा इस सम्बन्ध में कानून बनाने की दिशा में कोई संस्तुति किया गया होता और सरकार द्वारा कानून बनाया गया होता तो शायरा बानो जैसी तमाम मुस्लिम महिलाओं को 2017 में तीन तलाक के खिलाफ सुप्रीम कोर्ट की शरण में नहीं आना पड़ता।

कानून निर्माण के सन्दर्भ में विधि आयोग की बहुत महत्त्वपूर्ण भूमिका होती है। संविधानोत्तर काल में इन 68 वर्षों के दौरान एक संस्था के रूप में विधि आयोग द्वारा तलाक जैसे मसले पर क्या योगदान दिया गया है, यह एक समीक्षा का विषय हो सकता है। शायद बहुत सन्तोषजनक स्थिति निकलकर नहीं आनेवाली है। किन्तु पिछले 5 दिसम्बर, 2017 को व्यक्तिगत कानून के सम्बन्ध में विधि आयोग के वर्तमान अध्यक्ष न्यायमूर्ति बी.एस. चौहान द्वारा दिया गया बयान मेरे जैसे लोगों के लिए चौंकानेवाला बयान था। अपने इस बयान में जस्टिस चौहान द्वारा यह कहा गया कि व्यक्तिगत कानून अनुच्छेद 25 के अन्तर्गत संविधान का एक भाग है और इसे समाप्त नहीं किया जा सकता है। उन्होंने आगे कहा कि यूनिफार्म सिविल संहिता का बनना सम्भव नहीं है। इसलिए हम धर्म-आधारित पारिवारिक कानूनों में संशोधन का प्रस्ताव करेंगे।'

जस्टिस चौहान के उक्त बयान के मीडिया में आने के तुरन्त बाद संस्था 'लोक सर्वोदय फाउण्डेशन' द्वारा चलाये जा रहे 'मिशन अनुच्छेद 44 : एक राष्ट्र, एक

सिविल कानून' का एक प्रतिनिधि-मण्डल विधि आयोग से 9 जनवरी, 2018 को मिला। प्रतिनिधि-मण्डल में मेरे अलावा ज्ञानेन्द्र श्रीवास्तव, नित्य प्रकाश तिवारी, मनोज कुमार सिंह, राम कृष्ण मिश्र, सतीश कुमार सिंह, कुलदीप कठेरिया, उमेश चन्द्र बरनवाल शामिल थे। विधि आयोग के चेयरमैन एवं अन्य सदस्यों को यूनिफॉर्म सिविल संहिता विषय पर लिखी गयी अपनी शोध पुस्तक 'भारतीय सिविल संहिता के सिद्धान्त : अनुच्छेद 44 के क्रियान्वयन के अनुक्रम में' और इसका अंग्रेजी अनुवाद भेट किया गया और उन सभी बिन्दुओं पर चर्चा की गयी, जिसकी सहायता से देश के लिए यूनिफार्म सिविल संहिता बनाया जा सकता है।

'मिशन अनुच्छेद 44' के प्रतिनिधि-मण्डल के साथ हुई उक्त बैठक में विधि आयोग के अध्यक्ष न्यायमूर्ति चौहान द्वारा एक सवाल किया गया कि संविधान के अनुच्छेद 371-ए, 371-बी, 371-सी जैसे प्रावधानों का क्या होगा, जो अलग-अलग क्षेत्रों के अनुसूचित जनजातियों के अधिकारों को सुरक्षा प्रदान करते हैं। न्यायमूर्ति चौहान द्वारा उठाये गये इस सवाल से उस बैठक में मौजूद विधि आयोग के दूसरे सदस्य भी सहमत-से दिख रहे थे और इसे यूनिफार्म सिविल संहिता बनने की राह में बड़ी बाधा मान रहे थे। मैंने न्यायमूर्ति चौहान से कहा कि संविधान के ये प्रावधान खुद ही इस समस्या का समाधान भी प्रदान करते हैं। संविधान के ये प्रावधान अपवाद के रूप में हैं। जिस तरह संविधान में अपवादों को स्वीकार करता है, उसी तरह यूनिफार्म सिविल संहिता —भारतीय सिविल संहिता — में यथोचित अपवादों को स्वीकार किया जा सकता है। मेरे इस जवाब से विधि आयोग के चेयरमैन और अन्य सभी सदस्य सन्तुष्ट नजर आये।

विधि आयोग के साथ हुई मुलाकात के दौरान व्यक्तिगत कानून के संवैधानिक संरक्षण के बिन्दु पर भी चर्चा हुई और विधि आयोग को बताया गया कि भारत में व्यक्तिगत कानूनों को कभी भी संविधानिक संरक्षण नहीं प्राप्त रहा है। हमने विधि आयोग का ध्यान संविधान-सभा द्वारा लिये गये निर्णय की तरफ भी आकृष्ट कराया गया, जिसमें व्यक्तिगत कानून को मूल अधिकार के रूप में स्वीकार करने के लिए तीन-तीन बार लाये गये संशोधन-प्रस्ताव को संविधान-सभा द्वारा खारिज कर दिया गया था।

विधि आयोग हम लोगों की बातों से पूरी तरह सन्तुष्ट नजर आया। आयोग के चेयरमैन एवं सभी सदस्यों द्वारा ध्यानपूर्वक मेरे द्वारा सुझाये गये उन 21 सिद्धान्तों (इस पुस्तक का परिशिष्ट 1) को पढ़ा गया, जिसके आधार पर देश के लिये एक व्यापक स्वरूप में यूनिफार्म सिविल संहिता का निर्माण किया जा सकता है। इस मुलाकात का परिणाम भी जल्द ही देखने को मिला कि अभी कुछ दिन पहले 22 मार्च, 2018 को विधि आयोग द्वारा देश की जनता से यूनिफॉर्म सिविल संहिता के बिन्दु पर सुझाव माँगा गया है। यद्यपि यह सोचना कठिन है कि तीन तलाक की तरह विधि आयोग के इस पहल का क्या हश्र होगा। किन्तु यह सुखद सन्तोष की बात है कि 'मिशन अनुच्छेद 44 : एक राष्ट्र, एक सिविल कानून' के माध्यम से हम लोगों

से मुलाकात के बाद विधि आयोग ने यूनिफॉर्म सिविल संहिता को लेकर अपना रुख बदला है।

कुछ ही दिन पूर्व न्यायमूर्ति बी.एस. चौहान की अध्यक्षता वाले इसी विधि आयोग द्वारा तीन तलाक के सन्दर्भ में भी देश के नागरिकों से सुझाव माँगे गये थे। यह बताया गया कि विधि आयोग के आमन्त्रण पर देश के नागरिकों द्वारा हजारों-लाखों सुझाव एवं विचार भेजे गये हैं। हमने भी तलाक के सम्बन्ध में अपने सुझाव भेजे थे, जिसका उल्लेख हमने पुस्तक — 'भारतीय सिविल संहिता के सिद्धान्त : अनुच्छेद 44 के क्रियान्वयन के अनुक्रम में' (2017 प्रथम संस्करण, पृष्ठ संख्या 189) में किया गया है। देश के नागरिकों द्वारा भेजे गये इन सुझावों का क्या हश्र हुआ, यह धीरे-धीरे अतीत का विषय होता जा रहा है। किन्तु जिस तरह से विधि आयोग द्वारा पब्लिक प्लेटफार्म पर आकर लोगों से तीन तलाक पर सुझाव माँगा गया था, यह अपेक्षा की जा सकती है कि विधि आयोग इन सुझावों पर किये गये अपने कार्यों एवं निर्णयों का खुलासा करता।

तीन तलाक पर लोगों के सुझाव कुछ भी रहे हों, इन सुझावों पर विधि आयोग की राय कुछ भी रही हो, किन्तु जब तीन तलाक के विषय को लेकर विधि आयोग ने सुझाव आमंत्रित कर अपनी गम्भीरता दिखायी थी, तो विधि आयोग से इस सन्दर्भ में चार बिन्दुओं पर ईमानदारी से काम करने की अपेक्षा थी। एक यह कि विधि आयोग पिछले 68 वर्षों के दौरान इस देश में घटित तीन तलाक एवं हलाला की घटनाओं के आँकड़े को एकत्रित करता और इसका तलाकशुदा महिलाओं एवं इनके बच्चों के जीवन पर हुए दुष्प्रभाव का अध्ययन कर रिपोर्ट प्रस्तुत करता। दूसरा यह कि 2002 में शमीम आरा मामले में सुप्रीम कोर्ट द्वारा दिये गये निर्णय के अनुक्रम में विधि आयोग उन तार्किक आधारों का निर्धारण कर संस्तुति करता जिसके आधार पर एक मुस्लिम पति तलाक कर सकता है। तीसरा यह कि तलाक को लागू करने के पूर्व होनेवाली मध्यस्थता की पारदर्शी प्रक्रिया के बारे में विधि आयोग रिपोर्ट प्रस्तुत कर सकता था। चौथा और अन्तिम यह कि विश्व के तमाम मुस्लिम देशों द्वारा अपनाये गये तलाक से सम्बन्धित कानूनी प्रावधानों का अध्ययन कर विधि आयोग उन उपायों को सुझा सकता था, जिससे कि एक मुस्लिम पति अपने मौखिक तलाक के अधिकार का दुरुपयोग न कर सके।

किन्तु शायद ही विधि आयोग द्वारा तीन तलाक से सम्बन्धित उक्त चार बिन्दुओं पर कोई गुणात्मक शोध एवं अध्ययन किया गया हो।

यह दश विधि आयोग एवं संसद् से यह उम्मीद कर सकता था कि वें तलाक के लिए तार्किक आधारों को निर्धारित करने के सम्बन्ध में उचित कानून बनाने के लिए प्रयास करतें। किन्तु दुर्भाग्य से ये दोनों ही संस्थाएँ हाथी के दाँत साबित हुयी है। संसद् और हमारे नीति-निर्माताओं की अपनी राजनीतिक मजबूरी हो सकती है, किन्तु विधि आयोग जैसी संस्था, जिसकी जिम्मेदारी शमीम आरा जैसे मामलों में दिये गये निर्णयों

की समीक्षा कर कानूनी विकास के लिए उचित संस्तुति करने की होती है, का भी हाथी का दाँत साबित होना इस देश के लिए दुर्भाग्यपूर्ण है। 'मिशन अनुच्छेद 44 : एक राष्ट्र, एक सिविल कानून' के प्रतिनिधि-मण्डल के माध्यम से विधि आयोग जाकर वहाँ की चकाचौंध को बहुत निकट से देखने का अवसर मिला। जिस संस्थान पर इस देश के सार्वजनिक निधि के कई लाख रुपये प्रति महीने खर्च होते हैं, उसके बदले में इन संस्थानों से इस देश को क्या प्रतिफल मिलता है, यह जानना-समझना हम सभी नागरिकों के लिए चेतना व जागरुकता का विषय है।

विधि आयोग के चेयरमैन न्यायमूर्ति चौहान द्वारा आदिवासी समाज के हितों की चिन्ता करते हुये यूनिफार्म सिविल संहिता की प्रासंगिकता पर जब सवाल किया जा रहा था और इस सवाल का जब हम जवाब दे रहे थे तो मेरे दिमाग में एक काउण्टर-विचार भी पैदा हुआ। यह काउण्टर विचार था कि यूनिफॉर्म सिविल संहिता जैसे संवेदनशील विषय पर कार्य करनेवाली संस्थान में आदिवासियों का भी प्रतिनिधित्व होना चाहिए और न केवल आदिवासियों का, बल्कि महिलाओं एवं प्रभावित होनेवाले सभी धर्मों का सामाजिक एवं कानूनी प्रतिनिधित्व होना चाहिए। वर्तमान विधि आयोग में ऐसे प्रतिनिधित्व के नितान्त अभाव को दृष्टिगत रखने एवं दूसरे अन्य पहलुओं पर विचार करने के बाद एक 'यूनिफार्म सिविल संहिता प्रारूप समिति' के गठन की प्रासंगिकता बढ़ जाती है।

●

12

तीन तलाक का समाधान और भारतीय सिविल संहिता की प्रासंगिकता

तीन तलाक को असंवैधानिक घोषित करनेवाले सुप्रीम कोर्ट के निर्णय के अनुक्रम में इसे अपराध घोषित करने के लिए लाये गये विधेयक के विरोध में जब मुस्लिम समुदाय का एक वर्ग कोई जुलूस निकालता है, तो इसका सबसे नकारात्मक प्रभाव देश की एकीकृत शासन-व्यवस्था एवं एकता व अखण्डता पर पड़ता है। जुलूस में जब आसमानी कानून को बनाये रखने के लिए माँग किया जाता है तो इस देश का धर्मनिरपेक्ष स्वरूप तार-तार होता है।

ब्रिटिश हुकूमत ने अपनी 'बाँटों और राज करों' की नीति को परवान चढ़ाने के लिए 'शरीयत अनुप्रयोग अधिनियम, 1937' जैसे कानून बनाये और लागू किये। वे बाँटने में सफल रहे। देश बँटा भी। धर्म के आधार पर यह देश आगे भी न बँटने पाये, इसलिए धर्म-आधारित सभी व्यक्तिगत कानूनों को समाप्त कर देश के लिए एक धर्मनिरपेक्ष यूनिफार्म सिविल संहिता — भारतीय सिविल संहिता — बनाकर लागू करने का संकल्प हमारे संविधान-निर्माताओं ने अनुच्छेद 44 के माध्यम से लिया था। किन्तु संविधान लागू होने के बाद इन 68 वर्षों के दौरान हम ब्रिटिश हुकूमत के नापाक मन्शा को पालने-पोसने का ही काम करते रहे हैं।

दुनिया के सभी आधुनिक देशों ने सभ्यता के विकास-क्रम में कानूनों में सुधारात्मक परिवर्तन किंये हैं। खुद तमाम मुस्लिम देश — ट्यूनिशिया, संयुक्त अरब अमीरात, यमन, अल्जीरिया, मिस्र, इराक, जार्डन, कुवैत, लेबनान, लीबिया, मोरक्को, सूडान, सीरिया, इण्डोनेशिया, मलेशिया, फिलिपीन्स, टर्की, पाकिस्तान, बाँग्लादेश — शरीयत में कई मूलभूत सुधार कर अपने कानून-निर्माण-प्रक्रिया के माध्यम से यथोचित कानून बनाकर लागू कियें हैं। इन्होंने शरीयत में अपनायी गयी व्यवस्थाओं को तार्किक एवं समयानुकूल बनाकर लिखित कानूनी स्वरूप प्रदान कियें और इन्हें आसमानी नहीं बने रहने दिये हैं। किन्तु 'बाँटों और राज करों' की नीति का खामियाजा भुगत चुका भारत

देश आज भी आसमानी व्यवस्था को लागू करनेवाले कानून—'शरीयत अनुप्रयोग अधिनियम, 1937'—को ढोते रहने के लिए मजबूर है।

संविधान लागू होने के 35 वर्ष बाद मुस्लिम महिलाओं के भरण-पोषण को लेकर शाहबानो बेगम का मामला (1985) आया था। लगभग इतने ही अन्तराल के बाद अब तीन तलाक को लेकर शायरा बानो का मामला (2017) सुप्रीम कोर्ट से निर्णीत हुआ है। इस दौरान इस तरह के तमाम मामले सुप्रीम कोर्ट में आते रहे हैं। पाथाई का मामला (1968), पाथुमल बीबी का मामला (1972), अनवर बेगम का मामला (1981), रूकिया खातून का मामला (1981), शाहबानो बेगम का मामला (1985), शमीम आरा का मामला (2002), साबरा शमीम का मामला (2002), इकबाल बानो का मामला (2007), शमीमा फारुकी का मामला (2015), भारतीय न्यायालयों में आनेवाले ऐसे मामलों की एक लम्बी शृंखला है। समाज में पैदा होनेवाले सैकड़ों-हजारों विवादों में से एकाध ऐसे विवाद ही सुप्रीम कोर्ट की दहलीज तक पहुँचकर तय हो पाते हैं। कमोबेश इन सभी मामलों में एक ही तरह के तथ्य होते हैं। पति ने 'तलाक-तलाक-तलाक' बोला, इद्दत की अवधि बीत जाने दिया, मेहर का भुगतान किया और बेबस व असहाय पत्नी को अलग-थलग करके खुद को सभी वैवाहिक दायित्वों से आजाद कर लिया।

शायरा बानो मामले में मुख्य न्यायाधीश जगदीश सिंह खेहर एवं न्यायमूर्ति एस. अब्दुल नजीर द्वारा अपने निर्णय के माध्यम से यह निर्देशित किया गया है कि 'सरकार उचित विधान बनाने पर विचार करे, खासतौर से 'तलाक-ए-बिद्दत' के सन्दर्भ में। हम आशा एवं अपेक्षा करते हैं कि आनेवाला यह विधान व्यक्तिगत कानून — 'शरीयत' में हुए सुधारों, जैसा कि वैश्विक पटल पर, यहाँ तक कि इस्लामिक धर्म-आधारित देशों में भी कानूनों के माध्यम से किया गया है, पर भी विचार करेगा।'

उक्त निर्णय में न केवल वैश्विक परिदृश्य में हुए शरीयत में सुधार का हवाला दिया गया है, बल्कि खुद भारत में ब्रिटिश हुकूमत के दौरान किये गये सुधारों का जिक्र करते हुए टिप्पणी भी की गयी है कि स्वतन्त्र भारत में पीछे रह जाने का कोई कारण नहीं है। विदित हो कि ब्रिटिश हुकूमत ने इसी भारत में शरीयत कानून को दरकिनार कर दण्ड संहिता, दण्ड प्रक्रिया संहिता, सिविल प्रक्रिया संहिता, संविदा कानून, सम्पत्ति कानून जैसे धर्मनिरपेक्ष कानूनों को बनाया और लागू भी किया। वैश्विक पटल पर और भारत में ब्रिटिश हुकूमत के दौरान किये गये सुधारों का उल्लेख करते हुए जब सुप्रीम कोर्ट उचित विधान बनाये जाने पर बल देता है, तो इसका सन्दर्भ बहुत व्यापक हो जाता है। निश्चित ही तीन तलाक से कहीं बहुत ज्यादा व्यापक। और जब सुप्रीम कोर्ट इसे भारतीय संविधान के अनुच्छेद 25 (2) और

अनुच्छेद 44 से जोड़ता है, तो निश्चित रूप से उचित विधान का सन्दर्भ यूनिफार्म सिविल संहिता ही होता है।

अपने निर्णय में मुख्य न्यायाधीश जगदीश सिंह खेहर एवं न्यायमूर्ति एस. अब्दुल नजीर द्वारा देश की विधायिका एवं सभी राजनीतिक पार्टियों को व्यक्तिगत दलगत हित के बजाय देशहित में काम करने का आग्रह करना पूरे देश के लिए आदर्श है और नीति-निर्माताओं के लिए नसीहत भी।

शायरा बानो का मामला पहला अवसर नहीं है, जिसमें सुप्रीम कोर्ट ने उचित विधान/संहिता बनाये जाने की आवश्यकता को महसूस किया है और अपने क्षेत्राधिकार में रहते हुए उचित विधान बनाने के लिए निर्देश भी जारी किया है। इसके पूर्व चाहे शाहबानो बेगम का मामला (1985) हो या मिस जॉर्डान डेंगडेह का मामला (1985) या सरला मुद्गल का मामला (1995) या जॉन वलामत्तम का मामला (2003), इन सभी मामलों में माननीय सुप्रीम कोर्ट के न्यायाधीशों द्वारा यूनिफॉर्म सिविल संहिता की आवश्यकता के पक्ष में व्यक्त किये गये विचारों का यहाँ उल्लेख करना प्रासंगिक है—

> यह भी दुःख का विषय है कि हमारे संविधान का अनुच्छेद 44 मृत अक्षर बनकर रह गया है। यह प्राविधानित करता है कि 'राज्य नागरिकों के लिए यूनिफॉर्म सिविल संहिता प्राप्त करने का प्रयास करेगा।' कॉमन सिविल संहिता को बनाने के लिए राज्य स्तर पर प्रयास किये जाने का कोई साक्ष्य नहीं है। लगता है कि ऐसा विश्वास कर लिया गया है कि यह मुस्लिम समुदाय के लिए है कि वह अपने व्यक्तिगत कानूनों में सुधार के लिए आगे बढ़ें। कॉमन सिविल संहिता विरोधाभासी विचारोंवाले कानूनों के प्रति पृथक्करणीय भक्तिभाव को समाप्त कर राष्ट्रीय अखण्डता के लक्ष्य को प्राप्त करने में सहयोग करेगा।... यह राज्य के लिए है कि वह देश के सभी नागरिकों के लिए एक यूनिफॉर्म सिविल संहिता का निर्माण करने के लिए अपने कर्त्तव्य का निर्वहन करे।
>
> —**न्यायमूर्ति वाई. वी. चन्द्रचूड़,** तत्कालीन मुख्य न्यायाधीश (पाँच न्यायाधीशों की संविधानिक पीठ की तरफ से शाहबानो बेगम के मामले में)

> यह मामला भी ऐसा ही है जो एक यूनिफॉर्म सिविल संहिता की आवश्यकता को तुरन्त और बाध्यकारी करने पर ध्यान आकर्षित कराता है। राज्य के पूर्णतया असन्तोषजनक कदम के कारण यूनिफॉर्म सिविल संहिता का अभाव इस मामले के तथ्यों से प्रकट हो जाता है। ... हम सुझाव देते हैं कि अब ऐसे मामलों में विवाह और विवाह-विच्छेद हेतु यूनिफॉर्म संहिता बनाने और ऐसी अप्रसन्न परिस्थिति, जैसा कि इस मामले में है, जिसमें एक युगल अपने को पाते हैं, से निजात दिलाने के लिए विधायिका द्वारा कानून बनाकर हस्तक्षेप करने का समय

आ गया है। हम निर्देशित करते हैं कि इस आदेश की प्रति विधि और न्याय मन्त्रालय को यथोचित कार्यवाही करने के लिए भेजा जाये।

–न्यायमूर्ति ओ. चिनप्पा रेड्डी, न्यायाधीश, सुप्रीम कोर्ट
(दो न्यायाधीशों की खण्डपीठ की तरफ से मिस जॉर्डान डेंगडेह के मामले में)

यह एक आश्चर्य है कि संविधान के अनुच्छेद 44 के अन्तर्गत व्यक्त की गयी संविधान-निर्माताओं की इच्छा को पूरा करने में यह सरकार और कितना समय लेगी। उत्तराधिकार और विवाह को संचालित करनेवाले परम्परागत हिन्दू कानून को बहुत पहले ही 1955-56 में संहिताकरण करके अलविदा कर दिया गया है। देश में यूनिफॉर्म सिविल संहिता को अनिश्चित काल के लिए विलम्बित करने का कोई औचित्य नहीं है।

–न्यायमूर्ति कुलदीप सिंह, न्यायाधीश, सुप्रीम कोर्ट
(सरला मुद्गल के मामले में)

धार्मिक प्रथाएँ मानवाधिकार एवं गरिमा का अतिक्रमण करते हैं। धर्म के नाम पर सिविल एवं भौतिक आजादी का गला घोटना स्वराज्य नहीं बल्कि निर्दयता है। इसलिए यूनिफॉइड संहिता का होना निर्दयता से सुरक्षा प्रदान करने और राष्ट्रीय एकता एवं सौहार्द को प्रोत्साहित करने के लिए बाध्यकारी है।

–न्यायमूर्ति आर. एम. सहाय, न्यायाधीश, सुप्रीम कोर्ट
(सरला मुद्गल के मामले में)

यह एक दुःख की बात है कि संविधान के अनुच्छेद 44 को आज तक लागू नहीं किया जा सका है। संसद् को अभी भी देश में कॉमन सिविल संहिता का निर्माण करने के लिए कदम उठाना है। कॉमन सिविल संहिता वैचारिक मतभेदों को दूर कर राष्ट्रीय अखण्डता को हासिल करने में सहायक होगा।

–न्यायमूर्ति वी. एन. खरे, तत्कालीन मुख्य न्यायाधीश
(तीन न्यायाधीशों की संविधानिक पीठ की तरफ से जॉन वलामत्तम के मामले में)

विधायिका एवं कार्यपालिका को उसकी जिम्मेदारी का अहसास कराने वाले सुप्रीम कोर्ट के न्यायाधीशों द्वारा व्यक्त उपर्युक्त विचारों के साथ शायरा बानो के मामले (तीन तलाक का मामला) में मुख्य न्यायाधीश जगदीश सिंह खेहर, न्यायमूर्ति जोसेफ कुरियन एवं न्यायमूर्ति एस. अब्दुल नजीर द्वारा व्यक्त किये गये विचार भी जुड़ गये हैं।

समय-समय पर अलग-अलग मामलों में माननीय सुप्रीम कोर्ट द्वारा सिविल संहिता के पक्ष में व्यक्त किये गये विचार क्या अनुच्छेद 44 को मूर्तरूप दिला पाने में सक्षम हो पायेंगे? क्या हमारे नीति-निर्माता (कार्यपालिका एवं विधायिका) यूनिफार्म 'भारतीय सिविल संहिता' के पीछे की संविधान निर्माताओं की पवित्र मन्शा को समझ

पाने में समर्थ हो सकेंगें? क्या इस देश का जनमानस यूनिफार्म 'भारतीय सिविल संहिता' के निर्माण के लिए अपने नीति-निर्माताओं की इच्छाशक्ति को जगा पाने में समर्थ हो सकेगा ताकि इस देश की एकता एवं अखण्डता कायम बनी रह सके?

एक ही देश में एक ही विषय पर अलग-अलग धर्मों के लिए भिन्न-भिन्न कानून के दुष्प्रभाव को अनेकों बार महसूस किया गया है। इनमें से न जाने कितने दुष्प्रभाव ऐसे होते हैं, जिन्हें पैदा होने के साथ ही समाज के अन्दर दबा दिये जाते हैं। कई दुष्प्रभावों को तो कुचल कर दफना दिया जाता है। कुछ ही दुष्प्रभाव ऐसे होतें हैं जो न्याय की उम्मीद में मुकदमें के रूप में न्यायालयों की दहलीज तक पहुँच पातें हैं। इन मुकदमों में पक्षकारों को अपने जीवन के बड़े भाग को खपाना होता है, तब कहीं जाकर न्याय मिल पाता है। इस तरह से न्यायालयों से मिला न्याय भी मात्र मुकदमें के पक्षकारों तक ही सीमित होता है। इसलिए संसद् की भूमिका बढ़ जाती है। संसद् एक प्रभावशाली और सक्षम कानून बनाकर सामूहिक रूप से लोगों को न्याय देने का काम करता है। इन दुष्प्रभावों के निवारण के लिए संसद् यदि ईमानदारी और निष्पक्षता के साथ कार्य करता तो उसे भी देश के लिए एक धर्मनिरपेक्ष 'सिविल संहिता' बनाने की आवश्यकता उसी तरह महसूस होती, जिस तरह सुप्रीम कोर्ट को शाहबानो मामले में या सरला मुद्गल मामले में महसूस हुआ था।

लेकिन दुर्भाग्य से संसद् पुरुषप्रधान प्रवृत्तियों के प्रभाव के कारण न तो तीन तलाक एवं हलाला से पीड़ित महिलाओं की चीख को सुन पाता है और न ही धर्मनिरपेक्ष यूनिफॉर्म 'सिविल संहिता' के बारे में सम्यक् दृष्टिकोण ही रख पाता है। संसद् को सिविल संहिता के पक्ष में अपनी ही पैतृक संस्था 'संविधान-सभा' का विचार क्यों महत्त्वहीन लगता है; सिविल संहिता की आवश्यकता के सम्बन्ध में सुप्रीम कोर्ट के तमाम पीठों द्वारा व्यक्त की गयी टिप्पणी संसद् को क्यों उपेक्षणीय लगती है; यूनिफॉर्म सिविल संहिता के अभाव के कारण समाज में पैदा होनेवाली विसंगतियाँ एवं इसके कारण आम लोगों में उपजने वाली सिसकियाँ संसद् की संवेदना को क्यों नहीं जगा पाती हैं, ये ऐसे कुछ सवाल हैं, जो आज भी अनुत्तरित हैं।

'सिविल संहिता प्रारूप समिति' के गठन की आवश्यकता

हमारे संविधान-निर्माताओं की मन्शा थी कि देश के यूनिफार्म सिविल संहिता के निर्माण के दौरान किसी एक धर्म का या उसके व्यक्तिगत कानून का वर्चस्व न हो, बल्कि भारत में लागू सभी व्यक्तिगत कानूनों यथा — हिन्दू कानून, मुस्लिम कानून, ईसाई कानून, पारसी कानून, आदिवासियों में प्रचलित प्रथाओं तथा विश्व के आधुनिक सिविल संहिताओं के प्रावधानों को मानवता एवं तार्किकता की कसौटी पर तुलनात्मक अध्ययन कर यूनिफार्म भारतीय सिविल संहिता के लिए आदर्श तत्त्व निकाला जायेगा। संविधान-निर्माताओं की इस पवित्र मन्शा को दृष्टिगत रखते हुए आवश्यक है कि प्रस्तावित यूनिफार्म सिविल संहिता में सभी धर्मों एवं वर्गों का विश्वास हासिल हो।

हमने अपनी पुस्तक 'भारतीय सिविल संहिता के सिद्धान्त : अनुच्छेद 44 के क्रियान्वयन के अनुक्रम में' एक 'भारतीय सिविल संहिता प्रारूप समिति' के गठन की आवश्यकता पर बल देते हुए लिखा है —

'... मामला सिर्फ सरकारी नुमाइन्दों के बीच का नहीं है, इसलिए इस प्रारूप समिति में सामाजिक नुमाइन्दगी भी होनी चाहिए। 'भारतीय सिविल संहिता प्रारूप समिति' पर दायित्व हो कि वह 'फ्रान्स सिविल संहिता', 'स्विस सिविल संहिता', 'जर्मनी सिविल संहिता', 'टर्की सिविल संहिता', 'पुर्तगाल सिविल संहिता' 'गोवा सिविल सांहेता' एवं इस पुस्तक में सुझाये गये सिद्धान्तों का अध्ययन करके भारत में लागू सभी सिविल कानूनों का सरलीकरण करने और इन्हें उपयोगी बनाने के उपायों को ढूँढ़े; विवाह, तलाक, उत्तराधिकार जैसे पारिवारिक व्यवहारों में उन तत्त्वों की पहचान करे जो वस्तुतः धार्मिक विषय नहीं हैं किन्तु जो धर्मों से आच्छादित हो गये हैं; उन रास्तों को खोजे जिन पर चलकर इन तत्त्वों को धर्म से अलग किया जा सकता है; इनके मूलभूत तत्त्वों का विश्लेषण करके इनको समानता और न्याय-आधारित बनाने के उपायों को ढूँढ़े और 'भारतीय सिविल संहिता' के प्रारूप को सुझाये।''

आज जब हमारा देश शैशवकाल से निकलकर किशोरावस्था की तरफ बढ़ रहा है, यूनिफॉर्म सिविल संहिता — भारतीय सिविल संहिता का निर्माण करना न केवल देश की एकता एवं अखण्डता के लिए आवश्यक है, बल्कि देशवासियों को ब्रिटिश हुकूमत निर्मित कानूनों से संचालित होने के कारण उनके स्वाभिमान को पहुँच रहे चोट से बचाने के लिए; एक ही विषय पर तमाम धर्म-आधारित कानूनों के होने के कारण पैदा हो रही विसंगतियों एवं हानि से देशवासियों को बचाने के लिए; व्यक्ति, राष्ट्रीयता एवं सम्पत्ति से सम्बन्धित कानूनों में सुधार लाने के लिए और महिलाओं के व्यक्तिगत जीवन एवं सम्पत्ति में समान अधिकारों को सुरक्षित करने के लिए भी नितान्त आवश्यक है। इसके लिए आवश्यक है कि ऐसे 'भारतीय सिविल संहिता प्रारूप समिति' का गठन किया जाय—

1. जो पूर्णकालिक रूप से केवल यूनिफार्म सिविल संहिता—भारतीय सिविल संहिता के निर्माण के लिए ही कार्य करे और भारतीय सिविल संहिता के प्रारूप को सुझाये। (विदित हो कि विधि आयोग के पास बहुत-सारे कार्य होते हैं। इसके अलावा विधि आयोग के वर्तमान अध्यक्ष द्वारा यूनिफॉर्म सिविल संहिता और व्यक्तिगत कानून के सम्बन्ध में व्यक्त किये गये विचार को देखते हुए भी ऐसा करना अति आवश्यक है।)
2. जिसमें देश में प्रचलित सभी व्यक्तिगत कानूनों के ऐसे विशेषज्ञ शामिल हों, जो इन व्यक्तिगत कानूनों के तार्किक एवं अच्छे प्रावधानों से 'भारतीय सिविल संहिता' के प्रावधानों को और सुन्दर एवं मूल्यवान् बनाने में मदद कर सकें।
3. जिसमें कानूनी विशेषज्ञों के अलावा भारत में प्रचलित सभी धर्मों के ऐसे

सामाजिक विशेषज्ञ शामिल हों, जो 'भारतीय सिविल संहिता' को निर्मित करने के लिए कृतसंकल्पित हों और जो इसके प्रावधानों को और सुन्दर एवं मूल्यवान् बनाने में मदद कर सकें।

4. जिसमें ऐसी महिला प्रतिनिधि शामिल हों, जो 'भारतीय सिविल संहिता' को निर्मित करने के लिए कृतसंकल्पित हो और जो इसके निर्माण के समय महिलाओं के समान एवं तार्किक अधिकारों का ध्यान रख सके।
5. जिसमें ऐसा आदिवासी प्रतिनिधि शामिल हो, जो 'भारतीय सिविल संहिता' को निर्मित करने के लिए कृतसंकल्पित हो और जो इसके निर्माण के समय आदिवासियों, खासकर जो अनुच्छेद 371-ए, 371-बी, 371-सी जैसे संविधान के प्रावधानों से प्रभावित हैं, के अधिकारों का ध्यान रख सके।

यदि देश के लिए भारतीय सिविल संहिता (आई. सी. सी.) का निर्माण कर लागू कर दिया जाता है—

क. देश को सैकड़ों कानूनों एवं इनकी जटिलता से मुक्ति मिल जायेगी।

ख. उक्त कानूनों में से ज्यादातर ब्रिटिश हुकूमत के दौरान बने हैं। सिविल संहिता बनने से भारत ऐसे कानूनों से दीर्घ अवधि तक विनियमित होने से उपजनेवाली हीनभावना से बच सकेगा और स्वाभिमानपूर्वक कह सकेगा कि अंग्रेजों, तुमसे आजाद होकर यह देश केवल मंगलयान ही नहीं उड़ा सकता है, बल्कि यूनिफॉर्म 'भारतीय सिविल संहिता' भी बना सकता है।

ग. व्यक्तिगत कानूनों की अस्पष्टता के कारण और विभिन्न धर्म-आधारित व्यक्तिगत कानूनों के मध्य अन्तर्विरोधों के कारण कई तरह के अनावश्यक विवाद पैदा होते हैं। इन अनावश्यक विवादों के कारण न्यायालय का कीमती समय एवं इस पर करोड़ों-अरबों रुपये खर्च होते हैं। फिर भी सभी को न्याय नहीं मिल पाता। यूनिफॉर्म सिविल संहिता बनाकर इससे देश को बचाया जा सकेगा।

घ. कुछ अपवादों को छोड़कर 'एक पति-एक पत्नी' की अवधारणा सभी भारतीयों पर एक समान रूप से लागू होगा। अपवादों का लाभ भी सभी भारतीयों, चाहे वह पुरुष हो या महिला; चाहे वह हिन्दू हो या मुसलमान या ईसाई या पारसी या सिख, को एक समान रूप से मिल सकेगा।

ङ. सभी भारतीयों, चाहे वह किसी लिंग का हो या किसी धर्म को माननेवाला हो, के लिए विवाह हेतु न्यूनतम उम्र एक समान '18 वर्ष' हो सकेगा।

च. न्यायालय के माध्यम से विवाह-विच्छेद कराना सामान्य नियम होगा। किन्तु कुछ विशेष परिस्थितियों में कुछ तार्किक सीमाओं के साथ मौखिक तरीके से विवाह-विच्छेद करने की आजादी सभी भारतीयों, चाहे वह किसी लिंग का हो या किसी धर्म का अनुयायी हो, को एक समान रूप से मिल सकेगा।

छ. सभी भारतीयों, चाहे वह किसी धर्म का हो, के सन्दर्भ में पैतृक सम्पत्ति में पुत्र एवं पुत्री को समान अधिकार देने की व्यवस्था लागू होगा।

ज. देश में पहली बार होगा कि विवाह-विच्छेद की स्थिति होने पर महिलाओं को, चाहे वह किसी धर्म की माननेवाली हों, को विवाह पश्चात् अर्जित दाम्पत्य सम्पत्ति में सापेक्षिक समान अधिकार मिल सकेगा।

झ. सभी भारतीयों, चाहे वह किसी धर्म को माननेवाले हों, के सन्दर्भ में वसीयत, दान, धर्मजत्व, संरक्षकत्व, बँटवारा के समान नियम लागू होंगे।

(कई मामलों में मुस्लिम कानून में बहुत अच्छे प्रावधान हैं, जो प्रस्तावित सिविल संहिता के लिए आदर्श हैं। जैसे मुस्लिम कानून में व्यवस्था है कि कोई व्यक्ति अपनी सम्पत्ति की एक-तिहाई से अधिक सम्पत्ति का वसीयत नहीं कर सकता है जबकि हिन्दू कानून में ऐसा नहीं है। मुस्लिम कानून का यह प्रावधान तार्किक है क्योंकि सम्पत्ति में वारिसों के अधिकार की उपेक्षा नहीं की जा सकती है। इसलिए मुस्लिम कानून के ऐसे प्रावधान भारतीय सिविल संहिता के लिए आदर्श हैं।)

ञ. सभी भारतीयों, चाहे वह किसी लिंग का हो या किसी धर्म को माननेवाला हो, को गोद लेने व देने का समान अधिकार प्राप्त होगा।

ट. देश को पहली बार 'राष्ट्रीयता' एवं इससे जुड़े विषयों पर एक समग्र एवं एकीकृत कानून मिल सकेगा।

भारतीय सिविल संहिता के माध्यम से उक्त सुधारों के लागू होने से मूलभूत धार्मिक अधिकारों — जैसे पूजा /नमाज/ प्रार्थना करने या हज/दर्शन करने जाने या रोजा/व्रत रखने या मन्दिर/मस्जिद/चर्च/गुरुद्वारा का प्रबन्धन करने या संविधान प्रदत्त धार्मिक शिक्षा प्रदान करने या विवाह/निकाह के लिए कोई भी पद्धति अपनाने या मृत्यु उपरान्त अन्तिम संस्कार के लिए कोई भी तरीका अपनाने या इच्छानुसार कपड़े पहनने या खाने-पीने इत्यादि — में किसी तरह की कोई बाधा या हस्तक्षेप नहीं होनेवाला है।

अंग्रेजों के जाने और पाकिस्तान के बँटवारे के पश्चात, जो भी लोग इस देश के नागरिक बने रहने के लिए तैयार रहे, उन्हें यह बात अच्छी तरह पता था कि इस देश का कानून एवं शासन धर्म-आधारित नहीं होनेवाला है। इस परिप्रेक्ष्य में इस देश के हिन्दुओं द्वारा किये गये त्याग को नहीं भुलाया जाना चाहिए। तत्कालीन परिस्थितियों में प्रचण्ड-बहुसंख्यक होते हुए भी इस देश को सभी धर्मों का मान-सम्मान रखनेवाले देश के रूप में विकसित करने लायक बनाने में उनके द्वारा किया गया त्याग सम्पूर्ण विश्व के लिए आदर्श है। इसलिए इस देश में रहनेवाले सभी धर्म के अनुयायियों खासकर मुस्लिम धर्म के अनुयायियों को स्वयं आगे आकर धर्मनिरपेक्ष स्वरूपवाले यूनिफॉर्म 'भारतीय सिविल संहिता' के निर्माण के लिए आगे आना चाहिए।

धर्म-आधारित अलग-अलग व्यक्तिगत कानूनों के बजाय राज्य-आधारित धर्मनिरपेक्ष कानूनों से संचालित होना किसी देश की एकता एवं अखण्डता के लिए आवश्यक है।

अनुच्छेद 44 के पीछे हमारे संविधान-निर्माताओं की भी यही मन्शा रही है। किन्तु जो लोग सिविल संहिता को लेकर अपने धर्म-आधारित व्यक्तिगत कानून को लेकर दुराग्रही बने रहना चाहते हैं, उन्हें इस देश की स्थिति को भी समझना होगा। 'भारतीय सिविल संहिता' के निर्माण का सवाल न तो किसी धर्म का पक्ष लेने का सवाल है और न किसी धर्म का विरोध करने का। बल्कि यह देश की एकता व अखण्डता का और अपनी भावी पीढ़ी को बिखरने से बचाने का सवाल है। आशंका कुछ रूढ़िवादी लोगों को लेकर है, जो कमोबेश सभी धर्मों में मौजूद हैं। हिन्दू में भी हैं, मुस्लिम में भी हैं, ईसाई में भी हैं और सिख में भी। इनके विचारों के पीछे कुछ-न-कुछ तर्क हैं। किसी तरह की गतिरोध की स्थिति बनने पर 'भारतीय सिविल संहिता के लिए ब्लूप्रिण्ट' (परिशिष्ट-1) में सुझाये गये 21 मार्गदर्शी सिद्धान्तों का सहारा लेकर रास्ता निकाला जा सकता है। सभी विचारों एवं तर्कों को यथोचित सम्मान देते हुए 'भारतीय सिविल संहिता' का निर्माण किया ही जाना चाहिए।

एक स्वाभिमानी देश के लिए इन ब्रिटिश कानूनों से मुक्ति मिलना आवश्यक है। दीर्घ अवधि तक ब्रिटिश हुकूमत के दौरान निर्मित कानूनों से विनियमित होकर भारत हीन भावना से कभी उबर नहीं पायेगा। भारतीय सिविल संहिता के निर्माण का सवाल गुलामी के प्रतीक ब्रिटिश हुकूमत के दौरान निर्मित इन सैकड़ों कानूनों से मुक्ति पाने का सवाल है; यह सिद्ध करने का सवाल है कि हम सभी भारतीय अपने-अपने धार्मिक दुराग्रहों से ऊपर उठकर देश की एकता और अखण्डता के लिए कटिबद्ध हैं। इसके बिना वास्तविक 'स्वराज' और 'सुराज' की प्राप्ति असम्भव है।

इसलिए भले ही भरण-पोषण में विसंगति के खिलाफ या विवाह-विच्छेद हेतु आधार के सन्दर्भ में विसंगति के खिलाफ या बहुविवाह का नाजायज लाभ लेने के उद्देश्य से किये गये धर्म-परिवर्तन के खिलाफ या वसीयत के सन्दर्भ में ईसाइयों के साथ भेदभाव के खिलाफ सुप्रीम कोर्ट के निर्णय आ गये हों और भले ही तीन तलाक सुप्रीम कोर्ट द्वारा असंवैधानिक घोषित हो गये हों, तो भी देश के लिए एक धर्मनिरपेक्ष सर्वमान्य 'भारतीय सिविल संहिता' बनाकर लागू करने का सवाल समाप्त नहीं हो जायेगा और न ही न्यायपालिका (सुप्रीम कोर्ट) के इन निर्णयों की आड़ में कार्यपालिका (मन्त्रिमण्डल) एवं विधायिका (संसद्) की अनुच्छेद 44 के प्रति संवैधानिक जवाबदेही ही समाप्त हो जायेगी। भारतीय विधि शास्त्र के अन्तर्गत ये निर्णय कानून का विकल्प नहीं हो सकते हैं।

'भारतीय सिविल संहिता प्रारूप समिति' का गठन करने की माँग को लेकर संस्था 'लोक सर्वोदय फाउण्डेशन' द्वारा प्रधानमन्त्री नरेन्द्र मोदी जी के नाम एक माँगपत्र 18 जनवरी, 2018 को भेजा गया है। माँगपत्र के साथ 'भारतीय सिविल संहिता का ब्लूप्रिण्ट' (परिशिष्ट-1) भी भेजा गया है, जिसके आधार पर देश के लिए यूनिफॉर्म सिविल संहिता का निर्माण किया जा सकता है। उम्मीद है कि जिस तरह से भारत के कर ढाँचे को एकीकृत करने के लिए जी. एस. टी. लागू करने की मोदी ने ईमानदारी

व दृढ़ इच्छाशक्ति दिखायी है, उसी तरह वह भारत में एक राष्ट्र–एक सिविल कानून के अन्तर्गत भारतीय सिविल संहिता (आई. सी. सी.) के निर्माण एवं क्रियान्वयन के लिए अपनी इच्छाशक्ति को दिखा पाने में सफल होंगे। 'जी. एस. टी.' जितना देश की आर्थिक एकता के लिए आवश्यक है तो 'आई. सी. सी.' उतना ही देश की राजनीतिक–सामाजिक एकता के लिए आवश्यक है।

●

13

उपसंहार

राजस्थान के झुन्झनु नगर में कुछ मुस्लिम महिलाओं द्वारा 27 फरवरी, 2018 को निकाले गये जुलूस का सन्दर्भ केवल इतना ही नहीं है कि यह मोदी सरकार द्वारा लाये गये तीन तलाक विधेयक के विरोध में निकाला गया। मूल सन्दर्भ यह है कि जुलूस में शामिल होनेवाली महिलाएँ आखिर शाहबानो बेगम, शमीम आरा, शायरा बानो, आफरिन रहमान, गुलशन परवीन, इसरत जहाँ, आतिया साबरी जैसी अनगिनत उन मुस्लिम महिलाओं के दर्द क्यों नहीं समझ पायीं, जो तीन तलाक के कारण पीड़ित होकर घुट-घुटकर जीवन बसर करने के लिए मजबूर रहती हैं।

तीन तलाक कानून के खिलाफ जुलूस में शामिल होनेवाली महिलाएँ उत्तराधिकार में अपने समान अधिकार या विवाहोपरान्त पति के साथ अर्जित दाम्पत्य सम्पत्ति में अपने समान अधिकार को लेकर या असंयमित बहुविवाह या तीन तलाक या बाध्यकारी हलाला के कारण होनेवाले मानवाधिकार उल्लंघन के खिलाफ सड़क पर क्यों नहीं उतर पाती हैं? जब दुनिया के तमाम देशों की महिलाएँ, यहाँ तक कि मुस्लिम देशों की महिलाएँ भी सम्पत्ति में समान अधिकार और दूसरे अन्य मानवाधिकार का उपभोग कर रही हैं और इस बात से निरपेक्ष होकर उपभोग कर रही हैं कि शरीयत में इन्हें स्वीकार किया गया है या नहीं किया गया है, तो झुन्झनु जुलूस का मुद्दा भारतीय महिलाओं के समान अधिकारों को लेकर किया जा सकता था। किन्तु दुर्भाग्य से ऐसा नहीं हो पाता है।

क्या यह माना जा सकता है कि जुलूस में शामिल होनेवाली ये मुस्लिम महिलाएँ शरीयत को और इसकी आड़ में इनके हक के साथ हो रहे भेदभाव को समझ पाने में सक्षम एवं जागरूक हैं। आँखों पर बँधी धर्म की पट्टी कहीं इन मुस्लिम महिलाओं को अपने हक के खिलाफ ही जुलूस में शामिल होने के लिए मजबूर तो नहीं करती हैं। हो सकता है कि सामाजिक व धार्मिक खौफ के कारण ये महिलाएँ ऐसे जुलूस में शामिल होने के लिए मजबूर रहती हों। यह भी हो

सकता है कि ये महिलाएँ अपने मर्द-रिश्तेदारों के दकियानूसी विचारों एवं धार्मिक दुराग्रहों के आगे मजबूर हों। भले ही ऐसा हो, किन्तु एक लोकतान्त्रिक एवं सम्प्रभु देश का ऐसे धार्मिक खौफ एवं दकियानूसी विचारों के आगे नतमस्तक होना आत्महत्या वाली सोच को अपने ऊपर हावी होने देने जैसा है। दुर्भाग्य से तीन तलाक कानून एवं यूनिफार्म सिविल संहिता के सवाल पर हमारे देश के नीति-निर्माताओं की हालत ऐसी ही है।

पाथुमल बीबी से लेकर शाहबानो बेगम; रूकिया खातून से लेकर शमीम आरा; साबरा शमीम से लेकर शायरा बानो; न जाने कितनी मुस्लिम महिलाओं को तीन तलाक की अग्नि में सती होने के लिए मजबूर होना पड़ा है। शायद ही इसका कोई लेखा-जोखा व आँकड़ा हमारे आजाद भारत के लोकतान्त्रिक शासन-तन्त्र के पास मौजूद हो। तीन तलाक के बचाव के लिए जब हम शरीयत को आधार बनाते हैं, तो सवाल पैदा होता है कि बदले हुए परिदृश्य के अनुरूप व्यवस्था को मानवीय एवं तार्किक बनाने में शरीयत जैसी पुरातन भारतीय सन्दर्भ में अप्रासंगिक नियम क्यों आड़े आये? बहुत-सारे दूसरे मुस्लिम मुल्कों में शरीयत को इसके मूल स्वरूप में स्वीकार नहीं किया गया है या यथोचित सुधार करने के बाद ही स्वीकार किया गया है, तो क्या इन देशों के मुसलमान, मुसलमान नहीं रह जाते हैं। इसी तरह तमाम यूरोपियन देशों, जो ज्यादातर ईसाई बाहुल्य देश हैं, में या टर्की, ट्यूनिशिया जैसे कई इस्लाम बाहुल्य देशों में या चीन, जापान जैसे बौद्ध बाहुल्य देशों में शरीयत किसी भी स्वरूप में लागू नहीं रहता है, तो क्या इन देशों में रहनेवाले मुसलमान, मुसलमान नहीं रह जाते हैं? आखिर भारत में ही शरीयत को लेकर इतनी जड़ता क्यों?

असंवैधानिक घोषित हो चुके किसी व्यवहार के लिए सजा का प्रावधान बनाना कोई नयी बात नहीं है। पाकिस्तान में भी सजा का प्रावधान है। पाकिस्तान में लागू 'मुस्लिम पारिवारिक कानून अध्यादेश' की धारा 7 का प्रावधान कहता है कि एक आदमी, जो पत्नी से विवाह-विच्छेद करने की इच्छा रखता है, तलाक कहने के तुरन्त बाद वह चेयरमैन को लिखित में इस बात की नोटिस देगा और इसकी एक प्रति पत्नी को भी भेजेगा। इस प्रावधान का उल्लंघन करनेवाले को एक वर्ष तक की सजा या पाँच हजार रुपये का जुर्माना या दोनों दी जा सकती है। किन्तु पाकिस्तान में ऐसी सजा के खिलाफ किसी भी किस्म का हो-हल्ला नहीं मचाया जा सकता और न ही वहाँ शरीयत ही खतरे में रहता है, किन्तु भारत में ऐसा कुछ होने पर हो-हल्ला मचाया जाने लगता है और भारतीय मुस्लिम समुदाय के एक वर्ग के लिए अस्वीकरणीय और जुलूस का विषय बन जाता है।

धार्मिक भावना एवं आस्था के नाम पर व्यक्तिगत कानूनों को लेकर रहनेवाले दुराग्रह के आगे भारत जैसे एक धर्मनिरपेक्ष लोकतान्त्रिक देश की शासन-व्यवस्था

का नतमस्तक हो जाना आजादी के बाद की सबसे बड़ी विडम्बना है। ऐसा नहीं है कि यह धार्मिक दुराग्रह केवल कुछ मुस्लिमों में है। कुछ हिन्दू भाई भी सिविल विषयों के सन्दर्भ में अपने धर्म को लेकर आग्रही बने रहते हैं। 'मिशन आर्टिकिल 44 : एक राष्ट्र, एक सिविल कानून' पर कार्य करने के दौरान हमें कई ऐसे हिन्दू भाई मिले जो महिलाओं को समान अधिकार दिये जाने या मठ-मन्दिर एवं धार्मिक विन्यासों में सुधार किये जाने की बात आते ही नाक-भौं सिकोड़ने लगे। वे इस सोच के साथ जी रहे होते हैं कि यदि महिलाओं को सम्पत्ति में समान अधिकार दे दिया गया तो सब कुछ असन्तुलित हो जायेगा।

इस सन्दर्भ में श्री के. एम. मुन्शी के उस विचार का यहाँ उल्लेख करना प्रासंगिक है, जो संविधान-सभा में अनुच्छेद 44 के प्रावधान पर बहस के दौरान व्यक्त किया गया था। श्री के. एम. मुन्शी ने कहा था कि 'मैं जानता हूँ कि बहुत-से हिन्दू भी यूनिफॉर्म सिविल संहिता को नहीं पसन्द करते हैं क्योंकि वे भी उसी तरह का विचार रखते हैं, जैसा कि पूर्व में बोलने वाले माननीय मुस्लिम सदस्यों ने व्यक्त किया है। वे भी मानते हैं कि विरासत, उत्तराधिकार का कानून उनके धर्म का भाग है। यदि ऐसा है तो आप कभी भी महिलाओं को समानता का अधिकार नहीं दे सकते हैं। किन्तु आप पहले ही इस सम्बन्ध में मूल अधिकार को पारित कर चुके हैं और आपके पास एक अनुच्छेद है, जो लिंग के आधार पर भेदभाव को मना करता है। **हिन्दू कानून को देखते हैं। आप महिलाओं के विरुद्ध बहुत-से भेदभाव पायेंगे और यदि यह हिन्दू धर्म या हिन्दू धार्मिक क्रियाकलाप का भाग है, तो आप एक ऐसा कानून नहीं पारित कर सकते हैं, जो हिन्दू महिलाओं की स्थिति को पुरुषों की बराबरी पर लाये। इसलिए कोई कारण नहीं है कि क्यों पूरे भारत भूभाग के लिए सिविल संहिता नहीं होनी चाहिए।**'

मुस्लिम समुदाय से देशहित में पृथक्करणीय दृष्टिकोण समाप्त करने की अपील करते हुए के. एम. मुन्शी आगे कहते हैं—

> 'एक महत्त्वपूर्ण विचार जो हमें अपने दिमाग में रखना है और मैं अपने मुस्लिम मित्रों को अहसास कराना चाहता हूँ कि जितना ही जल्दी हम जीवन के पृथक्करणीय दृष्टिकोण को भूल जायेंगे, देश के लिए उतना ही अच्छा होगा। धर्म उस परिधि तक सीमित होना चाहिए जो नियमत: धर्म की तरह दिखता है और बाकी जीवन अवश्य ही इस तरह से विनियमित, एकीकृत और संशोधित होना चाहिए कि हम जितनी जल्दी सम्भव हो, एक मजबूत एवं एकीकृत राष्ट्र के रूप में निखर सकें। देश में राष्ट्रीय एकता को मजबूत करना हमारी पहली समस्या और सबसे महत्त्वपूर्ण समस्या है। हम सोचते हैं कि हमने राष्ट्रीय एकता पा लिया है। किन्तु बहुत-से ऐसे कारक हैं— महत्त्वपूर्ण कारक हैं, जो अभी भी हमारे राष्ट्रीय एकीकरण के लिए गम्भीर खतरा बने

हुए हैं और यह बहुत आवश्यक है कि हमारे सम्पूर्ण जीवन, जो धर्मनिरपेक्षता के दायरे में आते हैं को अवश्य ही, जितना जल्दी हो सके, एकीकृत किया जाय ताकि हम पूरी क्षमता के साथ कह सकें कि हम केवल कहने के लिए एक राष्ट्र नहीं हैं बल्कि जिस तरह हम अपने एकीकृत व्यक्तिगत कानूनों द्वारा संचालित होते हैं हम एक मजबूत और एकीकृत राष्ट्र हैं।

संविधान-निर्माताओं द्वारा निर्णायक बहस किये जाने के बाद भारतीय संविधान में अनुच्छेद 44 के प्रावधान को स्वीकार किया गया, ताकि तीन तलाक जैसे मौखिक रूप से किये जानेवाले विवाह-विच्छेद को तार्किक और दुरुपयोग से परे बनाकर सभी भारतीयों पर समान रूप से लागू किया जा सके; ताकि पुत्री या पत्नी के रूप में सभी भारतीय महिलाओं को पुरुषों की तरह सम्पत्ति में समान अधिकार मिल सके; ताकि एक पति-एक पत्नी की व्यवस्था को लचीला और व्यावहारिक बनाकर संयमित बहुविवाह की व्यवस्था को सभी भारतीयों पर समान रूप से लागू किया जा सके; ताकि वसीयत, उत्तराधिकार, गोद, वयस्कता, संरक्षकत्व इत्यादि सिविल विषय पर धर्म एवं लिंग-आधारित भेदभाव को समाप्त किया जा सके।

वस्तुतः संविधान के अनुच्छेद 44 के अन्तर्गत प्रस्तावित यूनिफॉर्म सिविल संहिता का सवाल धर्मनिरपेक्षता से कम और लिंग-निरपेक्षता एवं लैंगिक न्याय से ज्यादा जुड़ा हुआ सवाल है। लिंग-निरपेक्षता एवं लैंगिक न्याय के इस सवाल को विभिन्न धर्मों द्वारा आच्छादित कर दिया गया है और जान-बूझकर भारत के अलग-अलग धर्मों द्वारा, खासकर हिन्दू एवं इस्लाम धर्म के कुछ धार्मिक दुराग्रहियों द्वारा इसे आपसी नूराकुश्ती का सवाल बना दिया जाता है ताकि किसी-न-किसी रूप में पुरुषप्रधानत्व को बनाये रखा जा सके। इन धर्मों के आपसी नूराकुश्ती के बीच लैंगिक समानता का मूल सवाल हाशिये पर हो जाता है। इन धार्मिक दुराग्रहियों के प्रभाव में हमारे शासनतन्त्र को भी महिलाओं के खिलाफ होते रहनेवाले लैंगिक अन्याय की कराह पर आह तक नहीं आता है। लैंगिक समानता और लैंगिक न्याय का सवाल नारा और जुमला बनकर रह जाता है।

68 वर्ष बाद भी इस देश में तीन तलाक, हलाला, बहुविवाह, मुताविवाह का सवाल क्यों बना हुआ है? इसके समाधान करने की दिशा में हमारे नीति-निर्माता ईमानदारी से प्रयास करने में क्यों विफल रहे हैं? इन सब सवालों का जवाब जानने के लिए आवश्यक है कि हम सब आजादी के पूर्व ब्रिटिश हुकूमत के समय बनाये जा चुके धर्मनिरपेक्ष कानूनों एवं संहिताओं की तुलना देश के संविधानोत्तर नीति-निर्माताओं के लिए लक्ष्यित किये गये सिविल संहिता के साथ जोड़कर करें।

इस देश के लिए एक यूनिफॉर्म 'सिविल संहिता' निर्मित होकर लागू होनी चाहिए या नहीं, इस विषय पर किसी तरह की चर्चा करने के पूर्व हम यह कल्पना करें कि यदि आजादी मिलने के पहले इस देश में अपराध क्षेत्र के लिए यूनिफॉर्म

दण्ड संहिता के रूप में कोई 'भारतीय दण्ड संहिता' नहीं लागू हो पायी होती या यूनिफॉर्म प्रक्रियात्मक संहिता के रूप में 'आपराधिक प्रक्रिया संहिता' या 'सिविल प्रक्रिया संहिता' नहीं लागू हो पायी होती या सम्पत्ति के सम्बन्ध में यूनिफॉर्म कानून 'सम्पत्ति अन्तरण अधिनियम' नहीं लागू हो पाया होता या दायित्वों के सम्बन्ध में यूनिफॉर्म कानून 'भारतीय संविदा अधिनियम' नहीं लागू हो पाया होता और यदि इन यूनिफॉर्म धर्मनिरपेक्ष संहिताओं/कानूनों को बनाकर लागू करने की जिम्मेदारी हमारे संविधानोत्तर नीति-निर्माताओं पर होती, तो क्या तब भी हमारे इन नीति-निर्माताओं की स्थिति उस स्थिति से बेहतर होती जो यूनिफॉर्म 'सिविल संहिता' के कारण बना हुआ है?

एक कल्पना और करतें हैं। कल्पना यह करतें हैं कि यदि हमारे संविधान-निर्माताओं द्वारा इस व्यवस्था को स्वीकार कर लिया गया होता कि ब्रिटिश हुकूमत के दौरान निर्मित सभी कानून निरस्त समझे जायेंगे और सम्बन्धित विषय पर संसद् द्वारा निर्मित किये जानेवाले या मान्य किये गये कानून ही संविधानोत्तर देश में लागू होंगे, तब इस देश की स्थिति क्या होती? यदि सचमुच में ऐसी व्यवस्था स्वीकार कर ली जाती तो क्या सम्भव था कि यह देश अपने संविधानोत्तर नीति-निर्माताओं के भरोसे 'भारतीय दण्ड संहिता' या 'सिविल प्रक्रिया संहिता' या 'आपराधिक प्रक्रिया संहिता' या 'सम्पत्ति अन्तरण अधिनियम' या 'भारतीय संविदा अधिनियम' जैसे यूनिफॉर्म धर्मनिरपेक्ष संहिताओं/कानूनों से संचालित हो पाता? इस सवाल का भी जवाब खोजना आवश्यक है। कम-से-कम हमारे नीति-निर्माताओं को इस सवाल का जवाब अवश्य खोजना चाहिए कि आजादी के बाद वे ऐसी कौन-सी अनुकूल परिस्थिति बना पाते जब वे एकीकृत शासन, समरूप न्याय-प्रशासन और अखण्ड देश के लिए इन धर्मनिरपेक्ष संहिताओं/कानूनों का निर्माण करने में सफल रहते? जबकि यह साबित है कि इन 67 वर्षों के दौरान यूनिफॉर्म धर्मनिरपेक्ष 'सिविल संहिता' के लिए ऐसी कोई अनुकूल परिस्थिति बनाने में वे पूर्णतया विफल रहे हैं।

यदि आजादी के पहले ही यूनिफॉर्म 'भारतीय दण्ड संहिता' या 'सिविल प्रक्रिया संहिता' या 'आपराधिक प्रक्रिया संहिता' या 'सम्पत्ति अन्तरण कानून' या 'भारतीय संविदा अधिनियम' नहीं निर्मित किये जा सके होते और इन कानूनों का निर्माण करने की जिम्मेदारी संविधानोत्तर नीति-निर्माताओं पर होती तो यह कहना मुश्किल है कि इस स्थिति में फिरकापरस्त लोगों द्वारा धार्मिक अस्मिता वाले सवाल नहीं उठाये जाते या तब इन कानूनों के निर्माण के विषय को भी धार्मिक नजरिये से देखने का प्रयास नहीं किया जाता या तब यह आरोप नहीं लगाया जाता कि ऐसा करके उनके धर्म एवं धार्मिक कानून पर हमला किया जा रहा है या तब हमारे नीति-निर्माता इन यूनिफॉर्म कानूनों का निर्माण करते समय ऐसे फिरकापरस्त लोगों के धार्मिक हमलों की आसानी से उपेक्षा कर डटकर खड़े हो पाने में सफल

रहते। कम-से-कम यूनिफॉर्म 'सिविल संहिता' के हश्र को देखते हुए यह मुश्किल तो असम्भव-सा दिखता है।

तो क्या तब यह देश 'स्मृति-कानून' से संचालित होता या 'शरीयत-कानून' से या खाप-कानूनों से या फिर टुकड़ों-टुकड़ों में अलग-अलग धर्म-आधारित व्यक्तिगत कानूनों से संचालित होता? कल्पना करें यदि ऐसा होता तो इस देश की तस्वीर क्या होती?

देश के लिए एक यूनिफॉर्म 'सिविल संहिता' बनाकर लागू किया जाये, इस विषय का संविधानोत्तर काल में जितना राजनीतीकरण हुआ है और इस विषय को जिस तरह देशहित का विषय न मानकर धर्म के आईने में वोटबैंक की नजरिये से देखने का प्रयास किया गया है और इस कारण यह देश 68 वर्ष बाद भी यूनिफॉर्म धर्मनिरपेक्ष 'सिविल संहिता' से संचालित होने से वंचित रहा है, उससे इस निष्कर्ष पर पहुँचने में कोई कठिनाई नहीं होनी चाहिए कि आजाद भारत में यूनिफॉर्म 'भारतीय दण्ड संहिता' या यूनिफॉर्म 'सिविल प्रक्रिया संहिता' या यूनिफॉर्म 'आपराधिक प्रक्रिया संहिता' या यूनिफॉर्म 'सम्पत्ति अन्तरण अधिनियम' या यूनिफॉर्म 'भारतीय संविदा अधिनियम' के निर्माण क। विषय भी देशहित का विषय होने के बजाय धार्मिक अस्मिता का विषय बनकर रह जाता और हमारे संविधानोत्तर नीति-निर्माताओं की राजनीतिक खेती को उर्वरा कर रही होती।

तब इस देश की स्थिति क्या होती? स्वाभाविक है कि तब यह देश 'स्मृति-कानून' से संचालित हो रहा होता या 'शरीयत-कानून' से या फिर खाप-कानूनों से? न केवल पारिवारिक क्षेत्र के सन्दर्भ में बल्कि दूसरे सिविल क्षेत्रों एवं आपराधिक क्षेत्र के सन्दर्भ में भी हम अलग-अलग धार्मिक एवं साम्प्रदायिक समूहों में बँटकर अलग-अलग कानूनों से संचालित हो रहे होते। या फिर थोड़ा-सा असंयमित होने पर इन कानूनों के मध्य वर्चस्व की जंग लड़ रहे होंते। इस स्थिति का और इसके परिणाम का अन्दाजा इस देश को अवश्य ही लगाना चाहिए, क्योंकि इसके बिना एक देश के रूप में बने रहने के सम्बन्ध में अपनी वास्तविक स्थिति को लेकर हम सभी को भारी गलतफहमी बनी रहेगी।

इस दावे में सच्चाई हो सकती है कि ब्रिटिश हुकूमत द्वारा 'भारतीय दण्ड संहिता' या 'सिविल प्रक्रिया संहिता' या 'आपराधिक प्रक्रिया संहिता' या 'सम्पत्ति अन्तरण अधिनियम' या 'भारतीय संविदा अधिनियम' जैसे कानून इसलिए बनाये गये क्योंकि ऐसा करने में उनका अपना निजी हित निहित था। इस सच्चाई को भी नकारा नहीं जा सकता है कि ब्रिटिश हुकूमत यदि ऐसा करने में सफल रहे हैं तो इसमें उनके निरंकुश चाबुक का बड़ा योगदान था। तो क्या इसे यह देश अपना दुर्भाग्य माने कि ब्रिटिश हुकूमत को यूनिफॉर्म 'सिविल संहिता' के निर्माण में अपना निजी हित क्यों नहीं नजर आया? या इसे यह देश अपना सौभाग्य माने कि चाबुक से ही सही, कम-से-कम ब्रिटिश हुकूमत ने दूसरे क्षेत्रों के लिए यूनिफॉर्म

धर्मनिरपेक्ष संहिताओं का निर्माण तो कर दिया अन्यथा शायद ही इस देश का एक होने और एक जैसा दिखने का खोखलापन छिपा रह पाता।

शायद हमारे नीति-निर्मातागण यूनिफॉर्म धर्मनिरपेक्ष सिविल कानूनों के निर्माण के सम्बन्ध में अपनी वास्तविक स्थिति के बारे में ईमानदारी से समीक्षा कर पायें। लेकिन यह एक सच्चाई है कि यदि इस देश के लिए यूनिफॉर्म धर्मनिरपेक्ष कानून/संहिता के निर्माण का मामला 'सिविल संहिता' तक सीमित नहीं होता, तब आज हम कुछ बड़े गम्भीर सवालों से जूझ रहे होते। आज हमारे सामने यह भी सवाल खड़ा रहता कि क्या कुछ वर्षों के बाद या एकाध-दो पीढ़ी के उपरान्त यह देश एक एवं अखण्ड बना रह सकेगा? आज चिन्ता इस बात की होती कि यह देश एक एवं अखण्ड होने के खोखलेपन को कितना दिन और ढका रख सकेगा? इन सब सवालों का ईमानदारी से जवाब जानने के लिए अनुच्छेद 44 के प्रावधान के हश्र को जानना ही पर्याप्त है।

68 वर्ष बाद आज जब भारत जैसे लोकतान्त्रिक एवं धर्मनिरपेक्ष देश के लिए एक यूनिफॉर्म धर्मनिरपेक्ष 'सिविल संहिता' का निर्माण नहीं हो पाया है, इस बात की सम्भावना बलवती हुई है कि शायद ही यह देश संविधानोत्तर नीति-निर्माताओं के भरोसे दूसरे अन्य यूनिफॉर्म धर्मनिरपेक्ष कानूनों से संचालित हो पाता। यदि ऐसा है तो हम देशवासी क्यों न यह सोचें कि देश के लिए यूनिफॉर्म धर्मनिरपेक्ष कानूनों एवं संहिताओं के सन्दर्भ में ऐसा कोई कारक नहीं है, जिसके आधार पर हम अपने संविधानोत्तर नीति-निर्माताओं एवं संसद् पर गर्व कर सकें।

एक यूनिफॉर्म धर्मनिरपेक्ष 'सिविल संहिता' के अभाव के कारण न केवल लोगों को अन्याय का जीवन गुजारना पड़ता है, बल्कि क्षण-क्षण, पल-पल इस देश को और इस देश के प्रत्येक संवदेनशील नागरिक को अंग्रेजों का इस बात के लिए एहसानमन्द बने रहने के लिए मजबूर करता है कि उन्होंने अपने निरंकुश-शासन के दौरान अपने चाबुक के दम पर ही सही, कम-से-कम इस देश के लिए 'भारतीय दण्ड संहिता', 'सिविल प्रक्रिया संहिता', 'आपराधिक प्रक्रिया संहिता', 'सम्पत्ति अन्तरण कानून', 'भारतीय संविदा अधिनियम' जैसे यूनिफॉर्म धर्मनिरपेक्ष कानूनों को बनाकर लागू तो कर दिया था। अन्यथा आज हम मंगलयान बनाने के बजाय अपने ही अन्दर दूसरे अलग-अलग पाकिस्तान के टापू बना रहे होंते। कुछ हिन्दू-पाकिस्तान के टापू होते, कुछ मुस्लिम-पाकिस्तान के और कुछ ईसाई-पाकिस्तान के टापू। थोड़ा-सा और असंयमित होने पर यह भी सम्भव था कि आज हम वैष्णव-पाकिस्तान या शैव-पाकिस्तान या सिख-पाकिस्तान या बौद्ध-पाकिस्तान या जैन-पाकिस्तान या दलित-पाकिस्तान के टापू भी बना रहे होते।

आजादी के बाद इस देश की तीसरी पीढ़ी ने जन्म ले लिया है और चौथी पीढ़ी दस्तक देने जा रही है, किन्तु देश के लिए एक यूनिफॉर्म धर्मनिरपेक्ष लिंग-निरपेक्ष 'सिविल संहिता' के निर्माण की दिशा में किसी तरह का कोई सकारात्मक

कदम नहीं उठाया जा सका है। संविधान का अनुच्छेद 44 मात्र एकेडमिक चर्चा का विषय बनकर रह गया है।

क्या आनेवाली पीढ़ी से यह उम्मीद करना बुद्धिमानी होगी कि यूनिफॉर्म 'सिविल संहिता' का निर्माण करने के लिए वे अपनी-अपनी धार्मिक दुराग्रह एवं धार्मिक जड़ता को पीछे छोड़कर हम सब की तुलना में ज्यादा सहिष्णु व धैर्यशील बनेंगे और संविधान-निर्माताओं के सपने को पूरा करके देश की एकता व अखण्डता के स्वच्छ चेहरे से धार्मिक विसंगति वाले व्यक्तिगत कानूनों के काले धब्बों को मिटायेंगे? भावी पीढ़ी से ऐसी उम्मीद करना क्या अपने नकारेपन को छिपाने के लिए बहाना खोजने जैसा नहीं है?

समय बीतने के साथ जिस तरह यूनिफॉर्म 'सिविल संहिता' के निर्माण का रास्ता कठिन होता जा रहा है, उसको देखते हुए भावी पीढ़ी के समक्ष दो रास्ते होंगे। एक यह कि वे राज्य के मामलों में धर्म-आधारित दुराग्रहों के बढ़ते प्रभाव को स्वीकार करते रहें या दूसरा यह कि असहनीय पीड़ा तक बढ़ चुके होने के बाद इन धार्मिक दुराग्रहों को समाप्त कर यूनिफॉर्म 'सिविल संहिता' बनाने के लिए वे अन्ध-लड़ाई लड़ें। सफलता और असफलता दोनों स्थिति में इस लड़ाई से होनेवाले नुकसान का अनुमान हमें अवश्य लगाना चाहिए। कदाचित असफल होने पर हमारे बच्चों को इसी समझौते के लिए बाध्य होना पड़ेगा कि न केवल सिविल क्षेत्र में बल्कि अन्य दूसरे क्षेत्रों में भी शरीयत और स्मृति जैसे व्यक्तिगत कानून को मानने की आजादी होगी। जरा सोचें तब इस देश का चेहरा कैसा होगा?

68 वर्ष की अवधि कोई छोटी अवधि नहीं है। किन्तु संविधान-निर्माताओं की मन्शा के अनुरूप एक यूनिफॉर्म 'सिविल संहिता' के निर्माण को लेकर हमारे नीति-निर्माताओं ने इस देश को निराश किया है। हम देशवासियों को यह सवाल हमेशा परेशान करता रहता है कि 68 वर्षों के दौरान हमारे संविधानोत्तर नीति-निर्मातागण 'सिविल संहिता' का निर्माण करने में क्यों विफल रहे हैं? कई कारण हो सकते हैं। क्षमता व आत्मविश्वास की कमी हो सकता है या यह हो सकता है कि दलगत राजनीति के अधीन कार्य करने के लिए मजबूर संविधानोत्तर नीति-निर्माताओं के लिए दलीय स्वार्थ पहले और देशहित बाद में होता है या फिर यह हो सकता है कि इन नीति-निर्माताओं द्वारा यह गलतफहमी पाल ली गयी हो कि अनुच्छेद 44 के सन्दर्भ में संविधान-निर्माताओं एवं सुप्रीम कोर्ट के विचारों को उपेक्षित करना इसलिए उचित है क्योंकि इन पर सत्ता की जिम्मेदारी नहीं है, जबकि उन पर सत्ता पाने की जिम्मेदारी है और सत्ता पाने के लिए देशहित में दूरगामी परिणाम देनेवाले कारक कम बल्कि दलीय हित में तुरन्त लाभ देनेवाले कारक ज्यादा महत्त्वपूर्ण होते हैं। कारण जो भी हों किन्तु यह याद रखना चाहिए कि समय की गति के साथ हम ज्यों-ज्यों आगे बढ़ रहे हैं, एक यूनिफॉर्म

धर्मनिरपेक्ष सिविल संहिता के अभाव के कारण हम एक देश के रूप में बने रहने के अपने हक को कमजोर करते जा रहे हैं।

निश्चित तौर पर हम नकारे नहीं बने रह सकते हैं। इसलिए आनेवाली पीढ़ी से ऐसी कोई उम्मीद नहीं कर सकते हैं कि वे हमारी तुलना में ज्यादा सहिष्णु व धैर्यशील बने रहेंगे और अपने-अपने धार्मिक दुराग्रह एवं धार्मिक जड़ता का त्याग कर सकेंगे। यदि हम भावी पीढ़ी के भरोसे रहकर नकारे बने रहते हैं तो मान लिजिये कि हम इस देश के धर्मनिरपेक्ष स्वरूप का; इसकी एकता व अखण्डता का तीन तलाक करने जा रहे हैं।

तीन तलाक के लिए तीन साल की सजा के प्रावधानवाला विधेयक लाकर केन्द्र सरकार भले ही अपना पीठ थपथपा ले, किन्तु वास्तविकता यही है कि ऐसे धर्म-आधारित कानूनों से देश के धार्मिक अलगाव का रंग और चटकारा ही होगा। एक धर्मनिरपेक्ष राज्य होने के नाते हमें किसी भी स्वरूप में धर्म-आधारित कानूनों के निर्माण के विचार को तीन तलाक कहना होगा; हमें कानूनी स्तर पर पारिवारिक व्यवहार एवं सम्पत्ति-अधिकारों के सन्दर्भ में महिलाओं के साथ असमानता के भाव को तीन तलाक कहना होगा; हमें सिविल व्यवहारों के सन्दर्भ में अपने-अपने पृथकतावादी धार्मिक दुराग्रहों को देश से ऊपर मानने की सोच को तीन तलाक कहना होगा, अन्यथा आनेवाली पीढ़ी शायद ही हमें माफ करने लायक स्थिति में रह पाये।

अखण्ड फ्रान्स के निर्माण के लिए नैपोलियन बोनापार्ट ने सबसे महत्त्वपूर्ण काम 1811 ई० में 'फ्रान्स सिविल संहिता' का निर्माण कर लागू किया था। 'फ्रान्स सिविल संहिता' से प्रभावित होकर इटली, स्पेन, पुर्तगाल (1867 का पहला सिविल संहिता), कनाडा, अर्जेन्टिना जैसे लैटिन अमेरिकी देशों में सिविल संहिता बनाये गये। इसके बाद बीसवीं शताब्दी के प्रारम्भ में पैण्डेक्टवाद के उभार के साथ जर्मनी में 'जर्मन सिविल संहिता' (1900) और स्विट्जरलैण्ड में 'स्विस् सिविल संहिता' (1907) पारित कर लागू किया गया। इन संहिताओं से प्रभावित होकर जापान, टर्की, ट्यूनिशिया, पुर्तगाल (1966 का दूसरा सिविल संहिता) जैसे दूसरे देशों में सिविल संहिता का निर्माण किया गया।

भारत जैसे विविधता वाले देश के लिए 'भारतीय सिविल संहिता' का निर्माण एक बड़ी चुनौती है। इस चुनौती से निपटने का मूलमन्त्र हमारे संविधान-निर्माताओं ने दिया है। देश की एकता व अखण्डता के लिए भारतीय सिविल संहिता का निर्माण करना हम सबकी संवैधानिक दायित्व है। इसे अमलीजामा पहनाने के लिए किसी-न-किसी को सत्तामोह से ऊपर उठना होगा और देशहित में 'भारत का लोकतान्त्रिक नैपोलियन' बनकर भारतीय सिविल संहिता का निर्माण कर लागू करना ही होगा।

अभी भी देर नहीं हुई है। आज भी यदि हम सब अपनी मजबूत राजनीतिक इच्छाशक्ति एवं राष्ट्रहितकारिणी आत्मबल का प्रदर्शन कर देश के लिए एक यूनिफॉर्म धर्मनिरपेक्ष, लिंग-निरपेक्ष सिविल संहिता —'भारतीय सिविल संहिता' का निर्माण करने में सफल हो जाते हैं तो हम देशवासी गर्व से सीना चौड़ा करके कह सकते हैं कि अंग्रेजों, तुमसे आजाद होकर यह देश केवल मंगलयान ही नहीं उड़ा सकता है, बल्कि यूनीफॉर्म 'भारतीय सिविल संहिता' का निर्माण करके तलाक-तलाक-तलाक, हलाला जैसी कुप्रथाओं का तीन तलाक भी कर सकता है।

परिशिष्ट - 1

'भारतीय सिविल संहिता' के लिए ब्लूप्रिण्ट

भारत जैसे बहुलता व विविधता वाले देश के लिए एक यूनिफॉर्म धर्मनिरपेक्ष सिविल संहिता— 'भारतीय सिविल संहिता' के निर्माण में किन सिद्धान्तों का सहारा लिया जाय, यह एक बड़ा सवाल है? इस सम्बन्ध में दो सबसे उपयोगी विचार— एक डॉ. अम्बेडकर द्वारा अनुच्छेद 44 पर बहस के दौरान संविधान-सभा को सम्बोधित करते हुए और दूसरा डॉ. ताहिर महमूद द्वारा अपनी पुस्तक 'मुस्लिम पर्सनल लॉ (1977 संस्करण, पृष्ठ सं० 200-202)' में—व्यक्त किये गये हैं।

संविधान-सभा में अनुच्छेद 44 पर बहस के दौरान 'वैकल्पिक बनाने का विचार' देते हुए **डॉ. अम्बेडकर** कहते हैं—

> 'यह पूरी तरह सम्भव है कि भावी संसद् शुरुआत करते समय यह प्रावधान बनाये कि कानून उन लोगों पर लागू होगा जो इससे शासित होने की घोषणा करते हैं ताकि शुरू में कानून का लागू होना स्वयं की इच्छा पर निर्भर हो। देश की संसद् ऐसे किसी तरीके से इसके आधार का पता लगा सकती है।'

डॉ. अम्बेडकर के उपर्युक्त विचार के समानान्तर दूसरा उपयोगी विचार डॉ. ताहिर महमूद द्वारा दिया गया है। अपनी पुस्तक में मुस्लिम समुदाय से अपील करते हुए **डॉ. ताहिर महमूद** कहते हैं—

> 'अपने परम्परागत व्यक्तिगत कानून के लिए 'छूट' पाने हेतु राज्य विधायिका के क्षेत्राधिकार से सुरक्षित किये जाने के लिए धार्मिक और राजनीतिक दबाव का प्रयास करने में ऊर्जा खर्च करने के बजाय मुसलमान इसका आविष्कार एवं प्रदर्शन करके और अच्छा कर पायेगा कि कालदोषयुक्त एवं घिसी-पिटी व्याख्या से दोषमार्जित सच्चा इस्लामिक कानून कैसे भारत में कॉमन सिविल संहिता को और ज्यादा मूल्यवान् बना सकता है।'

डॉ. ताहिर महमूद द्वारा मुस्लिम अनुयायियों से कही गयी उक्त बात इस देश के उन सभी धर्मों के लिए प्रेरणादायी है, जो अपने-अपने व्यक्तिगत कानूनों से

संचालित हो रहे हैं। न केवल इस्लाम, बल्कि हिन्दू, सिख, ईसाई, पारसी सभी धर्मावलम्बियों को इस दिशा में कार्य करना होगा कि कैसे उनका व्यक्तिगत कानून 'भारतीय सिविल संहिता' के निर्माण में मूल्यवान् और अर्थपूर्ण साबित हो सकता है।

भारतीय सिविल संहिता के भाग 'पारिवारिक कानून' के सन्दर्भ में डॉ. अम्बेडकर का 'वैकल्पिक बनाने का विचार' और डॉ. ताहिर महमूद का 'मूल्यवान् बनाने का विचार' अति महत्त्वपूर्ण व उपयोगी है। इन दोनों विचारों का प्रयोग करके पारिवारिक कानून के असंगतिवाले सभी प्रावधानों के सन्दर्भ में एक आदर्श स्थिति प्राप्त कर सकते हैं। इन दोनों विचारों के समेकित स्वरूप को 'मूल्य-आधारित वैकल्पिक व्यवस्था' का सिद्धान्त कहा जा सकता है। इस सिद्धान्त के अन्तर्गत किसी भी असंगतिवाले विषय को अन्तिम स्वरूप प्रदान करने के पूर्व दो चरणों का अनुपालन किया जायेगा। पहले चरण में 'मूल्यवान् बनाने के विचार' का और दूसरे चरण में 'वैकल्पिक बनाने के विचार' का प्रयोग किया जायेगा। 'मूल्य-आधारित वैकल्पिक व्यवस्था' के सिद्धान्त के निम्न तीन प्रमुख आयाम होंगे —

1. अलग-अलग व्यक्तिगत कानूनों में स्वीकार की गयी व्यवस्थाओं के मध्य कुछ ही असंगति के तत्त्व होते हैं। असंगति के इन तत्त्वों को छाँटकर देखा जायेगा कि वह भारतीय सिविल संहिता के लिए कैसे मूल्यवान् हो सकते हैं। तुलनात्मक अध्ययन करने के पश्चात् इन तत्त्वों को साम्यता एवं तार्किकता के अनुरूप परिष्कृत कर संहिता का भाग बनाया जायेगा।
2. जिस विषय पर अलग-अलग व्यक्तिगत कानूनों में स्वीकार की गयी भिन्न-भिन्न व्यवस्थाओं के मध्य सामंजस्य का सर्वमान्य बिन्दु नहीं निकल पाये, उसके सम्बन्ध में दो तरह के प्रावधान बनाये जायेंगे। पहला प्रावधान सामान्य रूप से लागू होनेवाला 'सामान्य प्रावधान' और दूसरा प्रावधान धर्म-आधारित व्यक्तिगत कानूनों के अनुकूल 'वैकल्पिक प्रावधान' होगा। वैकल्पिक प्रावधानों की संख्या दो या तीन या चार हो सकती है।
3. नागरिकों को यह आजादी होगी कि वे वैकल्पिक प्रावधानों में से किसी एक को स्वीकार करने की घोषणा करें। यदि किसी व्यक्ति द्वारा किसी भी एक वैकल्पिक प्रावधान को स्वीकार करने की घोषणा नहीं की जाती है तो सामान्य प्रावधान अपने-आप लागू होगा। यदि किसी धर्म के पचास प्रतिशत से अधिक अनुयायी सामान्य प्रावधान को स्वीकार करते हैं या स्वीकार करने की घोषणा करते हैं, तो उस धर्म से सम्बन्धित वैकल्पिक प्रावधान स्वतः निरस्त माने जायेंगे।

उपर्युक्त 'मूल्य-आधारित वैकल्पिक व्यवस्था' के सिद्धान्त को आधार बनाकर निर्मित होनेवाले 'भारतीय सिविल संहिता' की सम्भावित रूपरेखा इस पुस्तक के अगले अध्याय 7, 8 एवं 9 के माध्यम से देश के समक्ष प्रस्तुत करने का प्रयास कर

रहा हूँ। 'भारतीय सिविल संहिता' के ये तीनों अध्याय और इनमें शामिल किये गये विषय, निम्न मूलभूत तत्त्वों एवं सिद्धान्तों पर आधारित हैं —

1. 'भारतीय सिविल संहिता' वृहद् रूप से निम्न तीन भागों में बँटा होगा —
   (क). 'व्यक्ति के कानून' (Law of Person);
   (ख). 'पारिवारिक कानून' (Family Law); और
   (ग). 'सम्पत्ति एवं दायित्व के कानून' (Law of Property and Obligation)।

   उक्त तीन भाग सांकेतिक मात्र ही हैं। तृतीय भाग में उल्लिखित किये गये 'दायित्व' (Of Obligations) सम्बन्धी कानूनों को अलग करके सृजित होनेवाले भाग में संविदात्मक दायित्व, अपकृत्यात्मक दायित्व, उपनिधान जैसे विषय को शामिल किया जा सकता है।

2. 'भारतीय सिविल संहिता' के प्रथम एवं तृतीय भाग में शामिल होनेवाले कानून सामान्यत: ऐसे कानून हैं, जो सर्वमान्य हैं और एकसमान रूप से सभी धर्मों के अनुयायियों पर लागू हैं। किन्तु इनमें से ज्यादातर ब्रिटिश हुकूमत के दौर के बने हुए हैं। आज 67 वर्ष बाद जब हमारा लोकतन्त्र परिपक्वता हासिल करने की ओर बढ़ रहा है, इन कानूनों को आम लोगों की समझयोग्य भाषा में सरल करके एवं उनका वर्तमान परिस्थितियों के अनुरूप पुनर्मूल्यांकन करके 'भारतीय सिविल संहिता' में स्थान दिया जायेगा।

   दृष्टान्त– प्रथम एवं तृतीय भाग में आनेवाले कानूनों में भारतीय न्यास अधिनियम, 1882; सोसाइटी रजिस्ट्रेशन अधिनियम, 1860; भारतीय संविदा अधिनियम, 1872; सम्पत्ति अन्तरण अधिनियम, 1882; माल विक्रय अधिनियम, 1930; सुखाधिकार अधिनियम, 1872; साझेदारी अधिनियम, 1932; 'कल्याणकारी एवं धार्मिक न्यास अधिनियम, 1920; धार्मिक विन्यास अधिनियम, 1863; कल्याणकारी विन्यास अधिनियम, 1890 जैसे कानून शामिल हैं।

3. 'भारतीय सिविल संहिता' के द्वितीय भाग में शामिल होनेवाले कानून सामान्यत: परिवार से जुड़े कानून हैं, जो सर्वमान्य नहीं हैं और अलग-अलग धर्मों के लिए अलग-अलग व्यक्तिगत-कानून के रूप में लागू हैं। सभी व्यक्तिगत-कानूनों में शामिल किये गये अलग-अलग विषयों के सम्बन्ध में कई तत्त्व सामान्य तरह के होते हैं। कुछ ही तत्त्व ऐसे होते हैं, जिनको लेकर असंगति या अन्तर्विरोध हैं। असंगतिवाले इन तत्त्वों को छाँटकर इन्हें साम्यता, तार्किकता एवं न्याय की कसौटी पर कसकर हम 'भारतीय सिविल संहिता' के लिए आदर्श स्थिति प्राप्त कर सकते हैं।

दृष्टान्त– इस श्रेणी में आनेवाले कानूनों में हिन्दुओं पर लागू होनेवाले हिन्दू विवाह अधिनियम, 1955; हिन्दू उत्तराधिकार अधिनियम, 1956; हिन्दू अवयस्क एवं संरक्षण अधिनियम, 1956; हिन्दू गोद एवं भरणपोषण अधिनियम, 1956; हिन्दू विधवा पुनर्विवाह अधिनियम, 1956 जैसे कानून, मुसलमानों पर लागू होनेवाले मुस्लिम व्यक्तिगत कानून (शरीयत) अनुप्रयोग अधिनियम, 1937; मुस्लिम विवाह विच्छेद अधिनियम, 1939; मुस्लिम महिला (तलाक उपरान्त अधिकार का संरक्षण) अधिनियम, 1986 जैसे कानून, ईसाइयों पर लागू होनेवाले भारतीय ईसाई विवाह अधिनियम, 1872; कोचीन ईसाई उत्तराधिकार अधिनियम, 1921; भारतीय विवाह-विच्छेद अधिनियम, 1869; पारसियों पर लागू होनेवाले पारसी विवाह एवं विवाह-विच्छेद अधिनियम, 1936 जैसे कानून और धर्मों से निरपेक्ष सभी पर लागू होनेवाले विशेष विवाह अधिनियम, 1954; भारतीय उत्तराधिकार अधिनियम, 1925; बाल-विवाह निषेध अधिनियम, 2006; संरक्षकत्व एवं पाल्य अधिनियम, 1890; किशोर न्याय अधिनियम, 2000 जैसे कानून शामिल हैं।

4. 'भारतीय सिविल संहिता' के निर्माण हेतु मौजूदा सभी कानून के प्रावधानों का पुनर्मूल्यांकन करते समय सम्बन्धित विषय पर महत्त्वपूर्ण न्यायिक निर्णयों में प्रतिपादित किये गये सिद्धान्तों को ध्यान में रखा जायेगा।

5. **धार्मिक विषयों में राज्य द्वारा हस्तक्षेप न करने की नीति–** कुछ विषय विशुद्ध रूप से धार्मिक विषय होते हैं। ऐसे धार्मिक विषयों में 'राज्य द्वारा हस्तक्षेप न करने की नीति' को 'भारतीय सिविल संहिता' में अपनाया जायेगा।

दृष्टान्त– एक व्यक्ति द्वारा ईश्वर के किस स्वरूप को स्वीकार किया जायेगा; उसकी पूजा या इबादत या प्रार्थना करने की पद्धति क्या होगी; रोजा या नवरात्र के व्रत की पद्धति क्या होगी; देह-अन्त्येष्टि का तरीका क्या होगा; धार्मिक शिक्षा एवं धर्म विषयक कार्यों का प्रबन्धन ऐसे विषय हैं, जो विशुद्ध रूप से धार्मिक आस्था से जुड़े होते हैं। ऐसे विषय के सम्बन्ध में 'राज्य द्वारा हस्तक्षेप न करने की नीति' को अपनाया जायेगा।

(इस दिशा में सुप्रीम कोर्ट द्वारा निर्णीत जावेद का मामला (2003) और आचार्य जगदीश्वरानन्द अवधूत का मामला (2004) बहुत महत्त्वपूर्ण है। जावेद के मामले में सुप्रीम कोर्ट ने कहा है कि मात्र धर्म द्वारा स्वीकृत किये जाने से या रोके न जाने से कोई विषय धार्मिक विषय नहीं हो जाता है। इसलिए यदि किसी धर्म द्वारा एक से अधिक पत्नी रखना स्वीकृत है तो इसे राज्य द्वारा विनियमित किया या रोका जा सकता है। धार्मिक विषय क्या हैं, इसको स्पष्ट करते हुए सुप्रीम कोर्ट ने आचार्य जगदीश्वरानन्द अवधूत के मामले में अभिनिर्धारित

किया है कि धर्म के आवश्यक अंग का मतलब वे मूल विश्वास हैं, जिस पर वह धर्म टिका हुआ है।)

6. सिविल क्षेत्र से सम्बन्धित अलग-अलग कानूनों में कई प्रावधान ऐसे हैं, जो एक ही विषय पर सामान्य सिद्धान्तों को स्वीकार करते हैं। ऐसे सिद्धान्तों का बार-बार उल्लेख करना अनावश्यक है! 'भारतीय सिविल संहिता' में ऐसे सिद्धान्तों को सामान्य बनाकर इनके लागू होने के क्षेत्र को स्पष्ट करते हुए स्वीकार किया जायेगा।

दृष्टान्त– 'शाश्वतता के विरुद्ध नियम' भारतीय उत्तराधिकार अधिनियम की धारा 114 और सम्पत्ति अन्तरण अधिनियम की धारा 14 में समान रूप से उल्लिखित हैं। इसी तरह 'संचयन के लिए निर्देश का सिद्धान्त' या 'निर्वाचन का सिद्धान्त' भी इन दोनों कानूनों में लगभग एक जैसी भाषा में स्वीकार किया गया है। 'भारतीय सिविल संहिता' में ऐसे सिद्धान्तों को सामान्य बनाकर इनके लागू होने के क्षेत्र को स्पष्ट करते हुए स्वीकार किया जा सकता है।

7. **मूल्य-आधारित वैकल्पिक व्यवस्था का सिद्धान्त–** ऐसे विषय भी हो सकते हैं जिसके सम्बन्ध में अलग-अलग व्यक्तिगत कानूनों में स्वीकार की गयी व्यवस्थाओं के मध्य सर्वमान्य रास्ता या कोई सामंजस्य का बिन्दु नहीं निकल पा रहा है। ऐसी स्थिति से निपटने के लिए 'मूल्य-आधारित वैकल्पिक व्यवस्था' के सिद्धान्त को लागू किया जायेगा। इस सिद्धान्त के अन्तर्गत पहले चरण में 'मूल्यवान् बनाने के विचार' का और दूसरे चरण में 'वैकल्पिक बनाने के विचार' का प्रयोग किया जायेगा।

दृष्टान्त– निर्वसीयती उत्तराधिकार के विषय पर तीन कानून भारतीय उत्तराधिकार अधिनियम, हिन्दू उत्तराधिकार अधिनियम और मुस्लिम कानून अलग-अलग धर्मों के सम्बन्ध में लागू हैं। भारतीय उत्तराधिकार अधिनियम में सामान्य नियम के साथ पारसी धर्म के लिए अलग नियम का उल्लेख किया गया है। इस अधिनियम के सामान्य नियम ईसाइयों पर लागू होते हैं। जबकि हिन्दू उत्तराधिकार अधिनियम हिन्दू, सिख, बौद्ध, जैन पर और मुस्लिम कानून मुसलमानों पर लागू होता है। यदि इन सभी कानूनों अर्थात् सामान्य नियम, पारसी नियम, हिन्दू नियम और मुस्लिम नियम के मध्य कोई सर्वमान्य रास्ता या सामंजस्य का बिन्दु नहीं निकाल पा रहा है तो 'भारतीय सिविल संहिता' में निर्वसीयती उत्तराधिकार के सम्बन्ध में एक सामान्य नियम के साथ पारसी-नियम, हिन्दू-नियम एवं मुस्लिम-नियम के मूल तत्त्वों को शामिल करते हुए अलग-अलग वैकल्पिक प्रावधानों को बनाया जा सकता है।

8. **अनुकूल बनाने का सिद्धान्त–** जब एक ही विषय पर अलग-अलग कानूनों में भिन्न-भिन्न व्यवस्था अपनाया गया हो और दोनों व्यवस्थाएँ एक-दूसरे से असंगत हैं, ऐसी स्थिति में आदर्श एवं सर्वमान्य स्थिति प्राप्त करने के लिए 'अनुकूल बनाने का सिद्धान्त' अपनाया जायेगा। इस सिद्धान्त के अन्तर्गत तुलनात्मक रूप से कम तार्किक व्यवस्था को ज्यादा तार्किक व्यवस्था के अनुकूल बनाया जायेगा।

दृष्टान्त– मुस्लिम कानून के अन्तर्गत कोई व्यक्ति अपनी कुल सम्पत्ति की एक-तिहाई से अधिक अंश का वसीयत नहीं कर सकता है, जबकि भारतीय उत्तराधिकार अधिनियम के अन्तर्गत कोई व्यक्ति अपनी सम्पूर्ण सम्पत्ति का वसीयत कर सकता है। मुस्लिम कानून में स्वीकार की गयी व्यवस्था ज्यादा उचित व तार्किक है क्योंकि सम्पत्ति पैतृक हो या स्वअर्जित, उसमें बच्चों के अधिकार को नकारा नहीं जा सकता है। दूसरे अन्य धर्मों के सम्बन्ध में भारतीय उत्तराधिकार अधिनियम में स्वीकार की गयी व्यवस्था को मुस्लिम कानून की ज्यादा उचित एवं तार्किक व्यवस्था के अनुकूल बनाकर 'भारतीय सिविल संहिता' के लिए आदर्श एवं सर्वमान्य स्थिति प्राप्त कर सकते हैं।

9. **अपवाद स्वीकारने का सिद्धान्त–** जब एक ही विषय पर अलग-अलग कानूनों में भिन्न-भिन्न व्यवस्था अपनायी गयी हो और दोनों ही व्यवस्थाएँ तार्किक एवं आवश्यक प्रतीत होती हैं किन्तु एक-दूसरे के इस तरह प्रतिकूल होती हैं कि एक के बने रहने से दूसरे का अस्तित्व में रहना सम्भव नहीं है। ऐसी स्थिति में आदर्श एवं सर्वमान्य स्थिति प्राप्त करने के लिए 'अपवाद स्वीकारने का सिद्धान्त' अपनाया जायेगा। इस सिद्धान्त के अन्तर्गत जब दो अलग-अलग व्यक्तिगत कानूनों में अपनायी गयी व्यवस्थाएँ तार्किक एवं आवश्यक हैं, किन्तु एक-दूसरे के प्रतिकूल हैं और एक व्यवस्था के रहने से दूसरी व्यवस्था का अस्तित्व में बना रहना सम्भव नहीं है। इस स्थिति से निपटने के लिए एक व्यवस्था को सामान्य नियम बनाते हुए दूसरी व्यवस्था को इस नियम के अपवाद के रूप में स्वीकार किया जायेगा।

दृष्टान्त– सम्पत्ति अन्तरण अधिनियम की धारा 14 में 'शाश्वतता के विरुद्ध नियम' पर आधारित व्यवस्था को अपनाया गया है। इस व्यवस्था के विपरीत मुस्लिम कानून और साथ-साथ वक्फ वैधता अधिनियम, 1913 में 'वक्फ-अलाल-औलाद' की व्यवस्था मान्य की गयी है, जिसके अन्तर्गत एक व्यक्ति अपनी सम्पत्ति को अपने वंशजों के लाभार्थ शाश्वत रूप से व्यवस्थित कर सकता है, बशर्ते कि यह दान धर्मार्थ किया गया हो। ये दोनों ही नियम तार्किक एवं आवश्यक हैं किन्तु एक-दूसरे के प्रतिकूल हैं। ऐसी स्थिति से निपटने के

लिए अपवाद स्वीकारने का सिद्धान्त अपनाया जा सकता है। 'भारतीय सिविल संहिता' में 'वक्फ-अलाल-औलाद की व्यवस्था' को 'शाश्वतता के विरुद्ध नियम' के अपवाद के रूप में स्वीकार कर दोनों व्यवस्थाओं को समान स्वीकृति दी जा सकती है।

10. कुछ विषय ऐसे हैं, जिनके दो या दो से अधिक स्वरूप होंते हैं। सभी स्वरूपों के सम्बन्ध में लागू होनेवाले सामान्य नियमों के लिए एक 'सामान्य प्रावधान' और अलग-अलग स्वरूपों के सम्बन्ध में लागू होनेवाले विशेष नियमों के लिए अलग-अलग 'विशिष्ट प्रावधान' को 'भारतीय सिविल संहिता' में शामिल किया जायेगा।

दृष्टान्त– पट्टा घर का हो सकता है और कृषि-भूमि का भी। इसी तरह बिक्री चल सम्पत्ति की हो सकती है और अचल सम्पत्ति की भी। बिक्री या पट्टा जैसे इन विषयों के अलग-अलग स्वरूपों की अपनी-अपनी विशिष्टताएँ होती हैं। लेकिन कुछ ऐसे नियम भी होते हैं जो सभी स्वरूपों पर सामान्य रूप से लागू होते हैं। अलग-अलग स्वरूपों के लिए इन नियमों का बार-बार उल्लेख करने के बजाय एक सामान्य प्रावधान और सभी विशिष्ट स्वरूपों के लिए अलग-अलग विशिष्ट प्रावधान 'भारतीय सिविल संहिता' में शामिल किया जायेगा।

11. व्यक्तिगत कानूनों में ऐसी कई तार्किक व्यवस्थाएँ प्रचलित हैं, जिनके सम्बन्ध में संसदीय कानून या तो मौन हैं या अस्पष्ट हैं। ऐसी स्थिति में व्यक्तिगत कानून की इन व्यवस्थाओं को 'भारतीय सिविल संहिता' के सम्बन्धित भाग में स्थान देकर सामान्य रूप से अपनाया जायेगा।

दृष्टान्त– मुस्लिम कानून में हिबा अर्थात् दान के सम्बन्ध में कुछ विषय जैसे किन स्थितियों में दान का खण्डन नहीं किया जा सकता है या कब वैध दान के लिए कब्जा को सुपुर्द करना आवश्यक नहीं है, बिल्कुल स्पष्ट है। किन्तु सम्पत्ति अन्तरण अधिनियम में इस सम्बन्ध में अस्पष्टता है। दान के सम्बन्ध में मुस्लिम कानून की इन तार्किक व्यवस्थाओं को 'भारतीय सिविल संहिता' में शामिल किया जा सकता है।

12. सिविल व्यवहार से सम्बन्धित कुछ विषय ऐसे हैं, जो किसी एक व्यक्तिगत कानून में तो स्वीकार किया गया होता है किन्तु दूसरे व्यक्तिगत कानून में नहीं। जबकि ये ऐसे विषय हैं, जो तार्किक तो होते ही हैं और साथ ही ऐसे भी होते हैं कि यदि इन्हें सभी पर लागू कर दिया जाय तो ये किसी तरह से नुकसान या अन्याय करनेवाले नहीं, बल्कि उपयोगी व हितकारी ही साबित होंगे। दूसरी

महत्त्वपूर्ण बात यह है कि यह व्यवस्था एक वैकल्पिक व्यवस्था की तरह लागू होती है। यह खुला होगा कि इस व्यवस्था को स्वीकार किया जाय या नहीं किया जाय। कोई भी इसे मानने के लिए बाध्य नहीं होगा। किन्तु यदि कोई इसे स्वीकार करना चाहता है तो उसका हाथ केवल उसके धर्म के कारण बँधा नहीं होगा। इस दृष्टिकोण से ऐसे विषय को सर्वमान्य बनाकर धर्मनिरपेक्ष रूप से लागू किया जायेगा।

दृष्टान्त– मुस्लिम कानून में 'शुफा का सिद्धान्त' लागू है, किन्तु हिन्दू कानून के अन्तर्गत यह सिद्धान्त नहीं प्रचलित है। इसी तरह हिन्दू कानून में सम्पत्तियों के 'बँटवारा' का विकल्प खुला रहता है, जबकि मुस्लिम कानून में बँटवारा की अवधारणा को नहीं स्वीकार किया गया है। 'शुफा का सिद्धान्त' हो या 'बँटवारा की अवधारणा', ये ऐसे विषय हैं, जो तार्किक तो होते ही हैं और साथ में ऐसे भी होते हैं कि यदि इन्हें सभी पर लागू कर दिया जाय तो ये किसी तरह से नुकसान या अन्याय करनेवाले नहीं, बल्कि उपयोगी व हितकारी ही साबित होंगे। ऐसे विषयों को व्यावहारिक एवं सर्वमान्य बनाकर धर्मनिरपेक्ष रूप से लागू किया जा सकता है।

इसी तरह मुस्लिम कानून में गोद की अवधारणा मान्य नहीं है, जबकि हिन्दू कानून में मान्य है। यदि संहिता में गोद के सम्बन्ध में प्रावधान शामिल कर लिये जाते हैं, तो मात्र प्रावधान बना देने का मतलब यह नहीं हो जायेगा कि वे सभी व्यक्ति, जिनके पास कोई सन्तान नहीं है, उन्हें गोद लेने के लिए बाध्य होना पड़ेगा। किन्तु यह भी नहीं होगा कि यदि कोई व्यक्ति गोद लेना चाहता है, तो वह मात्र इसलिए गोद लेने से वंचित होगा क्योंकि उसका धर्म या व्यक्तिगत कानून उसे ऐसा करने से रोकता है। यह ऐसी व्यवस्था है, जिसे यदि सभी पर लागू कर दिया जाय तो किसी तरह से नुकसानदायक नहीं होनेवाला है, बल्कि नहीं लागू करने से नुकसानदायक साबित होगा।

13. कई बार एक ही विषय पर अलग-अलग व्यक्तिगत कानूनों में अलग-अलग समय-सीमा या उम्र-सीमा स्वीकार किये गये होते हैं। 'भारतीय सिविल संहिता' में सम्बन्धित विषय के सम्बन्ध में तार्किक एवं सन्तुलित समय-सीमा या उम्र-सीमा स्वीकार की जायेगी।

दृष्टान्त– आपसी सहमति से तलाक की घोषणा के लिए ईसाई-दम्पति को भारतीय विवाह-विच्छेद अधिनियम, 1869 की धारा 22 के अन्तर्गत दो वर्ष प्रतीक्षा करनी पड़ती है, जबकि हिन्दू-दम्पति को हिन्दू विवाह अधिनियम, 1956 की धारा 13-बी के अन्तर्गत एक वर्ष प्रतीक्षा करनी पड़ती है और मुस्लिम-दम्पति को व्यक्तिगत कानून के अन्तर्गत मुबारत (आपसी सहमति से

तलाक) के लिए ऐसी किसी समय-सीमा की प्रतीक्षा नहीं करनी पड़ती है। इस तरह की असमानता अनावश्यक, अतार्किक एवं विभेदकारी हैं। इस सन्दर्भ में एक सन्तुलित व तार्किक समय-सीमा निर्धारित कर या समय-सीमा को समाप्त कर सभी पर एक समान रूप से लागू किया जायेगा।

14. **एकाकी वैवाहिक युग्म का सिद्धान्त–** पारिवारिक मामलों से सम्बन्धित कई विषय ऐसे होते हैं, जिसके सम्बन्ध में कानून निर्णय लेने की अपेक्षा रखता है। धर्म-घोषित व्यक्तिगत कानून हों या संसदीय व्यक्तिगत कानून, सभी में पति को पत्नी की तुलना में या पिता को माता की तुलना में प्राथमिकता दी गयी होती है। एक लोकतान्त्रिक देश में इस तरह का कानूनी प्रावधान पुरुषप्रधान सोच का अनावश्यक दोष है। ऐसे दोष को समाप्त करने के लिए आवश्यक है कि विवाह के बाद पति-पत्नी के अस्तित्व को अलग-अलग समझने के बजाय एक वैवाहिक-इकाई के रूप में देखा जाय। जहाँ भी पारिवारिक मामलों में निर्णय लेने की आवश्यकता हो, वहाँ 'एकाकी वैवाहिक युग्म का सिद्धान्त' लागू किया जायेगा। इस सिद्धान्त के अन्तर्गत पारिवारिक मामलों में कोई भी निर्णय पति-पत्नी 'एकाकी वैवाहिक युग्म' के रूप में एक-दूसरे की सहमति लेकर कर सकेंगे।

दृष्टान्त– हिन्दू गोद एवं भरणपोषण अधिनियम, 1956 के अन्तर्गत एक महिला तभी गोद ले सकती है जब वह अविवाहित हो या तलाकशुदा हो या विधवा हो। विवाहित होने पर महिला को गोद लेने का अधिकार नहीं है। गोद लेने की प्रक्रिया में एक विवाहित महिला केवल अपने पति को सहमति दे सकती है। जबकि इस कानून में कोई पुरुष, चाहे वह विवाहित हो या अविवाहित या तलाकशुदा या विधुर हो, को गोद लेने का अधिकार है। किन्तु यदि पुरुष विवाहित है तो वह अपनी पत्नी या पत्नियों की सहमति के बिना गोद नहीं ले सकता। इस तरह गोद लेने के सन्दर्भ में महिलाओं का विवाहित होना एक अयोग्यता बना दिया गया है। यदि हम शब्दों में कुछ सुधार कर लें तो महिला के लिए इस तरह की अयोग्यता निर्धारित करने की कोई आवश्यकता नहीं होगी। इस कानून में यह रास्ता अपनाया गया है कि एक विवाहित पुरुष अपनी पत्नी की सहमति के बिना किसी सन्तान को गोद नहीं ले सकता है और विवाहित महिला को गोद लेने का अधिकार नहीं है। इस तरह का प्रावधान पुरुषप्रधान प्रवृत्ति का प्रदर्शन करता है। इसी बात को हम दूसरे तरीके से भी स्वीकार कर सकते हैं। यदि हम यह कह दें कि 'विवाहित दम्पति आपसी सहमति से गोद ले सकते हैं' तो परिणाम पर कोई अन्तर नहीं आयेगा। लेकिन एक फर्क यह पड़ेगा कि पुरुषप्रधानता का तत्त्व खत्म हो जायेगा। 'भारतीय नागरिक संहिता' हेतु यह आदर्श स्थिति है कि विवाहित दम्पति को एक

'एकाकी वैवाहिक युग्म' के रूप में किसी वैवाहिक मामलो में निर्णय लेने का दायित्व दिया जाय।

इसी तरह गोद देने के सम्बन्ध में या वैवाहिक-सम्पत्ति का प्रयोग करने या दाम्पत्य-सम्पत्ति का दान करने या वक्फ घोषित करने जैसे मामलों में माता-पिता या पति-पत्नी 'एकाकी वैवाहिक युग्म' के रूप में एक-दूसरे की सहमति से कोई निर्णय कर सकेंगे।

15. सिविल व्यवहार से सम्बन्धित ऐसे कई सिद्धान्त हैं, जो बहुत ही तार्किक हैं और दूसरे देशों की सिविल संहिता में स्वीकार भी किये गये हैं किन्तु भारत के किसी भी कानून में, चाहे संसदीय कानून हों या धर्म घोषित कानून, स्वीकार नहीं किया जा सका है। भारतीय सिविल संहिता में सम्बन्धित विषय पर प्रावधान बनाते समय दूसरे देशों की सिविल संहिता में स्वीकार किये गये ऐसे तार्किक सिद्धान्तों को अपनाया जायेगा।

दृष्टान्त– भारतीय उत्तराधिकार अधिनियम के अन्तर्गत कोई व्यक्ति अपनी सम्पूर्ण सम्पत्ति का वसीयत कर सकता है। जबकि मुस्लिम कानून के अन्तर्गत कोई व्यक्ति अपनी कुल सम्पत्ति की एक-तिहाई से अधिक अंश का वसीयत नहीं कर सकता है। मुस्लिम कानून की यह उचित व तार्किक व्यवस्था स्वीकरणीय है। वसीयत के सम्बन्ध में इस व्यवस्था को 'फ्रान्स सिविल संहिता' की धारा 913 से 919 में और ज्यादा तार्किक बनाकर स्वीकार किया गया है, जिसके अन्तर्गत उक्त एक-तिहाई सम्पत्ति की सीमा को बच्चों की संख्या के आधार पर बढ़ाया-घटाया गया है। इसे 'व्युत्क्रमानुपातिक सापेक्षता-आधारित निर्बन्धन' का नियम कहा जा सकता है। वसीयत के सम्बन्ध में 'फ्रान्स सिविल संहिता' में स्वीकार किये गये इस नियम को भारतीय सिविल संहिता में भी अपनाया जा सकता है।

16. सिविल व्यवहार से सम्बन्धित कई विषय ऐसे हैं, जिनमें गुणात्मक सुधार के लिए नये सिद्धान्त को प्रतिपादित किया जाना आवश्यक है। इस दृष्टि से सम्बन्धित विषय के सम्बन्ध में नये सिद्धान्तों का सहारा लिया जायेगा।

दृष्टान्त– 1. दाम्पत्य सम्पत्ति में पति-पत्नी के अधिकार के सम्बन्ध में 'सापेक्षिक सहभागिता-आधारित समानता का सिद्धान्त' (Doctrine of Equality based on Relative Participation),

2. मृतक व्यक्ति का स्वाभाविक उत्तराधिकारी न होने पर 'भौमिक साम्यता-आधारित उत्तराधिकार का सिद्धान्त' (Principle of Succession based on Land's equity),

3. सम्पत्ति–सुधार के सम्बन्ध में तथा आर्थिक अराजकता के खिलाफ 'गाँधीत्व–भीमत्व–भावेत्व' का सिद्धान्त (Doctrine of Gandhiship-Bhimship-Bhaveship)', इत्यादि।

17. धार्मिक स्थलों के रख–रखाव एवं प्रबन्धन जैसे कुछ विषय ऐसे हैं, जो सम्बन्धित धर्म से जुड़ा होता है। अलग–अलग धर्मों से सम्बन्धित धार्मिक स्थलों के लिए एक कानून की बात सोचना अनुचित है। इनके लिए अलग–अलग नियमों को भारतीय सिविल संहिता में मान्यता दिया जायेगा।

दृष्टान्त– मुस्लिम 'वक्फ' या हिन्दू 'धार्मिक विन्यास' या मसीही 'चर्च' या सिख 'गुरुद्वारा' के सम्बन्ध में अलग–अलग नियमों को मान्यता दिया जायेगा।

18. सिविल व्यवहार से सम्बन्धित कुछ विषय ऐसे हैं, जिसके सम्बन्ध में आज भी संसद् द्वारा केन्द्रीकृत कानून नहीं बनाया जा सका है। इन विषयों को भारतीय सिविल संहिता में स्थान देकर कानूनी रिक्तता को समाप्त किया जायेगा।

दृष्टान्त– धार्मिक विन्यास, राष्ट्रीयता इत्यादि।

19. सिविल व्यवहार के कई विषय ऐसे हैं, जिसके सम्बन्ध में संविधान लागू होने के बाद संसद् द्वारा विस्तृत कानून बनाया जा चुका है। इन विषयों के मूलभूत तत्त्वों एवं सिद्धान्तों को भारतीय सिविल संहिता में स्थान देते हुए संसदीय कानून को पूरक–कानून (Supplementary Law) के रूप में मान्यता दिया जायेगा।

दृष्टान्त– वक्फ अधिनियम, 1995; कम्पनी अधिनियम, 2013 इत्यादि।

20. सिविल व्यवहार विषय से सम्बन्धित सभी कानून, चाहे वे संविधान लागू होने के पूर्व ब्रिटिश हुकूमत के दौरान बनाये गये हों या संविधान लागू होने के बाद लोकतान्त्रिक शासन के दौरान और जिन्हें भारतीय सिविल संहिता में स्थान दिया गया है, पैरा नं० 19 में उल्लिखित नियमों के अधीन रहते हुए संहिता लागू होने के बाद निरस्त माने जायेंगे।

दृष्टान्त– संविदा अधिनियम, 1882; सम्पत्ति अन्तरण अधिनियम, 1882; मुस्लिम व्यक्तिगत कानून (शरीयत) अनुप्रयोग अधिनियम, 1937; भारतीय न्यास अधिनियम, 1882; कल्याणकारी एवं धार्मिक न्यास अधिनियम, 1920; धार्मिक विन्यास अधिनियम, 1863; कल्याणकारी विन्यास अधिनियम, 1890 इत्यादि।

21. भारतीय सिविल संहिता में शामिल किये जानेवाले कुछ विषय इतने विस्तृत प्रकृति वाले होतें हैं कि इनके पूर्ण स्वरूप को इस संहिता में स्थान देना न ही

सम्भव है और न ही आवश्यक है। ऐसे विषय के मूलभूत तत्त्वों एवं सिद्धान्तों को भारतीय सिविल संहिता में अपनाकर यह व्यवस्था स्वीकार की जायेगी कि संसद् इस विषय पर अलग से पूरक-कानून (Supplementary Law) या नियम या नियमावली बना सकेगा।

दृष्टान्त–न्यास, वक्फ, कम्पनी, फर्म इत्यादि।

लेखक श्री अनूप बरनवाल द्वारा लिखित पुस्तक 'भारतीय सिविल संहिता के सिद्धान्त : अनुच्छेद 44 के क्रियान्वयन के अनुक्रम में' के अगले अध्याय 7, 8 एवं 9 में सिविल व्यवहार से सम्बन्धित ऐसे सभी विषय के सम्बन्ध में विस्तार से विश्लेषणात्मक चर्चा की गयी है, जिसको लेकर अलग-अलग धर्मों के व्यक्तिगत कानूनों के मध्य असंगति या अन्तर्विरोध है और उन रास्तों को तलाशने का प्रयास किया गया है जिसके माध्यम से इन असंगतियों का समाधान निकालकर 'भारतीय सिविल संहिता' के लिए सर्वमान्य आदर्श स्थिति प्राप्त की जा सकती है। शेष अन्य विषय, जिसके सम्बन्ध में कोई असंगति नहीं है, को सामान्य रूप से परिभाषित कर इनके आवश्यक तत्त्वों का मात्र उल्लेख किया गया है।